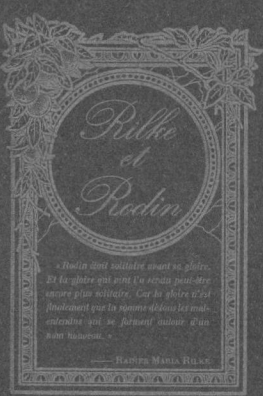

Rodin était solitaire avant sa gloire. Et la gloire qui est venu l'a rendu peut-être encore plus solitaire. Car la gloire n'est finalement que la somme de tous les malentendus qui se forment autour d'un nom nouveau.

— Rainer Maria Rilke

里尔克与罗丹

Rilke et Rodin

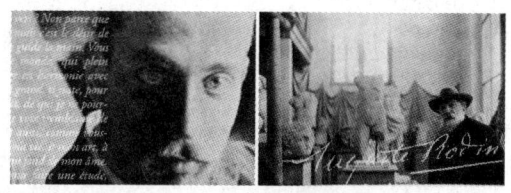

刘志侠 著

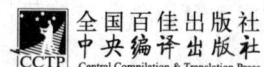

图书在版编目（CIP）数据

里尔克与罗丹 / 刘志侠著. —北京：中央编译出版社，2011.8
ISBN 978-7-5117-0895-3

Ⅰ.①里… Ⅱ.①刘… Ⅲ.①里尔克，R.M.(1875～1926)-生平事迹②罗丹，A.(1840～1917)-生平事迹 Ⅳ.①K835.215.6②K835.655.72

中国版本图书馆CIP数据核字（2011）第104439号

里尔克与罗丹

出 版 人	和 龑
策 划	谭 洁
责任编辑	霍星辰
责任印刷	尹 珺
出版发行	中央编译出版社
地 址	北京西城区车公庄大街乙5号鸿儒大厦B座（100044）
电 话	（010）52612345（总编室） （010）52612333（编辑室）
	（010）66161011（团购部） （010）52612332（网络销售）
	（010）66130345（发行部） （010）66509618（读者服务部）
网 址	www.cctpbook.com
经 销	全国新华书店
印 制	北京金瀑印刷有限责任公司
开 本	787×1092 1/16
印 张	21.25
版 次	2011年8月第1版第1次印刷
定 价	58.00元

本社常年法律顾问：北京大成律师事务所首席顾问律师　鲁哈达

前言

第一次接触里尔克的《罗丹论》（*Auguste Rodin*），是读梁宗岱老师的中译文。总体的感觉是这本书不是传统的艺术评论，而是一首赞美诗，从第一句开始就使用最高的音调，一直唱到最后一句。多的是诗人的热情描写，少的是评论家的冷眼分析。

后来参加编辑《梁宗岱文集》，负责校订这本书的译文，找来一批法文资料。第一本是《致罗丹信》（*Lettres à Rodin*），辑录了巴黎罗丹美术馆（Musée Rodin）收藏的里尔克书信，从1902年到1913年。读后感觉和《罗丹论》何其相似，从第一封信到最末一封，中间跨越十一个年头，始终保持着同一的澎湃感情，同一的赞美，只有遣词造句因为年月逐渐多了一点随意，少了一些拘谨。后来又读到里尔克的家书及致友人信，凡是提及罗丹的文字的段落，调子完全一样。这证明了《罗丹论》是一本无可置疑的真诚著作，发自真心，没有半点虚伪。通过这些书柬，我们还知道，从来没有一位艺术评论家像里尔克那样，使用那么多时间和精神，去深入了解罗丹的经历，去实地观察他的创作过程和生活，去"读"他的作品，因此《罗丹论》不是一篇单凭感情写成的诗歌，而是一部认真下过工夫，深思熟虑的艺术评论著作，闪耀着灿烂的文学色彩。

里尔克对罗丹一往情深，我们自然想知道罗丹的反应。最重要的文献是巴黎罗丹美术馆出版的四卷本《罗丹书信集》（*Correspondance de Rodin*），里面收入了罗丹历年致里尔克的信函（包括写在名片上的便条），也是从1902年到1913年，前后十一年时间。不必赶忙去读信的内容，只须看看信末有没有编者注上的三个字母"L. A. S."（Lettre 信，Autographe 亲笔书写，Signé 签名），就会发现从第一封信开始，罗丹绝少假手秘书，多数自己执笔，这是一种不寻常的表现，显示他对里尔克另眼相看。

一位27岁的年青作家，一位62岁的雕刻大师，地位悬殊，分属两辈，如何能够建立一种这么深厚而长久的友谊，这里面一定有其理由。为了知道得更详尽，于是继续收集资料，从传记到评论，从书信集到报刊文章，不知不觉桌上一大堆，地下一大叠，终于明白这是一个世纪难得一见的伟大命运的故事。

1902年9月1日下午三时，巴黎大学街82号"大理石仓库"工作室，来自不同星座的两位大师，在人生轨道交叉点上相遇。里尔克像青苹果那样，正在找寻能够牵他的手带领他生活的导师，第一次见面就认定罗丹是自己的榜样，"好像老早认识他，只不过重逢而已"；而罗丹像高山上的雄鹰，观尽尘世百态，一眼就看出这位青年具有纯洁的灵魂和过人的智慧，第一次见面就邀请他次日到默东家里去，几乎等于即时收为入室弟子。

在以后的日子，他们互相认识，互相了解，发现两人的生命轨道朝向同一个方向，大家都在追求美——形式美，内在美，绝对的美；大家都在追求永恒——用粘土，用文字，建筑起自己的广大世界，像平原，像大海，属于全人类所有，而个人的名字只留存在丹青里。

十一年间，他们的人生道路就这样交叉并进，互相往来，互相影响，直到第一次世界大战爆发才把他们最后分开。

一个世纪过去了，他们好像美丽的星座中的两颗巨星，位置不同，色彩不一，却连在一起闪耀，发出强烈的光芒。当人们听到里尔克这个名字时，不期然就会想起罗丹；当人们谈及罗丹时，里尔克往往不请自来，参加进谈话中。

这两位大师的交往是一个内容丰富的故事，本书按照时序重组这十一年的大事，主要经纬是里尔克和罗丹的法文书信，全文译出，另外辅以里尔克的一些家书、日记和致友人信。这些都是最原始的素材，按照不成文的写作规矩，多少也要加以改写，以免变成文抄公。但本书全部保持原貌，笔者的工作只限于解释人物及事件的背景，让两位大师直接向读者叙述他们的友情，他们的爱心，他们的灵性。

这样处理不是为了省事，而是有一天读到奥地利作家克斯纳（Rudolf Kassner，1873—1959）的一句话得到启示，他是里尔克的后期好朋友，《杜依诺哀歌》第八首便是题赠给他的。他说："里尔克的作品和他的书柬，就像衣服及其衬里，但是衬里的布料如此名贵，大可以翻过来穿。"事实的确如此，里尔克的书柬和日记包含着很高的文学成色，可以从中找到某些诗歌或散文的原形。其中一部分本身就是出色的文学作品，像已经结集的《给一位青年诗人的信》、《佛罗伦萨日记》、《关于塞尚的信》。既然原文已经清楚叙述事实，而且文采斐然，第三者何必自寻苦恼去改动，如果为改而改，其结果只能是削足适履，或者画蛇添足。

书中的译文，里尔克和罗丹的法文书信全文译出，不保留寄信人地址，日期按当代汉语写法移放签名后面，内文保留原有段落，信末分散的祝愿语除特殊情况外，原则上集中为一段。其他书信或日记，只选译必要部分。这些信笔写来的文字，一气呵成，往往不分段落，为了方便阅读，过长段落按内容分节。书中使用的德语资料，没有与他人合译，目的是保持全书文字统一。全部自法文和英文转译，使用各种版本反复对照，虽然无法恢复德文原样，但力求准确传达作者原意。

插图配合内容选取，除笔者在巴黎实地拍摄之外，均为同时代的照片或图像，以求重组当年的环境和气氛，提供更多信息。罗丹雕塑和里尔克作品的标题中译，基本沿用梁宗岱先生翻译的《罗丹论》和《交错集》，个别与通译有异，但全部附上外文原文，可供照对。

一百年前里尔克和罗丹的情谊，在眼下这个拜金社会里，几乎是无法想象的事情。本书以此为题材，并无警世教训之意，只不过像讲述一个童话，一个传说，告诉还愿意相信人性美好的人：

在很久很久以前
在一个遥远的地方
有过一个美好的故事……

刘志侠
2011年3月于巴黎

前　言

第一章　出山清泉里尔克 / 001

第二章　一石峥嵘罗丹 / 020

第三章　高山仰止 / 044

第四章　巴黎的冲击 / 071

第五章　"工作，永远工作……" / 092

第六章　《罗丹论》/ 125

第七章　默东的小屋 / 151

第八章　罗丹秘书 / 179

第九章　比伦公馆 / 215

第十章　最后的华尔兹 / 255

第十一章　永别罗丹 / 297

附录：主要参考文献 / 329

第一章

出山清泉里尔克

有些作家一出现就是耀眼的明星,教人目眩,教人赞美,但很快失去热力,最后变得像萤火虫那样,只能在黯黑的深夜里在荒野飘荡,闪动针头般惨淡的白光。

另一些则像小山涧,从瘦瘠的荒山流出来,涓涓细水,碰到小石头就要绕道,即使用尽力气歌唱,也只得一丝袅袅潺潺。可是月复月,年复年,白天敞开胸怀承受天上降下的甘露,晚上默默吸纳地底渗出的地水,不知不觉山涧流成小溪,小溪流成河汉,河汉流成大川,滔滔江水,一泻千里,一浪高于一浪,向苍天唱出一曲宇宙之歌。

1902年初,里尔克(Rainer Maria Rilke,1875—1926)第一次写信给罗丹(Auguste Rodin,1840—1917),就是这么一条小山涧。他刚27岁出头,一个醉心于写作的奥匈帝国青年作家,知道自己从布拉格来,却不知道往哪里去。

里尔克是一个天生的写作人才,说他含着鹅毛笔降世也不为过。他的母亲向往贵族和上层社会,望子成龙心切,还没有进小学便常常朗诵席勒等名家诗歌给他听。里尔克虽然年幼,却听得很入迷,跟着背诵,学会写字后便把诗歌抄写到小本子上。从听,到背,到抄,最后到写。他留下的童年物件,除了图画外,就有好几首诗歌。至于何时开始写诗,已不可考,但最晚不迟过八岁。1884年,他念小学三年级,送给父母的结婚周年纪念礼物便是一首诗。这么早熟,不由人不相信世上真有缪斯这样的诗神,曾经在夜晚飞临他的帐顶。

1891年9月10日,维也纳《趣味杂志》(*Das Interessante Blatt*)刊登了一首诗歌《流行的拖地裙裾》,诗末署名"里尔克,写于布拉格的斯密柯夫":

第一章
出山清泉里尔克

流行的拖地裙裾——

讨厌得要命，

你看它不知羞耻

钻到最近的报纸里。

这种服装样式

变得无法压制，

我们将看到

严肃的公共卫生发怒，

它受到威胁，

抗议这种折磨

要你们吞下

数量奇多的灰尘。

赶快忘掉拖地裙裾，

想都不要再想，

不要等到警察动真格。

我们将看到，

警察埋伏在街角，

用大剪刀飞快地剪掉

所有路过的拖地裙裾。

这是一篇征文入选作品，发表时排第二位，也是里尔克印成白纸黑字的第一篇诗作，当年他只有十六岁，有点英雄出少年的味道。尽管主题由杂志指定，但诗歌的内容和品味平庸，与文学搭不上边。

这是事出有因的，在此之前五年，他经历了人生最惨淡的一页。1886年秋，他10岁刚过便进入军事初级中学，三年后升上高中，换了另一间军事学校。由于性格内向敏感，身体羸弱多病，五年的军校生活很不愉快。20多年后，1920年，一位曾经教过他的教官已经晋升为将军，写信给他，热情洋溢地回忆往事，为这位出名的诗人学生骄傲。里尔克却没有他的愉快记忆，在回信中毫不客气地声讨军事学校，他的怨恨达到了一字一泪的程度，令人动容。但不要以为这是他父母的过错，把一个文弱的孩子送进地狱受罪。里尔克在给他的初恋情人的信里说过：小时候他情迷军人装束，觉得漂亮而神气，有人问他想成为什么人，他回答说"军官"。军校五年，他的成绩一直良好，最后一年的成绩单只有体操和击剑不及格。全班五十一人，他上学期排名十二，下学期十五。

■ 里尔克在军事学校
（瑞士国家图书馆藏品）

然而，里尔克的秋后算账并非夸大其词。他进校时才10岁，无论身体或心理仍在发育阶段。随着年龄增加和性格成熟，他发觉军人世界和他格格不入，不仅体力要求不胜负担，阳刚粗犷的气氛和他诗人的敏感内心完全矛盾，他写信向母亲诉苦。在当时，军事学校是一条男性事业的康庄大道，毕业后便可成为军官，成绩优良者授职中尉，合格者少尉，即使不合格，也有士官的名衔。里尔克苦撑了五年，终于无法忍受，征得父亲同意，于1891年7月离开军事学校，放弃了这个美好远景。

他先到布拉格郊区休息了两个月。为了摆脱军校噩梦，他迫不及待返回诗人的幻想世界，上面那首得奖作品便是那时写成的。

9月，他听从家人安排，进入林茨（Linz）商科学校念书，打算学一门谋生技能。一年下来，成绩很出色，全年级53人排名第二。但是学年一结束，他却一去杳如黄鹤。原来和一个比他年长的保姆跑到维也纳同居，结果惊动女方家人报警。警察找到他们后，把女方送回家，他则独自返回布拉格。

多年后，里尔克对友人说，林茨一年是他的"青年时代关键性转折点"。他没有详细解释，但是从他的书信中，我们知道他摆脱军事学校的束缚后，文学爱好如脱缰之马，得到自由奔驰的机会。他读书、写诗、参观博物馆、穿着军装参加面具舞会，生活过得写意愉快。他开始想办法打进文学的圈子，主动去结识评论家和作家，送上诗作请他们评论。甚至和保姆私奔到维也纳时，也不忘去找出版商，希望能出版诗集。

回到布拉格，他的伯父因为没有儿子，提议资助他继续读书，准备进大学攻读法律，日后接手他的律师事务所。为了让里尔克赶上正规学校的水平，通过中学会考，他重金聘请私人补习教师。但愿望未及实现，便在这一年12月去世。他的两位女儿遵从父亲遗愿，继续定期资助里尔克。三年后，1895年，他顺利通过会考，获得"优"的成绩。

这段时间里尔克除了应付功课外，大部分时间用来写诗。1893年4月，布拉格一份德文报纸发表他的作品《笔与剑》（*Feder und Schwert. Ein Dialog*），这是一首以军人为题材的散文诗。

他这段时间所得诗歌，相当一部分为初恋情人瓦莱里（Valerie von David-Rhonfeld, 1874—1947）而作。这是一位贵族出身的少女，里尔克1893年在表妹家认识她，一见钟情，第二天便给她寄去第一首情诗。对方也喜爱文学，一双少男少女迅速坠入情网，相处得十分投契。1894年末，里尔克把情诗和一部分少作结集，取题《生活与歌》（*Leben und Lieder*）出版。这是他的处女诗集，但是生前一直拒绝出版商收进作品集中。很多大作家都摒弃少作，不想人家读到。里尔克是这样解释的：五年军校生活对他伤害太大，一时未能完全恢复过来，影响创作水平。事实上，据研究者意见，这部87页的小册子无论题材或文字，都不够

■ 瓦莱里

（里尔克致瓦莱里信柬集封面图片，岛屿出版社，2003年）

成熟，只有几首尚可一读。不过，另外一些同时期写成的作品，尽管不见得特别高明，里尔克却同意收入文集，因此有人提出要从心理角度来解释。

《生活与歌》以自费形式印行，里尔克没有入息，又无法从家里弄到钱，唯有向瓦莱里求援。她除了把每月零用钱和圣诞收到的"红包"拿出来，还变卖老花边和祖母遗赠的别针才算凑足费用。后来两人分手，里尔克不愿意重版这些诗，很可能是出于男性自尊心，不想勾起这段不算光彩的旧事。

像他后来的所有情感经历一样，这场激情来得猛，去得快。次年夏天，他到巴尔干海边度假，遇到另一位布拉格来的少女，立即写信给瓦莱里，请她还给自由。瓦莱里答应了，但无法忘情这段初恋，终生未婚，进而因爱成恨。里尔克去世后，她把当年的情书抛出来拍卖，并且发表不友好的回忆和议论。她说里尔克年轻时样子丑陋，没有能力爱女人，离开军事学校的真正原因是同性恋被发现。里尔克写给她的情书在2003年出版，总共122封信，另加77首诗，成为里尔克青少年时代重要的研究资料。

■《生活与歌》初版封面

里尔克和瓦莱里分手后，1895年秋天，进入布拉格一家大学，先修文学、哲学和艺术史，后转读法律。这一年，他二十岁，踏进大学校园后，被一种无法压抑的狂热愿望所推动，希冀迅速地在文学上出人头地。他决心以文学为事业，就是在这个时期作出的决定。

除了上课,他把全部时间用于文学活动,加入文学团体协和会(Concordia)和德国艺术家协会(Verein deutscher bildender Künstler),热心出席大小聚会,设法结交学者、教授、作家、批评家和出版商。他和一位朋友组织了一个文学俱乐部,自写、自编、自印不定期刊物《菊苣》(Wegwarten),免费赠送。原来计划每年出版一至二期,但到第三期便无疾而终。

他马不停蹄地写作,由于天赋下笔千言的本领,作品源源出来。诗歌、书评、剧评……什么题材都写,到处寄发稿件,总能找到报刊发表。为了树立作家的形象,他四处张罗,找人资助,把写好的诗篇结集,以《祭神》(Larenopfer)为题交给出版社印行。后来,他认为戏剧能够更快让更多人认识自己,于是编写了两部剧本,通过各种关系钻营,终于在1896年8月6日,在布拉格一家剧院上演了其中一部《现在和我们归天之时》(Jetzt und in der Stunde unseres Absterbens)。

经过这种旋风式的努力,两年之间,他在布拉格打出了一角天地,享有不薄的文名,被认为是"本地才子"。然而布拉格只是奥匈帝国一个外省城市,不要说比不上巴黎、伦敦和圣彼得堡等大都会,即使放在慕尼黑、柏林和维也纳旁边,也立即显得土里土气。此时的里尔克意气风发,深信自己能够成为出名的作家,不再满足于在小地方呼风唤雨,1896年秋离开了布拉格。

他可能没有料到,一踏上旅途,此后变成了一个永恒的旅人,从一个国家到另一个国家,从一个城市到另一个城市,从一家旅馆到另一家旅馆,从一个朋友家到另一个朋友家,从一张床到另一张床,居无定所,永远再没有回过布拉格长居。

他在布拉格没有留下多少痕迹,在名满天下差不多一个世纪后,市政府才在当地德语文学协会的要求下,趁着2010年他诞辰135周年,拨出补助,在他出生的房子上挂上一个纪念牌。

离开布拉格后,里尔克先到了慕尼黑,在大学报名,修读艺术史,主攻意大利艺术。他把布拉格的狂热文学活动带到那里,继续广结文

■ 里尔克在布拉格出生的
房子现状（2010年）
（布拉格市政府图片）

友，观赏戏剧，参观博物馆，不断写作，到处发表作品。甚至写信给葡萄牙《艺术》（Arte）杂志，打探是否接受德文稿件，而不知道这家杂志早在一年前已经停刊。他去世后，研究者查阅报刊，发现他在1896—1897年间总共发表过数十篇文章，包括诗歌40首，书评12篇，散文10篇，绝大部分后来没有结集。

就在慕尼黑，里尔克遇到第一个生活大变动。1897年5月12日，他在小说家瓦塞尔曼（Jakob Wassermann，1873—1934）家里第一次见到露·安德烈亚斯-莎乐美（Lou Andreas-Salomé，1861—1937）。这是一位在俄国圣彼得堡出生的少妇，身上混杂法德血统，在很多方面和法国女作家乔治·桑出奇地相似，都是冰雪聪明，独具个性，具有天生的写作才能，在文坛上头角崭露，而在感情生活方面浪漫不羁，特立独行，一生有众多的情人，不是才气横溢的作家、诗人，便是艺术家或学者，这是两个超前的妇女解放奇女子。

见面后次日，里尔克写了一封感情充沛的信给莎乐美：

亲爱的女士：

昨日的黄昏不是我第一次能够跟您在一起的时刻，我记忆中还有另一个黄昏，它令我极想看到您在我面前。去年冬天，我那些如

第一章
出山清泉里尔克

今已被春风吹得东零西散的思想，被狭小的房间和静默无声的劳动所束缚。正是这个时候，我收到康拉德博士寄来的《新德意志评论》（*Neue Deutsche Rundschau*）1896 年 4 月号。他在一封信里要我留意一篇题为《犹太人耶稣》（*Jesus der Jude*）的文章。所为何由？因为康拉德博士读到我的《基督幻象》（*Christus Visionen*）某些章节（其中五篇即将刊登在《社会》［*Gesellschaft*］杂志上），他认为我对这篇高水平的文章会感兴趣。他错了，并不是兴趣带我逐步深入这篇启迪文章，而是一种宗教式的信心在这条严肃道路上引我前行，我最后感到一种强烈的喜悦，看到我在《基督幻象》中的梦幻史诗要表现的神圣信念，如此明晰和有力地传达出来。这便是我昨天不由自主回想起的那个离奇的黄昏时刻。

您看，亲爱的女士，我感到多亏您的文章无懈可击的严谨及其强大的力量，才使我的作品获得某种认可，某种赞同。我像一个大梦成真的人，既喜且忧，因为您的论作和我的诗歌相比，就像梦幻与现实，愿望与成果。

您现在明白我以何等的焦急等待昨天下午的到来？我本可昨天和盘托出，大家围着喝茶，讲一些热烈仰慕的漂亮话是那么轻而易举。但对我来说，这不是最重要的事情。我曾在黄昏时刻和您独处，我必须再和您单独在一起——现在，我如愿以偿，心里满溢感激之情。

我一向认为，当一个人要向另一个人展示某些十分珍贵的东西，这应该是两人之间的秘密。

或者有一天，我有机会向您朗诵上面提过的《基督幻象》里这首或那首诗歌，因为目前仍然在草稿阶段，我无法想象更大的喜悦。

如果我能设法明天星期五来嘉特纳剧院，希望能见到您，亲爱的女士。

至于这几行字，是我很久以来就希望表达的谢忱，能够做到，我觉得是一种恩惠。

里尔克

莎乐美当时已经是一位引人注目的女作家，出版了两本书，《易卜生六部戏剧的女性人物》（*Henrik Ibsens Frauen-Gestalten nach semen sechs Familien-Dramen*）和《通过作品看尼采》（*Friedrich Nietzsche in seinen Werken*）。1886 年，她发表《犹太人耶稣》时，里尔克刚好开写《基督幻象》，最早的篇章曾投寄《社会》杂志，虽然信中说其中五首被选用，实际最终没有发表。他看到莎乐美的文章后，由于主题近似，很感兴趣，曾经写了几首诗，不具名寄给她，表示仰慕。这便是此信第一句话"昨日的黄昏不是我第一次能够跟您在一起的时刻"的来由。

从神交到结识，里尔克大有相逢恨晚的心情，不顾年纪相差十四岁，立即向她展开热烈的追求。不足 20 天后，6 月 1 日，他们成为情人，跑到慕尼黑郊区一间房子度过三天。莎乐美是有夫之妇，虽然有名无实，却与丈夫生活在同一屋檐下，她还有其他情人，但是此后三四年，在她身边出现得最多的是里尔克。为了方便会面，里尔克在该年末离开慕尼黑，搬到柏林地区居住。

■ 里尔克与莎乐美（左）
在乡间（1898 年）

莎乐美比里尔克年长，出道得早，曾经沧桑，人生阅历丰富，虽然浪漫，却不失理智。无论社会交际或文学活动，都比里尔克更多经验，顺理成章成为他的生活和文学导师。两人结识后不到三个月，她就成功说服里尔克，把名字第一部分的拼写从法式的 René 改为 Rainer，里尔克曾为此写信向母亲解释，说 René 这个名字矫揉造作，不适合他的作家身份，Rainer 则"高雅、单纯，而且德国化"，莎乐美的影响力由此可见一斑。也是在她的劝告下，里尔克把写好的《基督幻象》束之高阁，没有发表，因为她认为诗中有太多《犹太人耶稣》的影子，而且某些地方亵渎天主教，直到里尔克死后多年，这些诗才在1959年第一次刊行。

在文学方面，来自俄罗斯的莎乐美令他迷上了这个神秘的国度，他学习俄文，阅读俄国文学作品。1899年4月，他偕同莎乐美及其丈夫前往俄罗斯，勾留了三个月。1900年5月，两人单独再次重游斯地。通过莎乐美的俄国朋友，第二次登门拜访托尔斯泰，但像第一次那样，遭受冷淡的接待。他结识了一些画家、音乐家、作家和评论家，其中包括画家里奥尼德·帕斯捷尔纳克（Leonid Pasternak，1862—1945），为里尔克画了一张素描像，后来再画成油画。画家的大儿子波利斯（Boris Pasternak，1890—1960）后来成为作家，1958年以《日瓦戈医生》获得诺贝尔文学奖。

■ 帕斯捷尔纳克：里尔克（1900年）
（原载《里尔克与视觉艺术》（*Rainer Maria Rilke und die bildende Kunst*），1951年）

对里尔克来说，最重要的是莎乐美善解人意，既是情人，又像母亲那样关心他的一切，耐心听他倾诉。她又是一位内行的文学艺术鉴赏家，从不吝啬提出自己的见解。在她的谆谆诱导下，里尔克的写作大有进步，开始走出混沌的创世纪。

俄罗斯之行激励了他的想象力，回来后开始写作《好上帝的故事》（*Vom lieben Gott und Anderes*）及《修道院生活》（*Das Buch vom mönchischen Leben*）。前者的写作时间很短，只花了七天，再一次表现出他的快笔才能。后者无论意境或文笔，都比前者迈进了一大步，开始有点规模。然而，最为人传诵的作品却不是这两部著作，而是一首在焦急等待中写给莎乐美的情诗：

> 弄瞎我的眼睛，我仍能看见你，
> 堵住我的耳朵，我仍能听见你，
> 没有双脚，我仍能走向你，
> 没有嘴巴，我仍能呼唤你。
> 折断我的双臂，我以我心如同手臂紧抱你，
> 中止我的心跳，我的脑仍然跳动，
> 倘若烈焰投进我的脑，
> 我以我血承负你。

这首诗后来收入《时辰祈祷诗》（*Das Stunden-Buch*）第二卷，变成向上帝祷告的诗篇。

莎乐美的影响力很大，不过也只到此为止，里尔克毕竟还很年轻，而且属于大器晚成之列。在他们密切来往的三年间，里尔克印行的诗集《梦冠》（*Traumgekrönt*）、《耶稣降临节》（*Avent*）、故事集《生活下去》（*Am Leben hin*），以及在慕尼黑上演过的话剧《早霜》（*Im Frühfrost*），都是旧作。除了一些一闪而过的小光芒外，里尔克像一只生活在文学大草原上的蚂蚁，每天营营役役，到处张罗，不停地写，但所得的文名走不出朋友的小圈子。1897年11月，他和莎乐美应朋友之邀，出席名诗人格奥尔格（Stefan George，1868—1933）在柏林举行的朗诵会，会后

写了一首诗和一封长信寄给诗人，在热烈赞美之余，表示希望订阅刊物《艺术册叶》（*Blätter für die Kunst*）。这是一份以格奥尔格为掌门人的高级文艺杂志，只向有地位的文学中人发行。里尔克希望能钻进这个小圈子，结果连礼貌的回信也没有收到。

然而，这三年没有白过，命运之神在他完全没有觉察的情况下，埋下一条重要的红线，最后把他引到巴黎，影响了此后一生。

这条红线的开端在意大利。1898年4月，莎乐美到俄国看望患重病的兄长，安排里尔克第二次到意大利，要求他把每天所见所闻所思详细写进日记中。里尔克言听计从，像小学生做功课那样，一丝不苟地记录下来。他的第一站是佛罗伦萨，在那里邂逅了德国画家福格勒（Heinrich Vogeler，1872—1942），地点就在他下榻的旅馆。一位经常赞助作家和画家的瑞士富商，在同一旅馆的天台花园举行晚会，广邀客人。里尔克房间正好在这一层，也成为宾客。福格勒后来回忆他们的会面：

> 佛罗伦萨的灯火在下面闪烁，我们像老朋友那样被接待。
> 没有人告诉我他的名字。我刚遇到这个人物，他的沉思模样十分古怪，令人印象深刻。我好像面对一个修士，不时把双手举得老高，似乎要开始祷告。

本来他乡相遇，理应分外亲热，但是两人整晚竟然没有交谈过一句话，即使握手道别也一言未发。福格勒事后向同行的朋友打听，才知道这是"诗人里尔克"。两人开始来往，很快发现趣味相投，成为好朋友。

两人回国后保持联络，11月，福格勒到柏林探访里尔克，逗留了几天，邀请他到自己居住的沃尔普斯韦德（Worpswede）来玩。12月，里尔克赴约，在福格勒家度圣诞。沃尔普斯韦德本是一个名不见经传的小地方，在不来梅附近，1889年，三位年轻画家因为喜爱这里的自然风景和气氛，在这里定居下来。随即吸引了一批志同道合者，他们摒弃学院主义，热衷创新，主张回归自然，从现实中寻找创作泉源。

福格勒1895年来这里定居，买下一座漂亮的房子，周围遍植桦树，称为"桦树小舍"(Barkenhoff),由于房子阔大,成为村里艺术家聚会的地方。福格勒本人思想激进,1931年移居苏联,1941年德苏开战,被流放至哈萨克斯坦,次年死于流放地。为了纪念这位艺术家,"桦树小舍"现在改成福格勒美术馆。

■ 福格勒:五月之晨(*Maimorgen*,油画,1901年)
福格勒画笔下的"桦树小舍"
(原载里尔克:《沃尔普斯维德画家》,1905年)

里尔克第一次在他家里只住了几天,但已经爱上这个地方。1900年8月26日,他和莎乐美第二次旅俄回来,刚放下行李,便迫不及待在次日重返此地。当时福格勒正在热恋,未婚妻在邻村,经常不在家,撇下他一个人。但他并不寂寞。由于住在福格勒的房子,主人不在家的时候,周末晚间聚会就由他主持,很快便交到一批新朋友。这班年轻人谈文说艺,朗诵诗歌,弹琴唱歌,气氛既热烈又融洽,常常子夜已过才依依不舍散去。

在里尔克结交的新朋友中,有两位年轻的女艺术家,刚从巴黎学艺回来。一位是克拉拉·韦斯特霍芙(Clara Westhoff,1878—1954),从事雕塑,另一位是保拉(Paula Becker,1876—1907),专攻油画。两人很要好,1900年初联袂到巴黎学艺,住在同一间旅馆,直到8月才回来,里尔克最初还以为她们是两姐妹。他们三人来往密切,经常一起出游,他在日记中称她们为"两位素衣女郎"。画家村的日子过得很舒畅,但是他的心理一向不稳定,常常从极端的快乐走向极端的抑郁,逗留了一个月后,突然不辞而别,返回柏林。

随后的日子,三人继续保持联络,书信往来。他对两位女性都有好感,而对方也一样,保拉的日记留下不少关于里尔克的记载。然而到了11月,形势骤变,保拉为了逃避父亲迫她找一份女管家的职业,选择了与画家村老大哥莫德松订婚。莫德松比她大11岁,一年前丧妻,已有相当画名,经济充裕,能够保证她不愁穿不愁吃,安心艺术创作。三个月之后,1901年2月16日,克拉拉步她的朋友后尘,在报上刊登订婚启事,出人意料的是未婚夫竟是里尔克。婚礼两个月后在不来梅举行,比保拉还早了一个月。

■ 保拉:巴黎窗前自画像
(油画,1900年)
(不来梅保拉美术馆藏品)

本来,里尔克留下数量繁多的书信和日记,几乎可以还原出一生中每天的生活细节,但这件婚事的来龙去脉却是一个黑洞,众多的研究者至今仍未明白,一个一辈子主张作家必须孤独生活的人,为何突然选择

■ 保拉:克拉拉
(素描,约1902年)
(不来梅保拉美术馆藏品)

■ 里尔克与克拉拉结婚照（1901年）
（德国文学档案馆〔Deutsches Literaturarchiv〕藏品）

自套枷锁。五花八门的推测也出来了。推测永远是推测，只有里尔克本人才能回答。唯一可以肯定的是他的决定来得突然，克拉拉在给友人信中说过："仅仅两周前，我会发誓这只是普通的友谊。"爱情是不讲理智的，何况里尔克是一个容易冲动的诗人。

莎乐美很早便发觉他在这方面异于常人的表现，曾经请一位医生朋友从旁观察。她在知道订婚消息后，写了一封信给里尔克，表示四年来为了照顾里尔克，弄得身心疲惫不堪，表示从此中断两人的来往。她把医生的意见原本告诉他，说他患有严重的忧郁症，担心他最后可能会自寻短见，虽然这是"最后的信"，但是"如果在遥远的未来有一天，你感到不舒服，我们这里有一个共患难的家庭。"

这封信对里尔克的冲击很大，但他对莎乐美没有半点怨恨，更没有忘记这一段情谊。数月后，他的女儿出生，取名吕特（Ruth），这是莎乐美一篇小说的标题，也是女主角的名字。两人中断了联系，但仅仅两年后，里尔克主动写信给莎乐美，要求恢复来往。莎乐美立即回信表示欢迎，虽然情人关系不再，但书来信往，无所不谈，多次会面，两人的友谊直到里尔克去世才画上终止符。

新婚头几个月，里尔克度过了一段安静的生活，他和克拉拉男写女雕，努力工作。然而乌云很快积聚在他们的头上，尽管里尔克下笔如飞，无奈稿酬微薄，煮字不足疗饥。生活费用主要依靠堂姐妹的资助，但是到了年底，他接到通知，由于已离开大学，成家立室，因此从1902年1月开始停寄生活费。至于里尔克的父亲，虽然继续接济，但碍于本身收入不多，断断续续，有如杯水车薪。而且他经常催促儿子找一份办公室职员的稳定职业，这是里尔克最害怕的事情，令他不敢轻易开口求助。

当年独身一人生活已经捉襟见肘，现在一家三口，两个大人都没有固定的收入，很快便陷入经济困境。里尔克使出浑身解数到处求人，但这段时间好像是他的命运低谷，事事都不如意。他计划在柏林及维也纳举行俄罗斯艺术展，中途夭折；他和出版社洽商取得《俄罗斯十九世纪绘画》的翻译合约，却因为原著者任命新代理人而告吹；短篇小说集《最后之人》（*Die Letzten*）几经周折终于出版，销路却十分呆滞；寄望甚大的剧本《日常生活》（*Das tägliche Leben*）在柏林上演，观众反应平淡，原订移师汉堡演出的计划也因此取消。退而求其次，里尔克愿意放弃专业作家的桂冠，改行当通讯记者或报刊编辑，他写信给奥地利、德国，甚至俄罗斯的出版社和杂志社，只得到礼貌的拒绝。

朋友大力帮忙，为他从布拉格文学团体"协和会"拿到400先令的补助，但就像几根稻草那样，呼地一下就烧光了。到最后，里尔克手中的王牌只剩下两张写作订单。第一张是不来梅美术馆馆长保利（Gustav Pauli，1866—1938）从一家出版社拿到的，约写沃尔普斯韦德青年画家介绍。里尔克熟悉画家村，与艺术家朝夕相处，写起来驾轻就熟，不消多少日子便完稿。

另一张来自艺术批评家理查德·米特尔教授（Richard Muther，1860—1909），他主编的艺术丛书，有一本以法国雕刻家罗丹为题，约请里尔克撰写。罗丹是大雕刻家，当时的名声如日中天，里尔克只是一个小作家，其作品在文坛上没有多少回响。他虽然念大学时涉猎过艺术史，但一直热衷于文学创作，只是从俄罗斯归来后写过一些介绍俄国当代艺术的文章，离真正的艺术评论尚远。米特尔教授把重大的写作责任交给一个年轻人，一方面是慧眼识英雄，相信里尔克的潜质，后来的事实证明了他的判断正确；另一方面，他认识里尔克，接受过他的邀请到沃尔普斯韦德参观，知道他的妻子曾在巴黎学雕塑，接受过罗丹的指点,虽然不能说是入室弟子,但可以称为大师的学生,里尔克取得合约无疑沾了妻子的光。事实上,里尔克是在结识克拉拉后才真正留意雕刻艺术的,他的热情如火的诗人性格令他在朝夕之间成为罗丹的崇拜者,并在日记中表示要到巴黎走一趟,拜见罗丹。

  接到合约后,这种想法更加强烈,无奈手头那么拮据,谈何容易。然而,留在德国闭门造车也不是办法,克拉拉当然可以提供一些信息,但无论如何不能代替自己的眼睛和脑袋。另一个方法是就地搜集资料,深入研究。可是罗丹从十九世纪八十年代在法国出名,到1900年世界博览会举行个人展览,引来世界各地美术馆竞相收藏,其名声才真正走出国门。有关他的文字虽然不少,但多属新闻报道,评论专著和生平传记,不必一双手便数完。这种匮乏还不算最糟糕,因为多少有点资讯可用,如果能够看到他的原作,加以补充,问题便能解决一大半。可是德国博物馆收藏的罗丹作品寥若晨星,也没有任何展览会,加上人在不来梅郊区,村野之地,几乎与世隔绝。试看保拉当年一张写生画,不见房子,只有两只山羊。在这种情况下,任谁有一枝生花妙笔,也只能感叹巧妇难为无米之炊。

■ 保拉:沃尔普斯韦德风景(*Worpsweder Landschaft*, 素描, 1902年)

里尔克处于两难困境。可是,这是他手中最后一张王牌,人类求生本能在这时起了作用,老祖宗传给我们逐水草而居的基因是一件绝好的礼物,离乡背井到陌生的异域闯世界,能够令人憧憬,鼓起勇气生存下去。他和妻子商量,两人一道去巴黎发展,如果克拉拉闯出名堂,订单源源而来最好,否则束紧腰带,等雕像造出来,书写完后,便打道回乡,书拿去向出版社换稿费,雕像找画廊和美术馆收购,总比坐以待毙好。就在这种半绝望情况下,里尔克和妻子决定把刚满周岁的女儿交托给外婆,两人一起自我流放去巴黎,把全部希望放在罗丹身上。

第二章

一石峥嵘罗丹

第二章
一石峥嵘罗丹

罗丹是世界近代艺术史上一位举足轻重的人物。有些评论家说，他是米开朗基罗以来西方最伟大的雕刻家，去世差不多一个世纪后，仍没有人能超越他。米开朗基罗只留下一张油画肖像，罗丹与摄影术几乎是同龄人，留下数量众多的照片。年青时代有一位爱好摄影的朋友，为他记录了筚路蓝缕时期的形象，成名后摄影家纷纷自动请缨，为他摄制了多姿多彩的照片。任谁看过他的照片，都不会忘记他独具个性的脸孔：宽阔的额头，棱角坚硬的颧骨，笔直丰满的鼻子，满脸于思，一双深沉的眼睛，射出锐利的目光，好像能够穿透一切，看见一切人和物的隐蔽秘密。他的脸孔是大理石胸像的理想模特儿，渗透出一种难以抗拒的雄性魅力。

然而，更令人注目的是他的全身照片，任谁看一眼，立即就会惊奇地发现，这位雕刻家身材并不魁伟，却有中国人所说的"虎背熊腰"的体态，宽阔厚实，一双粗壮的大手，永远不知放在哪里才好，好像总是在准备揉搓黏土，或者拿着刻刀雕琢坚硬的石头。这时候，他更像一个粗犷的泥工或石匠，而不是一般人想象的大艺术家。

这个姿态来自他的习惯，他一辈子只有一个信条：工作，永远工作。接触过他的人都发现，在工作室里，无论什么场合，无论有无访客在场，他都能够随时随地把注意力转回雕塑上，埋首修改作品，不把外间世界放在心上。这种工作的狂热，加上对艺术自成一家的看法，让他创作出一批划时代的作品，成为艺术史上最伟大的雕刻家之一。

然而，像所有天才那样，他的艺术道路充满荆棘，到40岁后才闯出名堂，名副其实的大器晚成。他自幼爱好美术，14岁进入巴黎皇家绘画学校（l'Ecole impériale de dessin），这是一所培养艺术徒工的初级美

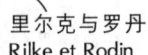

里尔克与罗丹
Rilke et Rodin

■ 22岁的罗丹（1862年）
［法］奥布里（Charles Aubry, 1811—1877）摄

术学校，学费全免。读完三年课程后，他像其他同学那样，满腔热情投考美术学院，可是连续三年名落孙山。失望之余，从17岁开始进入雕刻作坊当徒工。22岁时他的情同手足的修女姐姐病逝，他万念俱灰，追随她的道路进入神学院，但只逗留了四个月便还俗，继续当徒工。开设作坊的雕刻家大都有点名气，手上的订单做不完，便雇人帮忙。这本是一个很好的学艺地方，罗丹在不止一间作坊工作过，24岁那年进入的那间最有名，主持人卡里埃-贝勒兹（Albert Carrier-Belleuse, 1824—1887）是第二帝国时期的雕刻大师，参加过卢浮宫、巴黎歌剧院等重大工程。可是，大师归大师，徒工归徒工，在大师眼中，罗丹不过是制造货物的工具而已，不会加以指点。他通常被指定制作系列性小商品，这和艺术创作风牛马不相及，即使想偷师也没有机会。

然而，罗丹天生是一颗橡树种子，无论落在平原或高山，无论掉到丘陵或沙漠，长出来的只能是一棵气势磅礴的橡树，绝对不会成为瘦弱小草，满足于在树脚下躲避阳光风雨。在白天辛勤劳作之后，他把空余时间完全用于艺术创作。他这样做，除了身体流着的雕刻家血液，还因为法国有一个艺术"擂台"，每个人都可以上台挑战，能否出人头地就看自己的本领。

第二章 一石峥嵘罗丹

这个"擂台"叫美术沙龙（Le Salon），一个全国性的官方展览会，由太阳王路易十四的财政大臣哥尔贝（Jean-Baptiste Colbert，1619—1683）在1667年创办，展出在生艺术家的作品，由皇家绘画雕刻学院（l'Académie royale de peinture et de sculpture，后改称美术学院l'Académie des Beaux-Arts）的成员评审和发奖，每两年举行一次。政府官员在会上选购作品，部分作为博物馆藏品，其他用来装饰官方建筑物或官邸。从1725年到1848年，展览会都在卢浮宫的四方沙龙（Le Salon Carré du Louvre）举行，所以通称"美术沙龙"。在差不多200年时间内，这几乎是艺术家成名及出售作品的主要途径，即使法国大革命期间也没有中断过。直到十九世纪八十年代，出现民间展览会，加上商业画廊兴起，沙龙的重要性才慢慢减弱。从1881年开始，政府把展览会交给法国艺术家协会（Société des Artistes Français）组织，从官立变为民办，改为每年举行，直至如今仍然是艺术家趋之若鹜的地方。

■ ［法］兰贝里（P. Ramberg）：路易十六与王后在1789年美术沙龙（铜版画）
（原载《艺术与艺术家》1919年4月号）

美术沙龙有点像中国的科举考试，所谓"十年寒窗无人问，一举成名天下知"。由于评审者不是官僚，虽然由正统的学院院士担任，但本身都是画家,到底是内行人,因此给人一个公平竞赛的印象。狄德罗曾给予很高的评价:"让我们永远记住创办这个展览会的人,他激发艺术家力争上游,为社会各阶层人民,尤其有品味的人,预备出一种有意义的练习与愉快的娱乐,推延了绘画的衰落,让国家更有教养,在这方面要求更高。"艺术家也视沙龙为必经之途,著名画家马奈(Édouard Manet,1832—1883)说:"美术沙龙是真正的角斗场。必须到那儿较量!"

人同此心,罗丹是不怕老虎的初生之犊,也雄心勃勃去打"擂台"。第一次尝试在1864年,那年24岁,作品是一件石膏头像,题名《塌鼻人》(*L'homme au nez cassé*),但出师不利,预审时便被拒于门外,理由是既无颈肩,也无衣着,只有一个单独的人,完全违反了学院派的美学原则。

罗丹连"擂台"梯阶也没有沾上,唯有回头继续徒工生涯,同时默默自学。1871年初,普法战争,法国社会动荡,经济不景,他跟随老板卡里埃-贝勒兹到比利时谋生,为正在建筑的布鲁塞尔股票交易所装饰。由于战争和巴黎公社,法国陷入荒乱穷愁的局面,他唯有留在比利时,一住七年。这段时间是他一生最安稳的日子,不愁吃,不愁穿,还有闲余到郊外公园散步和写生,这是他一生唯一有时间创作油画的时期。然而安稳的生活不一定是福,足以消磨一个人的上进心,艺术生命可能因此被埋葬。

1872年,罗丹为了作品署名问题和卡里埃-贝勒兹闹翻,失去工作,好几个月没有收入,生活十分艰苦。幸好卡里埃-贝勒兹不久便返回法国,余下的工程交由比利时雕刻家拉斯布尔(Antoine-Joseph Van Rasbourgh,1831—1902)接手。拉斯布尔知道罗丹的本事,找他合作,共同开设一家公司。根据合约,两人都是老板,凡是比利时订单由拉斯布尔署名,法国订单则留给罗丹。拉斯布尔是本地人,得到地利人和的方便,经常承揽到政府订单,到手后交给罗丹代办,交货时冠上自己的名字。

第二章 一石峥嵘罗丹

1873年12月，布鲁塞尔证券交易所隆重开幕，当地最有名的艺术批评家鲁索（Jean Rousseau）写了一篇评论，发表在《万国艺术》（*L'Art universel*）上，逐一点评交易所的雕刻装饰。所有作品都不合他的胃口，他认为那些使用希腊罗马神话艺术语言的寓意雕刻完全不合时宜，"今天是1873年吗？这里是比利时吗？"连卡里埃-贝勒兹这位大师的作品也不留情面，过于复杂，过于巴黎化，没有弗拉芒民族风格。唯独到了拉斯布尔署名的《亚洲》和《非洲》两件雕像，却表示赞赏，他不知道这是"黑奴"罗丹的作品。

■ 罗丹：非洲（*Africa*, 1873年）
（位于布鲁塞尔证券交易所顶层屋檐上）

不久之后，他们接到另一张订单。雕刻家佩什（Jules Pecher, 1830—1899）赢得安特卫普市政府订单，负责建造陆士市长（Jan Frans Loos, 1799—1871）纪念碑。佩什不是雕塑科班出身，年轻时曾到巴黎学油画，涉足雕塑仅仅五年，以他的水平和经验，实在无法独挑大任。他能得到订单，全凭本地人身份。他找罗丹所在的公司帮忙，由他主持整体设计，负责主要雕像和市长胸像，罗丹他们则雕刻四周的群像。十多年后，1889年，罗丹接受美国雕刻家兼美术评论家巴尔特莱特（Truman H. Bartlett, 1835—1922）访问时说，这座纪念像的设计意念完全来自他本人，但佩什却对他负责的雕像指手画脚，要求按照弗兰德大师鲁本斯的风格修改，罗丹当然不会退让。佩什说不过罗丹，唯有趁他不在的时候跑来工作室，强迫他的合作伙伴修改，结果雕像变得既笨重又没有棱角,死气沉沉。即使这样,仍然得到好评。

1876年8月,工程完成,官方举行盛大开幕式,在此之前开始传出"纪念碑不是佩什作品"的消息,令他十分尴尬。他不仅不愿再和罗丹合作,并且要求拉斯布尔和罗丹分手。这是强人所难,因为拉斯布尔与罗丹的合约有效期长达20年,要到1893年才完结。罗丹的收入虽然不算丰厚,但足够日常开销,还有时间制作其他雕像,参加当地的艺术展览会,或者卖给收藏家。他本可就这样舒服地走完一生,这无妄之灾可能是天意,不愿这个天才埋没在比利时。

这一年,罗丹已经35岁,和他同时出道的人不少已经闯出名堂,作品入选全国美术沙龙,或者获得其他奖章,而他只在比利时这个小地方略有名气。1875年,美国费城举行建国100周年美术展,邀请比利时参加。政府挑选了8位雕刻家的30件作品,罗丹一人占了8件。但是展览结束时,美国人向5位雕刻家颁发奖章,罗丹却没有份。

换了别人,早就气馁了,但罗丹从未放弃成为被人承认为艺术家的雄心。他没有进过美术学院,没有名师提携,全靠在具体工作中摸索,不免要走弯路。为了达到目的,他曾经一度曲意迁就,试图迎合学院派。

第一件参展作品《塌鼻人》被全国美术沙龙拒绝之后,他在1875年改成大理石像,为了符合正统的美学观点,增加了颈肩部分,并且加上一个正统的题名《M. B. 肖像》(Portrait de M. B.),请巴黎的朋友再次送去参展。这一次果然毫无困难过关了,然而这一改,却令雕像失去了个性,没有引起任何评论家的兴趣,报刊一字不提,可说一败涂地。这个头像由三位大理石雕工替他加工,其中一位特雷阿(Trehard)看出关键所在,写信给罗丹:"我的感觉跟你一样,刻得柔弱拖沓,但你可以从头再来,可以好很多的。"

三年后,1878年,罗丹果然回头再改,把头像铸为青铜像,取消颈肩部分,只留下头颅,固定在支座上,取名《某先生肖像》(Portrait de M＊＊＊),顺利地入选当年的美术沙龙。然而,如果三件作品并排放置,最引人注目的仍是第一次的石膏像。

第二章 一石峥嵘罗丹

■ 石膏（1864年）　■ 大理石（1875年）　■ 青铜（1878年）
三次参加美术沙龙展览的《塌鼻人》

罗丹明白他不能走学院派的道路，何去何从成了萦绕在他头脑中的问题，思前想后，环顾四方，只剩下一条道路，他还没有敲过罗马的大门。

自从文艺复兴之后，意大利成为欧洲的艺术圣地，无论法国、英国或者德国，几乎所有画家和雕刻家一生至少去一次"朝圣"，沉浸到大师的真迹中，观察、写生、思考，汲收艺术养分。法国官方有一个"罗马大奖"（Grand Prix de Rome），在1663年设立，通过考试挑选青年艺术家，前往法国美术院在罗马的分院进修，为期三至五年，费用全部由国家负责，但画家要上交这个时期的作品作为交换。这是一项比美术沙龙更严格的"美术状元"殿试，分三轮举行。

第一轮初试，参加者须有导师推荐，年龄在30岁以下，男性，未婚。一般100人参加。按指定题目，12小时内创作一张油画草稿，至少八成参加者被淘汰。

■ 罗马大奖第一轮初试
［法］勒迈特（Alexis Lemaistre, 1831—1897）绘

第二轮复试，五天后举行，人数不超过 20 人，主题是男性模特儿人体写生，分四次进行，每次七小时。这一轮只有一半人能过关。

■ ［法］勒迈特：罗马大奖复试（左）与终场试（右）

第三轮终场试，在第二轮放榜后一个星期举行，至多挑选 10 人应试。分为两部分，第一部分很轻松，根据指定题目，12 小时内画出一张油画草图。接下第二部分则非同小可，考生要在 72 天内完成正式的大型油画，必须和草图一致，可以自由使用男性模特儿，女性模特儿则身上披布。参加者每人各占一间房子，期间不得踏出门外一步。等到油画干燥，涂上清漆后，和草图并排，由评判审阅，作出最后决定。

考试水平十分高，有些年分甚至没有选出"状元"，碰到这种情况，名额拨入下一年。有些名留美术史的大画家曾在这个考试中铩羽而归，例如浪漫派德拉克罗亚（Eugène Delacroix，1798—1863），印象派德加（Edgar Degas，1834—1917），拿破仑宫廷画家大卫（Louis David，1748—1825）更加时运不济，四次参加，四次失败，气馁到以绝食寻死，幸而被人及时发现，次年他赢得了大奖。

这个制度行之多年，中途多次改动，1925 年开始接受女性参加，项目也扩展到雕塑、版画、建筑和作曲。但天下没有不散的筵席，1968 年五月学潮冲击，政府以"教育人人平等"的名义，取消"罗马大奖"，改设奖学金，以选拔代替考试，进修时间缩短为一年，范围扩大至文学、摄影、电影，甚至厨艺。"罗马大奖"已无当年的辉煌，成了只可追忆的往事。

罗丹与"罗马大奖"无缘，因为他想到去意大利时已经35岁，超出参加考试年龄30岁的上限。

1875年，意大利佛罗伦萨隆重纪念米开朗基罗诞生400周年，举行很多艺术活动。米开朗基罗是西方现代雕塑的宗师，罗丹看到报刊报道，觉得这是难得的好机会。当时他的生活还算过得去，于是东挪西撮，挤出一笔钱到意大利"朝圣"。

他在1876年3月动身，先到佛罗伦萨，后去罗马、那不勒斯和威尼斯，边走边看边写生，看得最多、最仔细的当然是米开朗基罗的作品。他从来没有想到雕塑能够达到如此高度，充满生命，相比之下，他所熟悉的古希腊雕像一下子变得呆滞、古板和乏味。他在米开朗基罗身上找到自己的艺术导师，在他的作品里找到自己的艺术道路：雕塑不能离开实物、自然和生活。在整个旅程中，他只写过一封信寄给伴侣罗兹·伯蕾（Rose Beuret，1846—1917），里面有一句话："我相信，这位伟大的魔术师留了一些秘密给我。"

自此之后，罗丹以米开朗基罗为师，再也不管学院派的清规戒律。他攀登艺术高峰的第二件作品是一座人体立像，以一位年青士兵为模特儿，花了整整一年多时间制作，反复修改，力求完善。作品在1877年1月第一次在布鲁塞尔一个展览会出现，立即引起美术记者的注意，一方面雕像十分逼真，令人赞赏，另一方面离经叛道，触犯清规戒律。学院派的基本教条是作品必须有主题，如果是人物，必须来自《圣经》、古希腊或罗马传说、西方历史或文学；如果是普通人，也要题材高尚，例如爱情、忠诚、英勇等等。罗丹的作品不仅以无名氏为人物，没有表现任何流行的价值观，而且不署标题，一个无名人物的无名雕刻。

《比利时明星报》（*L'Étoile belge*）刊登了一篇不具名文章，一方面指出雕像的独创性，同时却又质疑是否以真人铸模，然后翻塑："复制模型的成分有多少呢？"这是一支致命的毒箭，是对雕刻家的最严重的指控，一旦证实，就不能在行内立足。罗丹写信抗议，说任何人都可以到工作室来，实地比较模特儿和雕像。

幸好批评家鲁索仗义执言，在《议会回声报》（L'Écho du Parlement）赞扬和支持罗丹的作品，同时善意提醒他："像所有热爱自己工作的艺术家，作者只关心风格和制作，却忘记了一件事：为石膏像起名，点明主题。"接着，他出谋献策提议罗丹用《失败者》（Le Vincu）这个标题，因为像中人表现绝望的动作和神情。

数月后，罗丹把这件作品送往巴黎参加全国美术沙龙。由于有比利时的前鉴，他不敢怠慢。一方面附上模特儿的照片，以证明不是真人铸模。另一方面接受鲁索的意见，为雕像命名，以符合学院派需要主题的要求。最早的想法是采用鲁索的《失败者》，当时普法战争结束不久，法国战败，举国上下一片愁云惨雾，作品中的人物眼睛半闭，一手置额上，一手高举，真有点绝望之意。然而，他在最后一刻灵感突至，把标题定为《青铜时代》（L'Âge d'airain），表示人类刚刚离开混沌，踏进一个新时代的觉醒瞬间。

■ 罗丹：青铜时代（巴黎罗丹广场，2011年）

评委会接受这件作品参展，罗丹很高兴，但很快便失望，因为他的雕像被放置在很不显眼的地方。果然，沙龙结束时宣布政府购买名单时，《青铜时代》名落孙山。他很不服气，认为这是被"真人铸模"的谰言所累，于是到处写信，寄发照片鸣冤，这一切当然无补于事。幸好在这绝望的局面中，几位已成名的雕刻家和一些评论家大力支持他，同时劝他不要再争论下去，以免惹怒掌握生杀大权的评审委员会，不利日后参展。鲁索在信中安慰他:"像您这样的天才,这种街垒只能拦阻一段时间。"

罗丹为了向雕像注入生命,呕心沥血,却因为尺寸和模特儿相当接近,结果换来这场不可接受的冤屈。他吸取教训:"我需要一个更狡猾的脑袋。"当他开始创作下一个雕像《施洗者约翰》(Saint Jean Baptiste)时,他改用比真人更大的尺寸。成名之后,他接受友人的意见,替著名人物雕塑头像,第一件作品是大文豪雨果,以事实来彻底洗脱真人铸模的诬蔑。

1877年沙龙结束后,由于他和拉斯布尔已经散伙,决定返回巴黎发展。虽然普法战争结束,社会回复正常,但罗丹从异国归来,一时间举目茫茫,生活相当困难。幸好世界博览会次年在法国举行,巴黎大兴土木,不乏雕刻项目。罗丹很容易在作坊找到工作,像初入行时那样为人作嫁。他以前的老板卡里埃-贝勒兹现在贵为塞佛尔国家瓷艺厂(Sèvre)的艺术总监,也为他安排了一份工作,每周两天。一个人做两份工作,十分繁重,但他没有放弃艺术创作,每天下班后都到自己的工作室,一直到深夜,有时累到没有力气回家,要人搀扶。

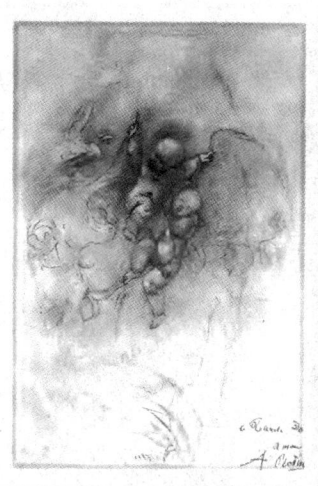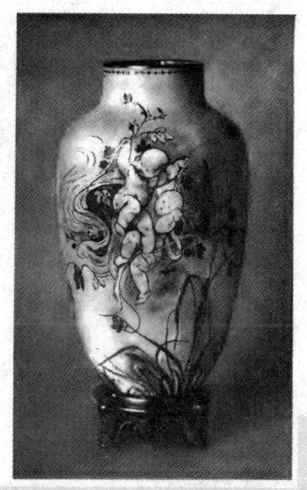

■ 罗丹在塞佛尔工厂的设计图及磁器制成品
(原载罗杰·马尔克思:《陶艺家罗丹》,1907年)

一年过去了,《施洗者约翰》还没有完成,罗丹把头部分拆出来,先造成头像,参加 1879 年沙龙。著名美学理论家韦龙(Eugène Véron, 1825—1889)慧眼识英雄,在他的《韦龙辞典—1879 年美术沙龙》(*Dictionnaire Véron*, *Le Salon de* 1879)中写道:"这位先贤优美的头部,向上抬起,正在布道。眼睛充满了信仰,俯视着听众。嘴巴张开,滔滔不绝地宣扬救世主的未来。"单独一个头像已能那么煽动观者的想象力,可以预料这是一件成功的作品,但是罗丹不必等到雕像完成才吐气扬眉。

因为这个时期的巴黎艺术气氛正在急剧转变中,以印象派画家为首的现代艺术家十多年前便开始挑战学院派的权威。1863 年,五千张作品报名参加美术沙龙,结果三千张落选,艺术家群起鼓噪,惊动到拿破仑三世。这位皇帝向来支持文学艺术,决定让这些作品在工业宫展出,"由公众来评判",这便是著名的"落选作品沙龙"(Salon des refusés)。

沙龙不算成功,因为不少艺术家怕开罪官方沙龙,在最后时刻退缩,只有 871 位艺术家参展,其中包括革新派马奈和印象派先驱毕沙罗(Camille Pissarro,1830—1903)。即使如此,艺术家开始敢于表示自己的不满,强烈撼动了学院派对艺术的垄断。首当其冲是政府主管文化的官员谢纳维埃(Philippe de Chennevières,1820—1899),他是国家艺术总监(Directeur des Beaux-Arts)。这个人不是外行,本身是作家及美术收藏家,担任过卢浮宫博物馆馆长,从 1860 年开始主持美术沙龙。他看出这是一股历史潮流,顺者昌,逆者亡,无法螳臂挡车,于是聪明地在 1878 年自行引退:

> 艺术家感到他们的力量,表现得更绝对,更难抵挡,1878 年万国博览会到来的时候,我像坠入钳子里,被他们的高傲要求夹住,那些希冀高升部长或副部长的狡猾政客,阴险地煽动他们,支持他们……我失去耐性,把缰绳交给更沉得住气的人。

罗丹过去多次写信给政府为《青铜时代》申冤,只得到官腔的回复。谢纳维埃下台后,接连换了两人,最后上任的叫杜尔盖(Edmond Turguet),官拜艺术事务副国务秘书,年仅 41 岁,也是艺术爱好者和收藏家。罗丹记得当年展出《青铜时代》,杜尔盖还是一位议员,曾经当面向他热烈赞扬。他明白这是申冤的千载难逢的机会,于是上书陈情:

> 我今天请求阁下把公道还给我,派人重新调查,恢复我在艺术家眼中的名誉,消除我在1877年受到的打击。

他的感觉没有错,杜尔盖的确对他另眼相看,立即任命了两个小组,到工作室实地观察罗丹的工作情况及研究这件作品。第一份报告由两位政府官员和两位作家组成,虽然不再怀疑"真人铸模",但仍然不排除"复制真人铸模"的可能性。第二份报告由六位雕刻家撰写,他们都是当代名家,结论不仅完全否定"真人铸模"的指控,而且对罗丹的作品给予极高评价。杜尔盖采纳了第二份报告的结论,指示卢森堡美术馆购买一座铜铸的《青铜时代》,付给作者报酬2200法郎,这是罗丹从艺以来的最大一笔收入。接着,他的《施洗者约翰》在美术沙龙获得好评,很多报刊杂志都特别提到,罗丹终于被公众所认识了。

■ 1880年国家购入美术沙龙雕刻作品的官方照片及记录 左二为罗丹的《青铜时代》

杜尔盖对他的支持并未到此为止,同年六月,艺术管理局发出公文,批准罗丹与另一位雕刻家共用大学街"大理石仓库"的一间工作室。自此之后数十年,这里成了罗丹的主要工作地点,地方也从两人共用一间,增加至一人独占三间,一直到去世为止。

更好的消息还在后头，两个月后，政府宪报刊登公告，艺术部交给罗丹一张订单，为计划中兴建的装饰艺术美术馆（Musée des Arts décoratifs）设计大门浮雕。

这是他获得的第一张国家订单，而且是非比寻常的大制作。这家美术馆的灵感来自英国，1851年伦敦万国博览会展示的工业产品艺术，令人耳目一新，法国人感到必须急起直追，创立一间新的美术馆，用来容纳工业化催生成长的新艺术品。杜尔盖打算在国家审计局旧址上建立，巴黎公社失败时大火焚城，这里被毁为废墟。计划尚未落实，他已迫不及待地把最重要的雕刻工作交给罗丹。西方雕刻界有一个不成文的传统，高座纪念像和建筑物的大门雕刻被视为艺术家事业的最高峰，如果两者都实现了，大可死而无憾。可能由于这个理由，尽管美术馆仍属一纸空文，而且报酬只有8000法郎区区之数，罗丹还是毫不犹豫签字了，并且确定以但丁的《神曲》为主题。

这一年罗丹已经40岁，比起其他人，他至少失去了10年的光阴。好像为了补偿这个不公平的命运，上天给他送来了卡米儿·克劳岱尔（Camille Claudel，1864—1943）。罗丹有一位朋友布歇（Alfred Boucher，1850—1934），在一间私立美术学院授徒，其中有几位女弟子。1883年，布歇赢得"罗马大奖"到意大利深造，请罗丹代课指导学生。就这样，罗丹认识了卡米儿。

年仅17岁的卡米儿有如出水荷花，清新脱俗，才华过人，浑身都是艺术细胞。罗丹已进入年已不惑的年龄，却变成一个情场新手，不顾一切要赢得她的欢心。他追求得那么热烈，换了其他人一定不能抵抗多久。可是卡米儿个性独立，不受人影响，而且以感情为重，不容他人分享爱情。她虽然对罗丹有爱意，但常常故意避开，两人关系时冷时热，弄得罗丹魂不守舍，写出与他的年纪不相称的情书来：

> 有时，我真的相信不想念你了，但一刹那，我又感觉到你可怕的力量。可怜我啊，你这个坏家伙！我受不了，不能有一天不见你，否则就会发狂。完蛋了，我不再工作了，你这个作恶多端的神

明！可是，我疯狂地爱你！

他甚至写信给寄居卡米儿家里的英国女学生利普斯科姆（Jessie Lipscomb，1861—1952），求她帮忙，来工作室时把卡米儿一并带来。在1988年才发现的罗丹佚信中，有一份古怪的文献：

■ 卡米儿在巴黎家庭寓所阳台（1886年）
（拍摄者埃尔伯恩［William Elborne］是英国人，利普斯科姆的未婚夫）

> 从今天1886年10月12日的以后日子里，我只保留卡米儿·克劳岱尔小姐作为我的学生。我只保护她一个人，以我所有能力，以我所有朋友，尤其是有影响力的朋友来保护她，他们将是她的朋友。
>
> 我不再接受其他学生，以免偶然出现一些竞争对手，尽管我不以为会常常遇到这样天生有才能的艺术家。
>
> 我尽力为她送作品到美术沙龙展出，以及见诸报刊。
>
> 我不会以任何借口到XX夫人家里，不再教她雕刻。五月沙龙之后，我们到意大利，至少一起停留六个月，寸步不离。之后卡米儿小姐成为我的太太。如果卡米儿小姐接受，我乐意四五个月内送给她一座大理石像。
>
> 从现在到五月，我不碰任何女性，否则条件作废。
>
> 如果智利订单成事，我们去智利，不去意大利。
>
> 我不碰我认识的任何女模特儿。
>
> 我们到卡尔扎（Carjat）照相店拍照，卡米儿全套入时打扮，或者加上晚礼服。
>
> 卡米儿小姐在巴黎留到五月。
>
> 卡米儿小姐保证每月在工作室接待我四次，直到五月。
>
> 罗丹

■ 乔装的卡米儿在工作室（1886年）
［英］埃尔伯恩摄

全篇好像由卡米儿口授，最末有罗丹的签名。内容半认真、半儿戏，就像小两口在调情。无论如何，美术史家现在基本上肯定，罗丹是在三年热烈追求之后才真正赢得美人心。

之后，两人开始了长达7年的恋情。由于卡米儿出身中产家庭，人言可畏，他们只能偷偷来往。卡米儿不仅是罗丹的情感伴侣，也是艺术伙伴，罗丹对她的天才另眼相看，视为知己，经常和她讨论艺术。他以卡米儿为模特儿，创造了一批著名作品，《沉思》（*La Pensée*）、《黎明》（*L'Aurore*）、《康复》（*La Convalescence*）、《水神》（*La Danaïde*）、《告别》（*L'Adieu*）。

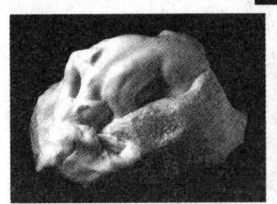

■ 罗丹以卡米儿为模特儿的雕像
（左上）沉思（*La Pensée*）
（右上）卡米儿头像（*Masque de Camille*）
（左中）告别（*L'Adieu*）
（右中）黎明（*L'Aurore*）
（左下）水神（*La Danaïde*）
（右下）康复（*La Convalescence*）

当年女雕刻家要在美术界立足，几乎是不可能的事情，为了帮助卡米儿出人头地，他利用自己的社会关系和名气，在幕后多方活动：推荐她的创作参加各种展览会，向艺术部官员朋友提议购买她的作品《华尔兹舞》(*La Valse*)，介绍评论界朋友和她认识，当有人攻击卡米儿的作品时，他动员好友写文章还击，甚至有一次背后出钱，让一位收藏家朋友买下她的泥塑《老妇》(*La Vieille femme*)。1891年，卡米儿的《罗丹》雕像入选沙龙，罗丹两次写信给组织者，要求调换一个更好的位置。

这一段时间，也是罗丹事业步入巅峰的时期，愈来愈响亮的名声带来很多订单，私人的不说，单是公家的大型订单就有《加莱义民》(*Les Bourgeois de Calais*)、《巴尔扎克》(*Balzac*)、《雨果》(*Victor Hugo*)、《勒帕热纪念像》(*Le Monument à Jules Bastien Lepage*)、《珂路德·洛兰纪念像》(*Le Monument à Claude Lorraine*) 等。卡米儿是罗丹的得力助手，除在工作室忙碌，参加大型雕刻《地狱门》(*La Porte de l'Enfer*) 的创作外，还陪同罗丹到巴尔扎克故乡收集资料。

然而，好景不长，卡米儿爱慕自己敬重的男人，希望有朝一天成为他的太太。她苦候7年，由于两人中间夹着伯蕾，到头来好梦难圆。伯蕾认识罗丹于困难时，同甘共苦了20多年，为他生下一个儿子，罗丹不忍心抛弃她。可是爱情是排他的，容不得第三者夹在其中，何况卡米儿是一位敏感的艺术家，性格高傲，当她知道罗丹为了伯蕾的健康，打算在巴黎郊区默东购买房子时，便决定离开罗丹。两人后来仍然不时互相通信，罗丹继续努力在事业上帮助她，通过各种人事关系，为她争取国家订单。1898年，卡米儿精神出现问题，两人的通信中断。她有一位弟弟保尔·克劳岱尔 (Paul Claudel, 1868—1955)，担任驻外领事和大使，同时又是诗人作家，后来当选为法兰西文学院院士。1913年，他回国为病危的父亲送终，事后看到卡米儿的病情已发展到无法自理的程度，不得不把她送进精神病院。当人们整理她留下的东西时，发现所有作品已被她亲手砸成碎片，一件不留。卡米儿自此再没有离开过医院，直至1943年去世。

罗丹后来有过几个情人，但继续和伯蕾共同生活。1917年1月29日，他在朋友安排下和伯蕾正式结婚。两星期后，伯蕾去世，10个月后，他也离开了这个世界。

■ 1917年1月29日，罗丹和伯蕾在布里扬山庄结婚，由默东市长主持 ［法］舒莫夫（Pierre Choumoff, 1872—1936）摄

在艺术史上，罗丹可能是留下最多未完成大型作品的雕刻家。他的代表作《雨果》、《巴尔扎克》和《地狱门》，在他生前从未浇铸成像。原因不难明白，罗丹成名得晚，一心要赶回失去的时间，努力参加国家的纪念像招标，让自己的作品流传于世。他志在必得，出价很低，为了补偿，对私人订单几乎来者不拒。因此，他应接不暇，招聘了大批助手从旁协助，最多时超过40多人。这些人不涉创作，而是把泥稿制成石膏像，经罗丹修改定稿后，再根据需要，进行放大，以石膏、青铜或大理石为原料，制成最后成品。尽管有这么多助手，罗丹的时间永远不够用。不过，这不是关键所在。

真正原因在于罗丹对艺术的追求，他一辈子努力，要自成一家。他的名气从1880年起急速飙升，报纸使用的形容词愈来愈高级，到最后有一位评论家把他封为"当代的米开朗基罗"，这时是1889年。这个称呼不断出现在报刊上，罗丹当然很开心，同时也感到巨大压力，必须不断超越，不仅超越前人和同时代的雕刻家，也要超越自己。他的作品真正千锤百炼，有人看过他工作，把一块黏土在手里搓弄了十多分钟，贴到雕像上，只看几眼，又扯下来，因为他不满意。他的作坊充塞了大大小小的碎块，一只手，一只脚，残缺的躯体……即使已经完成的作品，看上去也像还未完成的。他不止一次修改已定稿的作品，反过来，同一件细节，他可以用到不同雕像上去。这是一个永远不停止追求的艺术家。

起初他遇到催交作品时，还会谁催得紧就先做谁的订单，到后来，他干脆置之不理，即使取消订单也不在乎。幸好他的名气大，这种事情甚少发生。《巴尔扎克》几乎是唯一例外，法国文人协会三催四逼，期限一推再推，到了纪念日迫在眉睫，不得不取消订单，交他人接手，罗丹也不争论，自愿退回订金。国家订购的《雨果》纪念像，同样没有依期完成，多次延后，到头来让步的是国家，把交货期改为"无限期"。

罗丹名满法国，但因为出名时间还不长，而且慢工出细活，因此他的名气一时未能走出国门。直到 50 岁，除了他长期居住过的比利时外，他在欧洲举行过展览会的国家仍屈指可数，只有瑞士和荷兰。真正让他名扬天下的时机是两次万国博览会。

万国博览会创办于 1851 年，第一届在伦敦举行，原来的目的是展出工业技术新成就，后来增加其他主题，艺术、时装、装饰等，英法轮流主办，邀请其他国家参加。展出时间五至八个月，频率不定，二至八年一次。1873 年普法战争法国战败，之后的举办地点扩展到世界各地。早期的展览方式是各国共用同一展场，1867 年第九届在法国举行时，除了传统的主题馆外，增设国家分馆，由参展国自行设计，采用本国的建筑形式，成为博览会的最大特色。

第一届共有 25 个参展国，入场观众 600 多万。到了十九世纪末，博览会的规模愈办愈大，观众人次常常超过千万之数。对于艺术家来说，这是向世界各地宣传的最好机会，罗丹不是善于自我宣传的生意人，但在朋友的怂恿下，开始尝试。

第一次在 1889 年，这一年艾菲尔铁塔落成，加上法国大革命一百周年，巴黎主办的博览会办得有声有色，参加国增至 35 个，入场观众

300多万人次。印象派大师莫奈是罗丹的好友,在他主催下,6月21日,两人在珀蒂画廊(Galerie Georges Petit)举办一次联合展览,罗丹参展36件作品,最惹人注目的是群雕《加莱义民》。在正统美术评论家眼中,油画和雕塑联展有点像人首马身的怪物,但展览获得很大成功。原订7月21日结束,但就在这一天,《费加罗报》在头版刊登了一条消息:

> 本报收到来自各处的查询,打听莫奈—罗丹画展的结束日期。这个展览吸引了大批观众到塞兹街展览厅。经探问后,本报能够作出答复,由于展览甚得好评和备受欢迎,珀蒂画廊继续展出,至另行通知为止。

■《费加罗报》1899年7月21日
报导莫奈—罗丹展览延长展期消息
(法国国家图书馆藏品)

结果展期延长一倍,到八月底才结束。当时莫奈已名闻天下,通讯社和报刊纷纷报道,罗丹的名字也因此传遍了全世界。

十年之后,1900年,万国博览会重临巴黎,4月开幕,到11月结束,长达七个月,观众人次超过5000万。博览会有两个法国艺术展览,法国艺术百年展(l'Exposition centennale française des beaux arts)和法国艺术回顾展(l'Exposition rétrospective de l'art français),展出油画、版画、雕塑等各类名家作品，最惹人注目的是当时炙手可热的印象派作品。虽然罗丹有些作品由国家送展，但他希望举办独立的个人回顾展。尽管此时的罗丹已在艺术奥林匹克山顶峰，但仍有不少反对者从中作梗，几乎令计划流产。罗丹的朋友再次拔刀相助，四处活动，巴黎市政府才勉强同意，拨出一块在展览场馆以外的地方，让他展出。罗丹开头十分担忧，因为主办者只管拨地，其余不管，从建馆、陈列到开放，必须一手一脚自己组织，自负盈亏。

展览馆在塞纳河边的阿尔玛桥（Pont Alma）边，是一座路易十六风格的雪白色建筑物，十分悦目。从博览会出来的观众，被宏伟华丽的展览馆和五花八门的展品弄得头昏脑胀，见到这座出水芙蓉般的建筑，眼前一亮，很多人便不由自主进去参观。在博览会历史上，这样的个人展览可说空前绝后，加上6月1日揭幕时，政府派出公共教育及艺术部长列格（Georges Leygues，1857—1933）到场主持仪式，传媒一报道，展览更加吸引人，口耳相传，参观人数迅速增加，外国人尤其多。罗丹每天到场，和观众对话，回答他们的问题，带领他们参观。英国作家王尔德当时正流亡法国，他写信给朋友说："我看到罗丹的梦变成的大理石。"他认为罗丹是一位大诗人，"完全盖过了雨果"。

■ 阿尔玛展览馆（1900年）
［法］博歇（E. Bauche）摄

■ 展览海报
（巴黎罗丹美术馆藏品）

罗丹有一位知交比冈（Edmond Bigand-Kaire，1847—1924），热衷收藏他的作品，经常把自己葡萄园的佳酿送给他，两人书信来往超过200封。展览11月结束后，罗丹写信向他报喜：

亲爱的比冈：

是的，亲爱的朋友，我仍然住在默东的布里扬山庄（Villa des Brillants），仍然快快乐乐地喝您的刚劲的葡萄酒。

您可能不久回巴黎吧？我要告诉您，我的展览会及其精神收获非常令人满意，金钱方面收回本钱，总共售出20万法郎，而且可望还会更多一些，另外接到几张订单。

所有美术馆差不多都买了我的作品。费城买下《沉思》，哥本哈根付出8万法郎，买下一整个展厅的作品。此外还有汉堡、德累斯顿、布达佩斯等。美国人不多，英国人不多，但很多德国人来看我的展览。

你看，预先估计总是不同的，本来指望门票，却买得不多。我从20万法郎中提取三分之一，用来支付大理石和青铜料，剩下14万。我总共开销了15万。

朋友，我很高兴能够写信给您，希望能不时见面。

罗丹

外国美术馆如此抢购作品，在法国艺术史上这是第一次。展览结束后，陈列馆继续开放，直到次年春天才拆卸运回默东重建。

■ 阿尔玛展览会一角（1900年）
［法］德吕埃（Eugène Druet, 1868—1917）摄

此后数年，世界各地纷纷邀请罗丹前往展览，他的作品巡回列国，从欧洲的德国、奥地利、捷克，到亚洲的日本，以至南美洲的阿根廷，所到之处，无不轰动。小小的默东镇突然热闹起来，国内外名流与艺术家，川流不息到此访问。罗丹来者不拒，重建的阿尔玛陈列馆俨然成了他的个人美术馆，每个来客都可以在那里自由地近距离欣赏他的作品。

正当罗丹的名声高达云霄的时候，1902年6月，他收到里尔克写给他的第一封信。

第三章

高山仰止

第三章
高山仰止

里尔克对美术的兴趣远不及文学，但是一个偶然的机会，令他开始撰写关于美术的文章。1899 年，他第一次与莎乐美同游俄罗斯，回来后打算到大学念博士学位，认为拿到文凭，便能得到文学同行的认同。他趁圣诞节去布拉格探望母亲的机会，归途时特别在波兰西部古城布雷斯劳（Breslau）停留，登门求见艺术史教授米特尔，表示希望跟他修读学位。米特尔在教学之余，也替维也纳《时代》（Zeit）周刊编辑艺术版。当他听过里尔克的俄罗斯经历后，约他撰写一篇关于俄罗斯造型艺术的文章。里尔克很快交出稿子，题目是《俄罗斯艺术》（Russische Kunst）。一年后，他与莎乐美重游俄罗斯，回来后又写了另一篇《俄罗斯当代艺术的新尝试》（Moderne Russische Kunstbestrebungen）。米特尔收到后，都发表在《时代》杂志上。

里尔克写这些稿件是因为有人约稿，他的目标仍然是成为诗人。但是冥冥中好像注定他一定要与雕塑连结在一起，这个时期，他写成的短篇小说《听石头的人》便与雕塑有关，灵感来自游历意大利看到米开朗基罗的作品。原文不长，全录如下：

听石头的人

我又到我底疯瘫的朋友家里。他带着他那特殊的微笑说："关于意大利你从不曾对我说过什么。"

"这是否说我该及早追补那失掉的光阴呢？"

爱瓦尔德点头并且闭起眼睛来听了。于是我开始：

我们所感到的春天，在上帝看来，不过像一个倏忽的小小微笑溜过地面。这时候大地仿佛记起什么似的；到夏天它便对大众高声述说，直到在秋天无边的静里变乖了，它默默地对孤寂者密语。你和我所活过的春天加起来也填不满上帝一刹那。春天，如果要上帝觉到它存在，不该仅逗留在草原和树上。它得要用或种方法深深感动人心，因为这样它就不在时间里，而在永恒里在上帝面前演奏了。

有一次，这个发生了，上帝底眼光把它玄秘的飞翔悬在意大利上面。底下，地面非常明亮，时光像金一样闪耀着，可是斜印在那上面，像条阴暗的路似的，伸展着一个肩膀很宽，沉重而且浓黑的人影。更远一点，在他面前，他那双手底影子焦躁而且拘挛地工作着，时而在比萨，时而在那不勒斯，有时更消失在大海底晃漾的波动上。上帝不能把他底眼光离开这双他起初以为合十祷告的手——可是从那里溅射出来的祷词却把它们大大地打开了。天空中起了一阵沉默。一切圣徒却跟着上帝底眼光移动，而且，和他一样，凝望着那把意大利遮掩了一半的影子。天使底歌声在唇上停止了，星星都在颤抖着，怕做错了什么，并且，谦逊地，静待上帝底震怒。可是并没有这样的事发生。天空整个儿张开在意大利上面，于是拉斐尔①在罗马跪着，翡爱梭俪（Fiesole）山上幸福的安杰利科②站在云端，感着无限的欢乐。这时候无数的祷告在路上奔驰，在天与地之间。但上帝只认识其中一个：米开朗基罗底力量像葡萄园底芳香向着他氤氲上升。他苦于这力量占据了他整个思域。他更往下倾，发见了那在工作的人，从肩膀上瞥见了那双听石头的手，忽然害怕起来：难道石头也有灵魂么？为什么这人在倾听着石头呢？于是他看见那双手醒起来了，它们在探索着那像座坟墓似的石头，里面闪着一个柔弱的垂死的声音：

"米开朗基罗，"上帝惴惴地喊道，"谁在石头里？"

米开朗基罗侧耳倾听；他底手发抖了。他用哑重的声音答道："你，上帝。还有谁呢？但是我到不了你那里。"

---

① 拉斐尔（Raphaël，1483—1520），意大利文艺复兴时期著名画家。
② 安杰利科（Fra Angelico，约 1400—1455），意大利修士、画家，以宗教画著名。

第三章
高山仰止

于是上帝明白他在石头里，他觉得窒塞不安。整个天空只是一块石头，他被关在中间，希望米开朗基罗底手把他救出来。他听见它们来了，可是还远远地。同时那雕刻大师重复俯向他底作品。他不断地想道：你不过是一块小石头，别人就很难得在你里面找到一个人影。我却在这里感到一只手臂：那是约瑟的；玛利亚在这里低俯着，我感到她那颤栗的手挽着那死在十字架的我们主耶稣。如果这块小云石容得下这三个，我为什么不能使整个沉睡的民族从一块大石头矗立起来呢？于是他三两下工夫就把那座《圣母哀子像》(*Pieta*) 底三个像解放出来，但是并不完全揭开面孔上那石幕，仿佛怕他们底深沉的悲哀会渗进他底手，使它们变成疯瘫一样。同时他也就跑到另一块石头去。但每次他都不愿意把那丰满的光明赐给一个前额，或最清纯的曲线赐给一只手，而当他塑造一个女人的时候，也不在她底口周围安上那最后的微笑，使她底美不完全泄漏出来。

这时他正在起草那教皇尤利乌斯二世①底墓。他想在那铁做的罗马教皇上面建造一座山，并且添上一个在那里繁殖的民族。给无数朦胧的计划所激动，他走向云石坑里。那山坡耸立在一个可怜的村庄上。在许多橄榄树和枯萎的石丛中，新鲜的裂缝露出来，像一张灰白的脸半掩在那渐渐老去的鬓发下。米开朗基罗在这蒙着的额头面前站了许久，忽然瞥见一对石做的大眼睛从底下注视他。他觉得自己在这注视的影响下渐渐长大起来了。现在他也高耸出地面了，他自己觉得永远是这座山底兄弟般平排列着。山谷在他脚下往后退，和在一个登山底人的背后一样，村里的茅屋像羊群般挤作一团，石头底面孔在白色的石幕下也显得愈近愈亲切起来，表现着一种静待的神气，同时又已经在动底边沿了。

米开朗基罗沉思道：

"人打不碎你，因为你是完整的一块。"

---

① 尤利乌斯二世（Jules della Rovere, 1443—1513,）教皇，1503—1513 在位。

然后高声说：

"我要完成你。你是我底作品。"

于是他回佛罗伦萨去。他看见一颗星，和礼拜堂圆顶底阁。黄昏围绕着他脚下。

忽然，到了罗马门的时候，他踌躇起来了。两行屋宇像手臂般伸向他，它们已经把他抓住并拖到城里了。街道愈来愈狭愈昏暗；他回到家里的时候，他觉得自己被幽冥的手紧握住，再不能逃脱了。他躲到客厅里，又从那里躲到那间他常常在那里写作的纸下，几乎没有二尺长的房里。四壁向他走拢来，仿佛在和他那过度的伟大挣扎，强迫他恢复从前那狭小的形体。他一任其自然。他跪下来让它们把他形成。他在自己里面感到一种谦虚，一种想变成渺小的愿望。于是一个声音来了：

"米开朗基罗，谁在你里面？"

于是那人在他那狭小的房里把额头搁在手上，低声说：

"你，我底上帝。还有谁呢？"

于是上帝的四周立刻宽起来了，他举起那挂在意大利空中的面孔四顾：圣者在他们底冠袍里站着，天使们在万千灿烂的星辰中往来，带着他们底歌像些充满了光明的水壶；而天空是无穷无尽的。

我底疯瘫的朋友举起他底眼睛追随着那流荡在空中的暮云。

"上帝就在那里么？"他问。

我默着，然后俯向他：

"爱瓦尔德，我们就在这里么？"

于是我们热烈地握手。（梁宗岱译文）①

这篇以雕塑为主题的小说很有点先兆的味道。仅仅两年之后，1900年夏天，里尔克第二次到沃尔普斯韦德，探望一年多前在佛罗伦萨结识的画家福格勒，在那里结识了女雕塑家克拉拉，就这样，命运最终把他

---

① 本书的梁宗岱译文均引自《罗丹论》（里尔克著，梁宗岱译，中央编译出版社，2006）

推向雕塑。

克拉拉是一位自少便醉心于艺术的女性，1895年17岁上头，独自一人跑去慕尼黑，希望进入美术学院。但是当时欧洲的美术学院都不招收女学生，德国也不例外。她不服气，跑到市教育局质问，无功而还，入学申请被拒绝，理由照例是"学位已满"。她唯有转向私立学校，慕尼黑有一家相当出名的学校，由画家施密德-罗伊特（Ludwig Schmid-Reutte，1863—1909）和费尔（Friedrich Fehr，1862—1927）主持，收费昂贵，但克拉拉别无选择。

■ 克拉拉·韦斯特霍芙（1902年春）
（巴黎罗丹美术馆藏品）

三年之后，1898年，她离开慕尼黑到画家村沃尔普斯韦德，拜马肯森为师，决心成为雕刻家。她不仅很快显出创作才能，而且选材别出心裁，舍弃学院派"言必有据"的传统，以普通人为主题。一座表情生动的老人头像，教人另眼相看。次年，马肯森把她推荐给在莱比锡的著名画家克林格尔（Max Klinger，1858—1920）。这位画家能画能雕，不久前在德累斯顿一个展览会留意过克拉拉的作品，知道此姝不凡，但迟迟不肯答应。因为他认为雕刻不同绘画，需要强大的臂力。他详细向马肯森打听克拉拉的情况，连体重也问到，当他知道克拉拉体重160磅，才放心收她为学生。

但是，克拉拉在他的工作室只逗留了不足一年的时间，因为克林格尔很快看出这个年轻的女孩子终非池中物，鼓励她到巴黎学艺。克拉拉在1899年12月到达巴黎，次年1月1日，好朋友保拉也来到巴黎。两人住在同一旅馆里，过从甚密，时常一块参观美术馆及画展。

在巴黎学美术有两条路，首选是报考国立美术学校，对女留学生来说，这家最高学府可望而不可即。候选人既多，学位有限，入学考试的门槛很高，尽管1897年开始接受女生，但收取高昂的学费（男生免费），并且男女分班上课，女学生只能用穿衣模特儿。如果是外国人情况会更糟糕，首先要通过苛刻的法语水平考试，鲜有人能跨越这一关，即使男性也往往望门兴叹。幸好天无绝人之路，当时的巴黎已经青出于蓝，取代意大利成为西方美术的"圣城"，来"朝圣"的外国学生络绎于途，女画家尤其多。于是私人画室乘机兴起，挂起"美术学院"（Académie）的招牌，大量招生。教学以写生为主，但有教师从旁指导。学生不分性别，不论水平，来者不拒，只要有能力缴纳学费便可随时入学，对外国学生来说，这不啻是一条康庄大道，人人趋之若鹜。学校设备相当简陋，但也有个别办得很出色。

名气最大的有两家，第一家叫柯拉罗斯美术学院（Académie de Philippe Colarossi），历史最长，由一位瑞士人在1815年创立，几经转手后，落到意大利裔雕刻家柯拉罗斯（Filippo Colarossi）手中，更换此名，罗丹便是到那里代替布歇上课而认识卡米儿的。这家学校在1931年关闭。另一家朱利安美术院（Academia Julian），更为出名，从1875年起招收女生。主办人朱利安（Rodolphe Julian，1839—1907）本业画家，为了专心教育，放弃了个人的艺术前途，成为一位成功的教育家。他知道美术教育关键在于导师，因此在这方面毫不吝啬，请来的教师全部是国立美术学校的毕业生，其中三人后来赢得"罗马大奖"，成为名画家，还当上国家美术院院士。他的努力没有白费，学校很快便得到官方批准，有权推荐学生参加"罗马大奖"考试。因此除了大批外国留学生外，也吸引很多法国本土生，其中几位后来成为名家，例如野兽派宗师马提斯（Henri Matisse，1869—1954）和达达派的杜尚（Marcel Duchamp，1887—1968）。学校成为名校，在朱利安去世后继续存在，一个世纪后，和另一家美术学院在1968年合并，更名为绘画艺术高级学校（l'École Supérieure d'Arts Graphiques）。

保拉选择了柯拉罗斯美术院，专攻油画，克拉拉学雕塑，进入了朱利安美术学院。她们首先学习基础课，尤其人体写生。就在这时候，传来罗丹开设美术学院及招生的消息。对克拉拉来说，这是百年一遇的运气。她到巴黎正是为了投到罗丹门下，但是罗丹从未公开设帐授徒，他尝对人说："我不带学生，但可以让他们当助手"。能够当助手的当然已有相当的工夫，而且必须找到门路搭线。

为何罗丹改变初衷收学生？这不是他的主意，始作俑者是一个名叫罗斯（Rossi）的商人，他在1899年末向罗丹提议，合作设立罗丹美术院（l'Institut Rodin），罗丹担任"访问教授"（Porfesseur visiteur），他负责一切校务。由于罗丹的名气，招生消息传出不到两个星期，30个学位全部报满。学校位于艺术家聚居的蒙巴拿斯区，收费高昂，每月30法郎，女学生多收一倍，60法郎。罗丹当时正忙于准备万国博览会个人展览，很难抽身到校，只是不定期来看一下，略作指点，主要教师是他的两个得力助手，布德尔（Antoine Bourdelle，1861—1929）和德博瓦（Jules Desbois，1851—1935）。不少学生慕罗丹之名而来，见不到自己崇拜的偶像上课，不免大为失望，很快便退学。尽管如此，克拉拉却毫无怨言。因为课程完全符合她的愿望，远离学院派和当时流行的自然主义。布德尔和德博瓦均非等闲之辈，后来都成了名家，由他们指导和批评习作，不作第二人想。克拉拉还曾得过罗丹的亲自指点，成为她最美好的回忆。

学校原来雄心壮志，计划至少办三年，但三月中旬开课后，不过几个月便结束，罗斯和罗丹等三人的合约是4月份才签订，关门显得不合情理。究其原因，主要从6月1日开始，罗丹在阿尔玛举行的展览会开幕，事事亲力亲为，根本无暇他顾。接下来几个月，展览会获得愈来愈大的成功，卖出大批作品，新订单纷至，学院的重要性大打折扣，办不下去是无可避免的事情。

克拉拉没有等到学校结束便离开法国，因为她和保拉花光了钱，7月份双双回到沃尔普斯韦德。8月26日，里尔克应福格勒之邀，第二次到画家村，结识了她们两人，迅速成为好朋友。当时福格勒正在热恋邻村的未来妻子，经常不在家。9月21日那天，里尔克写下一篇很长的日记，开头一节记叙了代替主人主持的"桦树小舍"周末晚间聚会：

■ ［德］福格勒：夏夜（*Der Sommerabend*，1902—1905年）
中央的女士是福格勒夫人，最左方是保拉，克拉拉坐在她的对面
（沃尔普斯韦德大展馆（Große Kunstschau Worpswede）藏品）

星期天到了。下午五点钟左右，我们一起聚会。外面黄昏仍在铺陈光线，但在白色客厅里，已经降临一丝暮色。我点燃钢琴上的蜡烛，B小姐弹奏了很多歌曲，千千万万声音开始在头顶浮荡。我的朗诵从来没有试过这样的前奏。

我以托马两首诗开始，然后朗诵《在切尔托萨修道院》（*In der Certosa*）和《音乐》（*Musik*）。我感到面前的听众表现出这般好感，于是决定继续朗诵几段《好上帝的故事》：《威尼斯犹太人区一幕》和《听石头的人》。朗诵最后这篇时，我提高嗓子，觉得声音很大。

我从来没有令一群人产生过这么强烈的印象，似乎把每个人孤立开来，又在不知不觉中集中在一起。我自己呢，当那句命中注定的句子以我的声音发出来时，我浑身发抖："米开朗基罗，谁在石头里？"

托马（Ludwig Thoma，1867—1921）是德国作家和杂志主编，与里尔克是同时代人。他接着朗诵的两首诗，后来收入《图像集》（*Das Buch der Bilder*）。

朗诵会后，大家外出散步、聊天、喝咖啡、挤羊奶，然后三三两两散去。这天晚上天气特别晴朗，他和克拉拉最后离开，这时已是凌晨三点钟。克拉拉由他陪同回家，因为忘记带钥匙，以铁锤敲锁，不慎砸伤手指，流出鲜血。就这样，里尔克第一次踏进一个雕刻家的工作室：

> 工作室里有一个刚动工的小孩塑像小泥胚，小孩坐在地上，一腿弯起，搁在下巴下面，两手向前环抱另一条腿。一种罕见的准确性表现在小孩的脊梁上，以及背部瘦削的棱角突起。此外，背部与臂膀的连接处显露出一定的发育成熟程度，可能已经做过多年的成人工作。

克拉拉谈到克林格尔，谈到他接见时，起初毫无信心，煞费唇舌向她解释，在女孩子和成功之间的分隔道路如何异常艰苦。后来，他完全忘记了自己的意见，对她表现得热情而有信心，甚至送给她一块大理石料，她用来雕刻了一只手。到了最后，他被她表现出来的顽强意志所征服，放下武器，成为她的导师。

■ 克拉拉：坐着的小孩（*Garçon assis*，铜像，1900年）（德国里尔克档案馆［Gernsbach, Archives Rilke］藏品）

再下来，她去了巴黎，到了伟大的罗丹身边，向他学到很多东西。在谈话过程中，我自己谈到在这位雕刻家前面的个人感想，有很多东西能够第一次很好地表达出来。尤其下面这一点，我觉得意义极大：

他的作品不望向外部世界，绝对没有意思寻求与你交谈，它们永远是一件艺术物，也就是说，它们不是一件真正的存在物，只不过是一种永远潜在的创造物。

没有底层结构的造型艺术，比其他艺术更存在于人类中间：人们可以绕着它兜圈，从所有方面观看和触摸。无论任何情况，物是完全真实的，它对所有人开放，要是意识到缺乏气氛时，便往人的身上寻找补偿，这是它成功的保证……

但是，人永远不可能和一件真正的作品称兄道弟，创造物一旦和观者搭上关系，便等而下之了。一旦把视线望向观者，一旦让视线脱离本身势力范围，移到面对的琐事上去，它便放弃了本身的孤立，放弃了石头的圣洁，这种圣洁令它与易逝的外形和暂时的姿势区别开来。

罗丹的雕塑——这是最令人印象深刻的优点——永远停留在神奇地带，没有人能够跨进去。诚然，人们可以靠近，从旁欣赏作品，好像一种从远处感到的邻近感觉。但是它们和观众之间，只有吸引力，我们永远不可能成为它们的邻居。对我们来说，它们始终像泉水图像：我们不能逾越某一点，否则便自己遮掩了要看的东西。

这是里尔克涉及罗丹雕塑的最早文字，他使用了一个美术词汇"底层结构"，指画布、纸板等绘画材料。

再过六天，9月27日，他在日记里又提到罗丹：

星期一下午，我们参观了银行家贝伦斯（Eduard Ludwig Behrens, 1853—1921）的藏画。我首先注意勃克林的一张力作：女猎神在岩石上入睡，两个棕色的牧神在注视她。一种阔大的运动穿过这张色彩鲜明的油画。两个牧神，一老一少，一副色迷迷的紧张样子，贴在满布青苔的灰绿色岩石上。在石头前方，女神的身体躺在一件深蓝色的外套上面，在薄纱衣服下面，一双红色短靴穿在睡姿庄重的脚上。云彩和树木似乎反映了牧神的态度，升起一种恐慌，构成整体的统一。

然后，我走过很多图画前面，但要等到最后那个室，才产生新的深刻印象，面对杜比尼的一张夜景和柯罗两张画作，还有史蒂文斯的薄衣女郎，她伸出手臂，在一个杯子里挤柠檬汁。

杜比尼的夜景色调有力：一间屋子，可能是磨坊，前方是一个鸭子游弋的水塘，平静而清澈。前景右方有一些树木，稍远是灌木丛，把自己的浓密黑影，伸展到夕阳留下的无际金色天空里。

柯罗：一间房屋，屋前一条小路。秋天。纤幼的树影，柔美的树枝以一层淡薄水气织成光环。远处有一个人，绿色和棕色的衣裳，头戴白帽。前面是一幅翻过的土地，两匹白马套在犁耙上。最后这部分尤其完美，然而整张图画浸润着一种静谧而微妙的银光。

柯罗第二张画：一个泉边少女，画成好像在室内那样，比人们能够想象的更感亲近。这些颜色！紫铜色裙子，套着绿色紧身衣，像小鸟羽毛那样的深绿色，最后，还有这种浅棕色的细腻皮肤。我的同伴停留在勃克林画作前面，谈论那位女猎神和其他画作，但是我呢，我一直站在这位少女前面。

我似乎刚刚开始懂得看画。直到现在为止，我不是只从文学角度着眼吗？或说得更准确点，我不是只重视图画的抒情优点，拿来作为造型艺术的价值吗？例如莱斯蒂科的作品。是的，面对图画一个普通部分，任意一部分，一条腿，一条和环境搭配的衣纹，我都感到欣悦，这是与这些杰出而认真的艺术家的交流中，第一次得到的感觉。他们对绘画的认识这般难以置信地深刻。

有两点是肯定的：我必须更熟悉他们，因此要对周围一切敏感地注意，更多地观察。另一方面，过了圣诞节，我必须安排去巴黎：看画作，访罗丹，补回孤独令我远离的东西。

是的，我的俄罗斯之旅，每天都有东西逃过我的注意，极其无情地向我证明，我的眼光还不到家，不懂得综观全局，抓住要点，也不懂得忽视枝节。我的眼光装载过多纠缠不休的图像，错过了美丽的东西，专注于糟蹋它们的物件。要是有人能教化我，便是这里的人……这些风景人物……

里尔克提到的画家，在当时都很有名。勃克林（Arnold Böcklin，1827—1901）是瑞士画家，里尔克看到的画原题是《睡眠中的戴安娜和两个窥伺的牧神》（*Schlafende Diana, von zwei Faunen belauscht*），创作于1877年。杜比尼（Charles-François Daubigny，1817—1878）和柯罗（Camille Corot，1796—1895）同为法国风景画家。史蒂文斯（Alfred Stevens，1823—1906）是比利时人，以人物画著称。最后一位莱斯蒂科（Walter Leistikow，1865—1908）是德国画家，最早接受印象主义潮流的影响。

■ ［瑞士］勃克林：睡眠中的戴安娜和两个窥伺的牧神（油画，1877年）
［德国杜塞多夫美术馆［Museum Kunst Palas］藏品］

这段日记让我们看到里尔克的美术评论风格，从不长篇大论地引述艺术理论，以诗人的眼睛去观察，以诗人的敏感去行文。更重要的是让我们知道他何时产生要见罗丹的愿望，日记写于他第一次进入克拉拉工作室之后六天，克拉拉的影响不言而喻。

一个半月后，1900年11月7日，里尔克心血来潮的老毛病发作，突然不辞而别，回到柏林近郊的施玛尔根多夫，也就是说，回到莎乐美的身边。但是罗丹继续缠绕着他的思想，11月17日的日记又写到罗丹：

……罗丹，他的雕塑能够如此与众不同，能够成为一件艺术作品，仿如一座堡垒，单靠自己的力量便能固若金汤，如果不是因为——出于奇迹——作者如有神助，那就是因为这件艺术品总是能够从背景和周围物件摆脱开来，在成为与众不同的个体之前，它游移不定地逗留在高山嘴唇上，开始表达（我有类似的记忆：在意大利高山区，在喀斯特山脉和亚平宁山脉交界的地方，有时在光秃的悬崖边上，耸立着一棵伞松的瘦小树干，张开树支在祷告）。这些生动的形体来自坚硬的石头。好像可口芳香的水果，透过果皮散播出果肉的香味，热烘烘的，在夏天积累而来……

像一种思想，从思索它的沉重前额飞跃而出。像一个可爱的人儿逃出死气沉沉的阴暗房子，那里面堆塞着这么多东西，纠缠不清：父母和祖父母的童年，临终的焦虑，仿佛总是从古老镜子里暗淡笑容浮现出来的短促欢乐时光，还有被眼泪中断而沉寂的轻吟歌曲；这一切留在她后面，这一切卷成丑陋的一大团，重得几乎把窗子挤破在窗框里，而她呢，向前迈步，容光焕发，身体纤纠；如果过去有存在的理由，就是用来这一刻，以深色线条划出她优美身躯的忧郁轮廓。

直到现在，雕像一旦远离提取它出来的整体，分开来，就显得不知所措，像孤儿一般，任凭周围情况支配，受制于墙壁，人家把墙壁推到它们背后，或者推到圆臂或抬起的膝盖下面，它们被光线撕碎，无依无靠，孤立无援。

罗丹的雕像与岩石有着千丝万缕的联系，和岩石的庞大过去有着千丝万缕的联系，继续留在它们的祖国里。这是何等源远流长的高贵血统，一个又一个过去的世纪维系着它们紧密的家族关系；但这些雕像也多么有时代感，这个时代厌恶谈论"英雄"。这些联系和整体的各个部分很少颂扬个人，但其中每个要素各有作用。（甚至宏伟的巴尔扎克像，虽然有一种难以描述的高傲神态，却不是为了表现英雄。想象力和意志力的旋风卷起这座外套像柱，在浪花般饰物围绕的边缘上，安置着一个充满灵感的头颅，创作漩涡的神来之笔令它栩栩如生。）

戏剧和雕塑两者都尽量不要设定主角，再让情节和人物围绕着他聚合，而是要首先表现动作和形体，让人们揣摸它们最重要的中心（这个中心总是超出它们范围之外）。在这个意义上，霍普特曼的《织工》（*Die Weber*），默尼耶的《劳动纪念碑》（*Monument du Travail*），巴托洛梅的墓雕和罗丹的《加莱义民》（*Les Bourgeois de Calais*）是亲戚。是的，有时候戏剧和雕像互相注视是好事。在艺术中，它们道路的相似不常见。两者都应该从远处起作用，但要采用简单的方式。这是顺便说的。

对雕塑而言，另一条规则很重要：作品应该在本身完全终结，永远不能像图画那样"从画框外观看"。审视图画时，前面有一个假设的视野，后面同样也有，所以一个人的视线总被限在里面，好像有一个真空间隔把它和观众分离开来。

雕像分享观众周围的环境，更宜于"在里面观看"，也就是说，雕像应该全神贯注在本身里面。罗丹在这方面也达到完美程度：他的群体人物的视线总是互相连结的，无论在独立的雕像或群体中，没有一双眼睛不是向作品内部张开的，一句话，没有一双不是凝视内部的。因此，最自负的观众也不能说，罗丹的胸像，无论《罗什福尔》（*Rochefort*）、《法尔吉埃》（*Falguière*）或者灵感激发的《巴尔扎克》，曾经望过他一眼……

霍普特曼（Gerhart Hauptmann，1862—1946）是德国作家，在这篇日记写成后两年，获得诺贝尔文学奖。默尼耶（Constantin Meunier，1831—1905）和巴托洛梅（Albert Bartholomé，1848—1928）分别是比

利时和法国画家、雕刻家。

可以想象，里尔克结婚后，克拉拉不止一次向他谈到罗丹。1902年初，在经济重担压迫下，他们想到的出路便是去巴黎，去找罗丹。第一个写信给罗丹的不是里尔克，而是克拉拉。

1902年4月，她以学生身份发出信件，并附上习作图片，但罗丹没有答复。克拉拉的原信现已不可见，只有两张习作图片保存下来，现在巴黎罗丹美术馆的档案室。其中一张是里尔克头像，上面有克拉拉写的说明："克拉拉·韦斯特霍芙／我的丈夫里尔克像"。

两人引脖等待了两个月，仍不见回音，于是再写信，这次由里尔克出面。他通晓德语、俄语、丹麦语和英语，法语自学不久，凭着语言天赋和写作经验，写起来倒也中规中矩：

■ 克拉拉：里尔克头像（石膏或粘土，1901年）
（寄给罗丹的习作照片，巴黎罗丹美术馆藏品）

尊敬的大师：

我着手替理查德·米特尔教授主编的德国新艺术丛书撰写一卷书，专门评论您的作品。我最热切的愿望之一因而实现，因为有机会评论您的作品，对我来说是一个内心使命、一个节日、一种快乐，一个伟大而崇高的任务，我的爱和全部热情集中在上面。

我的大师，您会看到我将竭尽全力，认真和深入去完成这件工作。为了达到目的，您的慷慨帮助不可或缺。今年秋天我将到巴黎拜会您，深入到您的作品中，尤其要钻研您的绘画，这在外国仍然很少人知道。但是，我必须现在就开始准备，不久便需要您的珍贵指点，这也是本信的目的。

首先，出版社希望尽早得到图片（全书约收8—10张图片）。

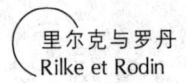

所以我冒昧打听,该找谁才拿得到。

另一个请求是,请告知是否有人粗略评价过您的作品,或者请告知有关著作的书名,尤其包含自传细节的评论,这是最需要的东西。亲爱的大师,如果能在这方面帮忙,我将感恩不尽。

为了琐事斗胆致信,您一定觉得我轻率,但对我来说,拥有这方面最好的资料和指点十分重要,除了您本人,没有任何人能给我。

未能参观您在布拉格的展览会,我视为一个重大的损失,马内斯协会曾请我去。但是,我希望今秋在巴黎,能看到所有在布拉格展出过的作品。要是在这段时期内,您的大部分重要作品可能在另一个城市展出,恳求大师通知,以便动身巴黎前去参观,因为,我一心一意要看完您的所有作品,才开始动笔。

在结束本信之前(请原谅我的文笔,我以法文写作困难重重),我冒昧重提我的妻子(克拉拉·韦斯特霍芙,在不来梅附近的沃尔普斯韦德从事雕塑。1900年,她曾幸运在巴黎工作,离您和围绕您本人的永恒作品不远)。两个月前,她曾寄上一些最新创作的照片,以及一封她本人十分重视的信件,正在焦急不安地(我猜测)等候亲爱大师的回音。您的指点对她如此重要,将决定她的前途。否则,她只能像盲人那样摸索前进。

杰出的大师,再次请原谅这封不得体信件的冒失之处。请相信我很幸运能够表示我的景仰和最深刻的崇拜。

里尔克
1902年6月28日

我的地址:德国,荷尔斯坦
哈泽尔多夫农庄

哈泽尔多夫农庄(Schloss Haseldorf)在汉堡北部,属于一位《菊苣》时期的文友所有,里尔克暂住在那里。因为他和克拉拉为了拥有个人的安静创作环境,大家同意分开居住,但保持夫妻关系,不时聚会。

信中提到马内斯协会(Manes),是1887年成立的捷克年青艺术家组织，以画家约瑟夫·马内斯（Josef Mánes，1820—1871）为名。1902年在布拉格举办了一个盛大的罗丹作品展，从 5 月 10 日到 8 月 10 日，罗丹本人曾亲自到场，受到热烈欢迎。一百年后，2002 年，捷克邮政局发行首日封，纪念这件盛事。信封复制罗丹当年乘马车的照片，身旁的捷克朋友是著名的新艺术运动画家慕夏（Alfons Maria Mucha，1860—1939），当时在巴黎居住。

■ 捷克邮局纪念罗丹布拉格展览一百周年首日封（2002 年）

■ 布拉格罗丹画展，以《巴尔扎克》像为海报。（1902 年）

由此看来，里尔克前往巴黎的决定不会早于这一年的 5 月，否则他一定会去布拉格，直接寻求和罗丹见面。信件在 6 月 28 日发出，罗丹 4 天后复信，完全没有耽搁，而且亲自执笔：

亲爱的先生：

您的夫人和您分别寄给我一封信。

您的夫人寄来您的头像照片，好；另外一些雕塑草稿，好；还有一张头像，很好。

您的夫人是一位雕刻家,我很乐意这样说。

坚持不懈,永远在自然面前工作,有时可以凭记忆回想自然,但永远不要虚构。

克拉拉·韦斯特霍芙夫人记得我,我很感动,向她致以友好敬意。

我很高兴您写研究我的书,秋天来巴黎时会写得更全面。我10月份可能不在巴黎,但9月和11月在。

至于复制绘画图片,我推荐巴黎第五区谢尔什-米迪街24或26号的克劳先生。

他刚在拉菲特街伏拉尔出版社(Vollard)那里,复制了我替米尔博的《酷刑花园》所作的图画。

7月15日前可以在布拉格看到我的画。为可靠起见,可以写信给马内斯协会查询,同时挑选所需的八张画。

巴黎加布辛大道的弗露里出版社(Floury)有一本马雅尔写的书,美国纽约的布鲁尼尔也有一篇。至于可供参考的法国小册子,我在巴黎全部都有,可供使用。

亲爱的先生,请接受我的致意。

罗丹

1902年7月2日

巴黎大学街182号

附言:谨向米特尔先生致以友好问候。

这封信提到几个人的名字,需要说明一下。克劳(Auguste Clot, 1858—1936)是拓印技师,1896年创立克劳工作室(Atelier Clot),和很多著名画家合作过,替他们拓印作品。此外,他也乘便从事版画买卖和出版工作。他的工作室至今仍存在,业务未变。

米尔博(Octave Mirbeau, 1848—1917)是法国作家,罗丹的最早支持者之一。早在1884年,罗丹刚露头角,他便在《高卢人报》提出罗丹是当代米开朗基罗的说法。他们的友谊终生不渝,罗丹除为他的

《酷刑花园》（*Le Jardin des Supplices*，另译《秘密花园》）插图外，还曾为他制作头像。

马雅尔（Léon Maillard）是法国艺术评论家。罗丹向里尔克推荐他在1899年发表的《创新艺术家研究：雕塑家罗丹》（*Etudes sur quelques artistes originaux，Auguste Rodin statuaire*），不仅因为在当时这是最新的专著，而且有很多作品图片，印刷得相当精美。不过，对后来的研究者来说，他们对书中卡米儿两张铜版画《罗丹观望像》（*Portrait de Rodin regardant*）更感兴趣。卡米儿存世作品很少，这是马雅尔的私人收藏，从中可以看出她和罗丹之间风格的互相影响，因此很珍贵。

■ 卡米儿：罗丹观望像之一（铜版画）

■ 卡米儿：罗丹观望图之二（铜版画）

布鲁尼尔（William Crary Brownell，1867—1936）是美国艺术评论家。他的文章题为《奥古斯特·罗丹》（*Auguste Rodin*），发表于《斯克利纳杂志》（*Scribner's Magazine*）1900年第29期。他在1881年至1884年在法国居留了一段时间，结识了罗丹。1892年发表《法国艺术》（*French Art，Classic and Contemporary Painting and Sculpture*）一

书，第一次向美国人介绍罗丹，并且把此书题献给罗丹。1901年再版，内容增加一章《罗丹与学院》，专门论述在此之前十年间，罗丹如何改变了法国艺坛面貌。

这封信有一句话值得特别注意："永远在自然面前工作"，这是罗丹最爱说的话。"自然"一词的法文是 nature，用于美术时也指"实物"。这句话影响到里尔克日后的文学创作，为他写作"咏物诗"（Dinggedicht）埋下契机。

里尔克那么快得到回音，喜出望外，何况这是一封亲笔信，措辞亲切热情，令人受宠若惊。但细心再看，罗丹对克拉拉的态度似乎有所保留，只说了一些客气话，对她的具体要求完全没有反应。里尔克在兴奋之余，不会顾及这些小节，迫不及待改变计划，提前出发日期：

尊敬的大师：

您的大函令我至为喜悦。非常感激所有消息和指点，尤其对克拉拉·韦斯特霍芙女士的美好回忆和鼓励的说话。

我日内动身前往沃尔普斯韦德，把大函带给我的妻子，让她无限欣喜。

我首先订购马雅尔的书——但主要工作要到巴黎才开始。我九月份便动身，因为10月份您不在那里。到时需要您的支持就像需要面包那样，在很多方面还望多加指点，以求做好工作。但首先，我急切能在您和您的大作旁边度过几天，心中深以为喜。

克拉拉·韦斯特霍芙可能也会陪我来巴黎（她写信给您时提过——我相信，她多么期待）。

我的大师，无论如何，当我抵达时一定给您写信，以便肯定能拜见。

再次热烈多谢美函，杰出的大师，谨致全心钦佩的敬意。

里尔克
1902年7月8日

附言：我已向米特尔先生转达您的致意。

第三章
高山仰止

罗丹收信后,再次迅速提笔回答。罗丹的大师地位当时已经确定,在社会上的地位很高,往来无白丁,朋友多的是达官贵人、雅士名家。他这样亲切给一个名不见经传的外国年轻人写信,除了性格平易近人外,还因为年逾五十才真正成名,而且作品一直争议不断,新闻文章虽然多,但专门研究的论著还很少,他在信中介绍给里尔克的参考资料不过两种,尚未有权威性的专著。他十分明白传媒的重要性,因为在奋斗过程中,全靠一班作家和新闻界朋友的热心支持和鼓吹,才能跨越路上重重障碍,最后突围而出。现在里尔克向他提供一个全新的机会,面向德语国家,他十分重视。

罗丹不是文人,写信不是他的强项,他雇有秘书负责书写信件,但在与里尔克的交往过程中,从一开头就喜欢亲自动笔,后来大部分信件都这样,这是难得的荣耀。

罗丹没有受过正规教育,他写的信有一些文法、拼写或标点的错漏,也有不完整的句子,罗丹美术馆出版的四卷本《罗丹书信集》忠实转录原文,如果让语文教师审阅,可能红笔处处。但是文如其人,写得朴素简短,语气直接,友好和谦和,让人在字里行间感觉到他的真正情感:

亲爱的先生:
  应该由我万分感谢您的好意,我无法表达自己如何荣幸,得到您替我所作的重大努力,我相信您的工作一定很出色。
  我同样很高兴能在数周后见面,在此之前,请相信我的诚意。

罗丹
1902 年 7 月 16 日

  附言:请向里尔克夫人致意。

罗丹的友好态度令潦倒的里尔克勇气倍增,他一方面到语言学校补习法语,另一方面编织未来的梦想,他对罗丹的期望很大,回到沃尔普斯韦德准备出发时,写了一封长信,向罗丹和盘托出内心世界和未来计划:

大师：

真可惜！要是能够向您细述我们阅读马雅尔先生著作的感想和交谈该有多好！尤其欣赏到书中的复制图画。我们从中获得许多鼓舞和希望，同时心中充满不安。这是一种年轻人的神圣焦急，等候开始一件工作的生活，它将穿越时代的噪音和迷雾，通向未知的世界。

■马雅尔：《雕塑家罗丹》封面（1899年）

这关系到克拉拉·韦斯特霍芙和我本人。

我从哈泽尔多夫写信时说，九月份到巴黎，准备这本以您的作品为主题的书。但我还有些话未说，就是对我本人和我的工作（作家或诗人的工作）来说，靠近您是一件大事。您的艺术达到如此高度（我很久便感觉到了），能够把面包和黄金带给画家、诗人和雕刻家，带给所有在痛苦道路上前进的艺术家。他们别无所求，只希望得到这一线永恒之光，这是创作生涯的最高目标。

我（还很年轻）已经开始写作，写成八九本书，诗歌、散文和几部戏剧，曾在柏林上演过，但只得到观众的嘲讽，他们喜欢向一个孤独者表示蔑视的机会。

我很痛苦，我的书没有任何翻译，无法请您看一眼。不过，我来的时候仍会带上一两本原文，因为在您的作品中间，在您的领地里，在您身旁，我需要知道我的一些心里话——就像人们把一颗银心，放在奇迹殉道者的祭坛上。

我的一生完全改变了，我明白您是我的导师，明白拜见那天是我的日子（可能是最幸福的一天）。

因为青年时代我愁绪茫然，无边无际，觉得伟大人物消逝已久,在这个离奇世界上,没有母亲,没有导师,没有英雄。

我记得很清楚(大约五六年前),我第一次阅读丹麦大诗人雅各布森的一本令人难忘的书,打算去找寻这个人,尽我所能,成为配得上他的最卑微的弟子,在尚未认识他的人面前当他的心灵布道者。可是第二天,我听说他早已去世,年纪轻轻,孤独一人,在一个凄凉的小村里,被阴暗国度的残酷气候杀死。那时我的孤独(这种孤独自小便有,产生自一个没有树木也没有飞鸟的无垠平原里)更深陷一层,更加绝望。这是年轻人最悲剧性的命运,他们意识到当不成诗人、画家或雕刻家就不能活下去,当他们知道找不到真正的导师,便完全陷入一个孤立无援的深渊里,因为找寻本领高强的大师,不是为了听说教或求指点,而是需要一个榜样,一颗热烈的心,一双创造伟大的手。他们需要的就是您。

您现在能够明白,9月1日我来巴黎将多么幸福。我必须向您说出来,并且要多加一句,我的雕刻家妻子跟我一样感受,她一心一意想在巴黎工作,在亲爱的大师身边工作。下面是结束本信的问题:

她打算今秋来巴黎定居数年。但如果不事先请问您是否同意,就不敢迈开这一步(这将迫使她放弃很多东西)。您给我的信谈到她的作品,这些重要而中肯的勉励令她产生希望,在巴黎热情地工作,或者能够有一天有资格成为您的弟子,这是她全心全意的希望。

大师,您以为她能达到摆得那么高的目标吗?

我们别无他法,唯有请您在这方面给我们一句话。因为对克拉拉·韦斯特霍芙来说,很难等到9月份我来巴黎才拿到您的答复,而这将决定她的命运。她必须很快确定计划,处理各事。我还要万分感谢您的7月16日美函。请原谅我的信变得太长,再说我从未以法文写作,只懂得以相当平庸而笨拙的词语表达。但是您会宽待这一切，因为这是一种内心的深刻需要，促使我说这些话……

大师，请接受我们的仰慕，这仰慕把我们连在一起，像一种天大的运气，像一个亲历的奇迹。

里尔克

1902年8月1日

雅各布森（Jens Peter Jacobsen, 1847—1885）是丹麦小说家和诗人，在当时的德国和北欧有一定的影响力，里尔克青年时代很喜欢他的小说《尼尔·律内》（*Niels Lyhne*）。

■ 克拉拉：抱小孩的母亲（*Femme à l'enfant*, 1902）（寄给罗丹的习作照片，巴黎罗丹美术馆藏品）

里尔克去巴黎闯世界可说是一场豪赌。不少传记作家认为此举与他的婚姻出现危机有关，新婚不过一年便协议分头生活，聚少离多，实在难以令人理解。里尔克在致友人信中谈过他的婚姻信条："两个人完全共同生活是不可能的。每当人们相信这样的共同生活实现时，都要自愿剥夺一方甚至双方充分发展的可能性。"不过，他在另一封信又说过："如果明白任何两个人都有距离时，一种'肩并肩'的完美生活就成为可能。双方都要学会爱上这种互相间的距离，全靠这种距离，便能在天际看到完整地清楚勾勒出来的对方。"换而言之，夫妻不需要朝夕相对，孤独对双方都有好处。后来的事实表明，里尔克实践了这些看法，而且收到成果，他的主要作品都是在这种环境下完成的。

克拉拉的想法不同，作为妻子，这并非她所希望的局面。但因为有了孩子，经济条件不佳，独立生活很困难，她只能逆来顺受。

在具体的生活中，他们两人若即若离，但在感情和精神上，始终保

第三章
高山仰止

持紧密的联系。两人书信来往频密,互相切磋艺术和文学。里尔克十分关心妻子的艺术前途,多次为她向罗丹请求帮助,多次协助她到巴黎来创作,上面这封信是第一次,但不是最后一次。

罗丹没有正面答复里尔克的要求,只是应承指导克拉拉创作,这已经是很多人求之不得的事情了:

亲爱的先生:

> 来信迟复。您的信很可贵,充满友好感情,还加上克拉拉·韦斯特霍芙夫人的一份。是的,我可以每星期六对她带来给我看的雕塑泥稿提意见,所有泥稿必须是小小的手,小小的脚,小小的轮廓,因为这样才能多做设计,这也是我的忠告之一。您来时,我将高兴认识您,跟您谈我的艺术。
>
> 亲热致意。
>
> 罗丹
> 1902年8月11日

这封信到达里尔克手上时,他的计划已经改变。原本打算两人一道动身,但是孩子问题未解决,不能一扔了之,因此改变初衷,里尔克单独出发,克拉拉安顿小孩后再走。

动身前一个星期,里尔克写信给罗丹,通知具体日期:

■ 克拉拉与小吕特(1902)
(沃尔普斯韦德档案馆藏品)

我的大师：

您的信令我们充满喜悦和感激。克拉拉·韦斯特霍芙焦急地等待来巴黎的日子，再过两三个星期才有可能，但到时她会逗留很长时间。

她将很高兴能够把泥稿给您看：对她来说，这是一个梦想，如果实现的话，将深化她的年轻的生命。

至于我自己，将在9月1日前后到巴黎。我正在计算隔开我们的日子还剩下多少：有时深更半夜，僻静的屋子已经入睡，我自言自语这个数字，以求听到所余无几了。

杰出的大师，请接受我们的谢忱和仰慕。

里尔克
1902年8月23日

里尔克动身前，把全副精神集中在罗丹作品研究上，他在7月底写信给友人荷里特舍（Arthur Holitscher, 1869—1941），一位匈牙利出生的德语作家：

……我完全属于罗丹。愈多看他的作品，愈多认识，在我心中他就变得愈伟大。我思忖，在活着的人中，有人及得上他吗？（因为我常常觉得，死亡和伟大是同一个词。我记得从前在慕尼黑时，第一次读到《尼尔·律内》，决心有朝一天要去拜访作者……后来，听别人说起他，就像说起一个死亡多时的人……）

而罗丹仍在生。撇开艺术不谈，我觉得他应该是一种伟大和力量的综合体，一个未来的世纪，一位没有同时代人的人。在这种情况下，您可以想象我如何急切等候9月1日，我出发前往巴黎的日子……

里尔克真的迫不及待，8月28日，他提前三天到达巴黎，为了不错过9月1日的约会。

一个故事开始了，里面交错着一切，除了平凡。

第四章

巴黎的冲击

里尔克与罗丹
Rilke et Rodin

巴黎市区有四五个火车站,从德国来的火车终点在巴黎北站(Gare du Nord)。里尔克下车后找到一家小旅馆落脚,不知他从哪拿到的地址,离火车站相当远,在塞纳河左岸的第五区图利耶街(rue Toullier)11号。这是一条很短的小街,路面狭窄,两边大楼对峙,阳光很少,但地理位置有优势,处于拉丁区中心,与索邦大学为邻,走出街口,便可以看到左边的先贤祠和右边的卢森堡公园。

他一放下行李便给克拉拉写信,在日期8月28日后面特别注明"傍晚时分":

> 毫无疑问:我现在身在巴黎,尽管所在的角落充满静寂。我只有一个等待:未来如何?我的房间在三楼或四楼(我不敢数),最令我自豪的是有一座壁炉,一个挂钟和两支银烛台……

信以法文写成,令人感觉到他第一次踏足巴黎的兴奋心情。他不敢数楼层,又提及壁炉、挂钟和银烛台,似乎这家旅馆有点豪华。事实刚好相反,这类小旅馆在拉丁区很普遍,同街就有另一间。这里是大学区,有很多大学生栖身其中,旅馆由普通住宅大楼改建,为适应大学生的经济条件,租金廉宜,设备随之简陋。里尔克的房间就是这样,不要说没有电灯,连煤油灯也没有,只能点蜡烛。他写得这么潇洒,与其说像乡下人进城,一切新鲜,一切都值得炫耀,不如说用来遮掩自己的窘境,以免留在德国的克拉拉担心。

因为提前到达,离9月1日和罗丹的约会还有三天,他利用这段时间来认识巴黎。8月31日傍晚,他把第一个巴黎印象告诉克拉拉,信中很多艺术家的名字,将在信末说明:

■ 图利耶街（2011年）
左边第二座房子是11号，楼下现为小快餐店（霓虹灯招牌）

你的信件来得那么快，我无法向你道出这令我充满何等的喜悦。30日的信件刚到达，连同附件，下午四点收到，但我从今早便不在家，可能已经等候我多时了。昨天它还在你的珍贵手里，你的手如此珍贵，交托给它的任何东西都不会丢失，而且如此神速到达……我谢谢你，我想念你，每天生活在你的身边。——今天是星期天，天下雨，毛毛细雨，秋雨。大马路已经扫起大堆湿淋淋的落叶。可以说，这次我们真的没有夏天。

你知道我刚才在何处吗？我去找蒙巴拿斯大道和拉斯帕伊大道的交叉街角，你住过的地方。我现在确切知道，这个街角如何空旷光亮，住起来很舒服。然后，我穿过布雷亚街去卢森堡公园。现在，我身处自己安静的小房间，一个人，也就是说，我在你身边。

在这个房间里，我开始有点觉得身在家中。看门人很友好，乐于助人（甚至未给小费）。我替壁炉上的银烛台买了蜡烛，晚上点燃时像在祭坛上一样。今天开始，我会有一盏油灯：因为我总在家里，八点半或九点之后，甚至常常七点就开始——所以夜晚属于我自己：读书、笔记、思考、休息，独自一人，我过去渴望的一切。

白天，我在城里找寻想看的东西，做起来不无困难（公共马车不是为我这种笨手笨脚的人而设的，而且语言很困难……）。昨天去卢浮宫：只有达·芬奇（《蒙娜丽莎》）我才觉得真正伟大。中世纪的雕刻：《八修女和宫廷总管》（*Les huit Nonnes avec le Sénéchal*）（涂彩石雕！）。在一个新藏品的小展厅里，我发现卡尔波的小泥稿（粘土或代用粘土），令人很感兴趣，题材和罗丹的很接近（例如《乌果利诺》……），但造型差别很大，虽然方向一致，距离却很远。他在某些地方追求的统一性，仍然属于古老的"构图"，这在罗丹作品中从没见过……

我也看过巴黎圣母院。亚当和夏娃的雕像位于正门的右方和左方，在国王雕像柱廊上面，那些国王像各自独立，互相远离，我觉得别具匠心而简洁。整体印象雄伟庄严，尤其想起从前有多级台阶通向这大门。

■卡尔波：乌果利诺（泥稿）　　　■罗丹：乌果利诺（石膏）/［法］德吕埃摄

今早到过卢森堡美术馆。很奇怪，第一次看到这一切，却觉得似曾相识。失望和惊喜参半，甚至无法分开。昨天在卢浮宫，看到库尔贝的杰作《奥尔南葬礼》（*Enterrement à Ornans*），和我原来的想象完全不同！今天在卢森堡美术馆，马奈的《奥林比亚》（*L'Olympia*），强烈、有力，一幅大胆的作品。还有雷诺阿、德加

第四章
巴黎的冲击

和贝纳尔（一句话，卡耶博特展览室）。除此之外，很多不值一顾的作品。巴斯蒂昂-勒帕热，闷死人。巴什基尔采娃也一样。好多卡罗勒斯-杜朗及其一伙，太多了。在新收藏的画中，有一张洛蒙的半明暗室内画，《小曲》（*Lied*）（德文标题）。冈达拉是正牌的时髦画家，和苏洛阿加并列，难以想象。杜米埃只得两张，真可惜！

雕塑方面有当普特的作品，数量不多，法尔吉埃的完全没有，其他人更不用说了。罗丹，全都有，这是意料中之事。《水神》，瑰宝！《青铜时代》，黑色无光的铜像，独树一格；最出色的是《洛朗斯》头像！秘鲁女人的底座有秋天的花朵，肯定包含着某种意图，但没有完全表露出来。无论如何，她的整体和其中一些细节，给人一种十分艺术化的印象。

今天下午看了夏瓦纳的先贤祠装饰，高超的艺术！整体感觉很美，无人能及。——对我来说，这是一个真正的发现，一种长久以来希冀得到的东西，但一直不知是什么。这种灰色在薄纱和衣服里画得并不真实，或者至少没有色彩，是什么使它变得如此有力？我想像先贤祠这样广大和单一的空间，如果全部由夏瓦纳装饰，这将是他一生的代表作。

但是他有一群邻居，糟糕得无以复加了。甚至洛朗斯（其中最优秀的了），他的刚劲壁画显得刺眼，色彩粘稠、厚重、浓烈。旁边的夏瓦纳则是无限的慈祥，无限的温柔，支配着无穷无尽的和谐，非物质性，安详，寡言，一种独一无二的成熟感。

接下来的日子，我还有克吕尼博物馆，就在住的地方旁边，以及莫罗美术馆（卢森堡美术馆的莫罗作品相当出色，我指的是素描）……

然后便只有罗丹，间或会去一下卢浮宫。一切都与罗丹有关联，一切都围绕着他。

信内有几个名字。乌果利诺（Ugolino della Gherardesca，？—1288）是十三世纪意大利比萨暴君，被推翻后与其孙被囚，最后饿死。他是但丁《神曲》人物，是西方美术常见的题材。"秘鲁女人"指罗丹大理石作品《魏交纳夫人》（*Mme Vicuña*）胸像。克吕尼博物馆（Musée Cluny）在拉丁区，专门收藏中世纪后期和文艺复兴时期文物。正式名称是"中世纪国家博物馆"（Musée national du Moyen Âge）。

■ 里尔克初到巴黎感兴趣的一些美术作品

（左上）洛蒙：小曲（油画）

（右上）夏瓦纳：圣热纳维耶芙童年（先贤祠壁画）

（下）中世纪涂彩石雕：八修女和宫廷总管

> **里尔克1902年8月31日家书中的艺术家名录**
>
> 卡尔波（Jean-Baptiste Carpeaux，1827—1875），法国雕刻家。
> 库尔贝（Gustave Courbet，1819—1877），法国写实主义画家。
> 雷诺阿（Auguste Renoir，1841—1919），法国印象派画家。
> 德加（Edgar Degas，1834—1917），法国画家，与印象派来往密切。
> 贝纳尔（Paul Albert Besnard，1849—1934），法国学院派画家。
> 卡耶博特（Gustave Caillebotte，1848—1894），法国印象派画家。
> 巴斯蒂昂-勒帕热（Jules Bastien-Lepage，1848—1884），法国画家。
> 巴什基尔采娃（Marie Bashkirtseff，1858—1884），俄罗斯旅法女画家。
> 卡罗勒斯-杜朗（Carolus-Duran，1838—1917），法国肖像画家。
> 洛蒙（Eugène Lomont，1864—1938），法国画家。
> 冈达拉（Antonio de La Gandara，1862—1917），法国肖像画家。
> 苏洛阿加（Ignacio Zuloaga，1870—1945），西班牙画家
> 杜米埃（Honoré Daumier，1808—1879），法国社会政治画家。
> 当普特（Jean Dampt，1854—1945），法国雕刻家。
> 法尔吉埃（Alexandre Falguière，1831—1900），法国雕刻家。
> 洛朗斯（Jean Paul Laurens，1838—1921），法国画家。
> 夏瓦纳（Pierre Puvis de Chavannes，1824—1898），法国画家。
> 莫罗（Gustave Moreau，1826—1898），法国画家。

　　里尔克沉浸在初到巴黎的激情中，一个年轻人，以前在书本上看到的名画名作，一下子拥到眼前来，好像梦想成真，真正的眼花缭乱。看他在信中列举的大批画家名字和作品，便可想像他如何心急，想把这些文化宝库一下子吞进肚子去。虽然跑马观花，又是一挥而就的家书，他记录的艺术感想和评语一个世纪后回头再看，包含不少真知灼见。他不喜欢的画家，例如卡罗勒斯-杜朗，或者冈达拉，早已被历史遗忘。巴什基尔采娃是俄罗斯旅法女画家，25岁死于肺结核。到了今天仍不时有人提起她的画作，但不是谈画艺，而是她去世后，有人替她整理从15

岁起写的日记，出版后得到高度评价，至今仍不断重版，她的画名依靠文名支撑。

里尔克赞扬的作品，经受得起时光的考验，有些成为世纪名画。像马奈的《奥林比亚》，当时放在卢森堡美术馆，仍未获得进入卢浮宫的荣誉。这张画的经历很不平常，本是模仿意大利画家提香的古典作品，但作了很大改动。主题方面，画中人维纳斯换成一名妓女，女仆手中的鲜花暗示有客人来访。技术上则背弃学院派规则，没有任何远景。当年马奈把这件作品送往美术沙龙参展，不仅被拒绝，还被评审委员会在画布背后写上一个大字母"R"，这是法文 Refusé（拒绝）的第一个字母，等于判了这张画"死刑"，不会再有收藏家感兴趣。1883 年马奈去世后，他的遗孀拍卖全部存画，只有这张画没能卖出。1890 年，印象派大师莫奈发起全国募捐，购买此画送给国家。有关部门接受了，但只肯放在卢森堡美术馆，里尔克因此能够看到。在他参观后四年，1906 年，卢浮宫接受一位藏画家的赠品，其中有数张马奈作品，莫奈及其朋友趁此机会重提旧事，四处游说，政府艺术部门终于把这张画划归卢浮宫收藏，间接地作出平反。

得到里尔克青睐的"卡耶博特展览室"的展品，像葡萄美酒，时间过去得愈久愈得到好评。卡耶博特（Gustave Caillebotte，1848—1894）本人是印象派画家，出身富裕家庭，经常资助志同道合的画家朋友，购买他们的作品。1894 年去世时年仅 45 岁，留下遗嘱把 67 张藏画送给国家。由于全部是印象派作品，官方美术院强烈反对，遗嘱执行人雷诺阿据理力争，最后国家只接受其中 38 张，而且存放在卢森堡美术馆。数十年后，这些画都成了国宝。

这封家书写到这里，只写了巴黎很小一部分，同时也是最美好的一面。这个大都会更多的地方是高楼林立的大街，行人车马熙来攘往，喧闹喧哗；也有狭窄的横街小巷，阳光照不进，灰色的墙壁布满霉点，裂缝处处，压得人透不过气来；还有刺耳的噪音，古怪的味道，污浊的空气……住惯了空旷地方的里尔克，被巴黎丑陋的一面吓呆了。这还不够,命运还跟他开玩笑,让他下榻在图里尔街的小旅馆。从旅馆出来,如果往北走,那是索邦大学,除了校舍,到处是书店,充满书香气息。要是往西走,那是大名鼎鼎的卢森堡公园,有广阔的空间让他散步。一旦往东南走,那就糟糕了,多走两步,便到了有名的主恩谷医院(Hôpital du Val-de-Grâce),巴黎数一数二的大医院,求诊病人由早到晚不断。这里与小旅馆如此贴近,根本避无可避。住远一点便没有这个问题?也不担保。里尔克放下行李就去参观的巴黎圣母院,广场右边又是医院,天主医院(Hôpital Hôtel-Dieu),同样有名,同样大规模,同样多病人。里尔克的诗人心灵特别敏感,看到那么多医院和病人,便立即想到死亡。于是他的信从起初的兴奋,一下子变得十分颓丧:

>……或者也要看一下巴黎,这真是一个非常陌生的大都市,对我来说非常非常陌生。那些随处可见的医院弄得人心神不定。我现在明白,为什么魏尔伦、波德莱尔和马拉美的作品反复提到医院。每条街都看到病人,走路或乘车去医院。天主医院的窗口看到病人,穿着古怪的服装,那种病人团体的忧愁惨白的服装。人们突然感觉到,这个广袤的城市有一支又一支病人大军,一个又一个垂死者的兵团,一群又一群死人。
>
>在其他城市完全没有这种感觉,很奇怪正是来到巴黎才有。在这里,(正如荷里特舍写过那样)生之冲动比任何地方都更强烈。生之冲动,是否就是生?不是。生是一种平静、广阔、简单的东西。生之冲动是匆忙和追求,要在一小时内立即获得全部的生。巴黎充满了这种冲动,也因此那么接近死亡。陌生的城市!陌生!……

魏尔伦(Paul Verlaine, 1844—1896)、**波德莱尔**(Charles Baudelaire, 1821—1867)和**马拉美**(Stéphane Mallarmé, 1842—1898)都是法国象征派诗人,里尔克很熟悉他们的作品。

过了两个月,1902年10月17日,他在信中再次诉说巴黎这个鬼地方给他的折磨,收信人正是荷里特舍:

■ 天主医院正门，在巴黎圣母院广场右侧
（明信片，1900年）

……您感觉到巴黎于我极其陌生和不友好吗？有些大城市因为大而显得悲惨忧郁。无论它们怎样扩大，一种隐蔽的怀旧感终究令它们退缩回自己本身。喧嚣掩盖不住内心的声音，这声音不断反复说：大城市是反自然的东西。圣彼得堡就是那样。

但是巴黎，巴黎，完全相反。巴黎很自负，以镜子装点门面，自我满足到极点。既满足于伟大之处，又满足于卑下的东西，没有能力分辨。有生命的东西在街上行走，组成一个好像不可分割的整体。最初的时候，我总是到处遇到医院：在所有广场的树木后面，矗立着这些长条单调的建筑物，高墙中有一个大门，两边伴随着一些小门。橱窗展示着各种最糟糕疾病的复制品，报纸详细地介绍令人恐慌的罪案，语言无所不用其极，耸人听闻。是的，一切都是游戏，和其他游戏互相映射。

啊！我于是用自己的双手，用自己的牙齿，拼命抓紧少有的避过这种疯狂的东西！首先是罗丹，这位伟大的老人，以及他的作品，这些无言的石块，充满内在的呼唤。我去过卢浮宫，看到《蒙娜丽莎》，看到《胜利之神》（*Nikè de Samothrace*），第一次感受到希腊的气息，一个懂得赞美胜利的时代。

第四章
巴黎的冲击

> 这些是平衡的力量。真是这样,但沉重的气氛渗入所有地方。今天仍和第一天一样……

巴黎的阴暗面在里尔克内心打上一个可怕的烙印,自我感觉受到严重的伤害。他第一次在巴黎停留了大约一年,1903年7月返回沃尔普斯韦德。离开了这个他视为地狱的地方,本可松一口气,可是心中的阴影挥之不去。7月18日,和分别了两年多的莎乐美刚恢复书信来往,便迫不及待向她痛陈巴黎的迫害:

> 我要告诉你,对我来说,巴黎经验和军事学校不相上下。像那个时期那样,一种惊慌失措控制了我,面对无以名状混乱中的所谓生活的一切,恐惧再次纠缠我。我少年时置身其他少年中,在他们中间我孤立无援;现在置身这些人中间,同样孤立无援,我不断被所遇到的所有东西所否定:汽车横过我的身体,最急忙的不仅不设法避开我,反而不屑一顾地辗过,好像辗过一条积满臭水的通道。我常常在睡觉前读《圣经·约伯记》第三十章,的确一切都在我身上实践,一字不差。半夜起床,找出自己喜欢的波德莱尔诗集《散文小诗》,高声朗诵其中最美的一首,题目是《在凌晨一点钟》(À une heure du matin),你读过吗?开头是这样的:"终于!我一个人了!只听到几辆迟归的疲沓马车辚辚声。我们将有几个小时的安静,即使不是休息的话。终于!人脸专横消失了,我只会因自身而痛苦……"诗的结尾很壮丽,我站起来,挺身而立,像祈祷般结束。波德莱尔的祈祷,真正的祈祷,十分单纯,以笨拙而美丽的手做出来,像一个俄罗斯人的祈祷那样。波德莱尔要走一段长路才能达到这个目的地,他膝盖拖地走完这条路。无论哪一方面他都离我好远,一位于我最陌生的人,常常无法理解他。然而有时在深夜时分,当我像一个小孩子朗读他的诗句,他就在我身边,一个脸色苍白的邻人,站在薄隔板后面,听我发出声音。这时刻,我们之间有一种奇怪的联系,一种完全的分享,分享同样的贫穷,也可能分享同样的恐慌。

《约伯记》第三十章讲述上帝派魔鬼撒旦去考验正直又信仰神的约伯，让他受到各种灾祸折磨；波德莱尔的《散文小诗》(*Petits Poemes en Prose*)又名《巴黎的忧郁》(*Le Spleen de Paris*)，以巴黎的阴暗面作题材。里尔克自比约伯，又想象与波德莱尔为邻，好不容易挨过黑夜，但太阳一出来，更加惶惑不可终日：

啊，千万只手努力造成我的恐慌。一个偏僻的小村子变成一个城市，一个大城市，里面产生不堪言述的东西。它不断扩大，剥夺了我心灵中的和平绿地，我的心再长不出任何果子。它以前在韦斯特维德（Westerwede）扩大过，房子和马路涌现出来，来自那时经历的恐慌环境和时光。然后轮到巴黎了，它一发不可收拾。我去年8月到那里，在那个季节，市区的树木未到秋天便枯萎，滚烫的道路被炎热拉长，没完没了，人们在上面走过，穿过各种气味，就像穿过长串阴森的房间。我沿着医院长长的外墙走，大门敞开，一副心急渴望做善事的姿态。我第一趟经过天主医院时，一辆敞篷马车刚进去，一个男人斜靠在车上，随着车子的震动左摇右晃，像一个弄坏了的木偶，被灰色长脖子上一个大肿瘤所折磨。我后来遇见多少这样的人，几乎每天都有，像希腊女像柱的残片，所有痛苦压在上面，一整座痛苦的建筑物，他们在下面苟且偷生，像龟那样。他们是行人中的行人，泰然地把自己交托给命运。人们至多把他们算作印象，带着平静超然的好奇心打量他们，好像打量一种新品种动物，困境令他们身上长出特殊器官，饥饿和死亡的器官。他们穿着过大的城市不舒适的保护色衣服，每天的脚步把他们当作难以对付的蟑螂踩碎，他们挺下来，好像还有东西要等待。他们颤动着，像大鱼一块肉，鱼已腐烂，它仍活着。他们活着，只靠丁点儿东西活着，靠身上布满的泥尘、汗水和污秽，靠犬只獠牙掉下来的东西，靠任何古怪离奇破碎的物件，这些物件可能还有人买，也不知有什么用途。啊！这是一个什么世界！碎片，人类碎片，动物碎块，曾经存在过东西的残余，而所有这一切仍在活动，好像被一股妖风乱

第四章 巴黎的冲击

七八糟地混在一起,既被吹起,又承载其他东西掉下来,在跌落过程中你追我赶。

其中有些老妇人,把沉重的篮子放在墙头边上(很小个子的妇人,眼睛像水洼那样干涸),当她们拿回篮子时,用的不是手,而是从袖子里小心翼翼伸出一柄生锈的长钩子,径直伸向篮子把手。另外有些老妇人在走动,手上拿着一个旧床头柜子的抽屉,向每个人兜销在里面摇动的二十来只生锈别针。一个深秋晚上,一个矮小的老妇人站在我身边,在商店橱窗的微光里。她静止不动,我不以为意,以为她像我那样看橱窗。但我终于感到被她的存在所干扰,不晓得为什么,我的视线突然落在她的手上,一双磨损了的手,很奇怪地抱合在一起。一支又长又细的旧铅笔从这双手非常缓慢地伸出来,不停地增长,过了很长时间才看清楚,看清楚它的穷酸相。我无法说得出这个场面有多可怕,但是我感到在我面前正在展现一个命运,一个漫长的命运,一个厄运,令人胆战心惊地不断地展现,直到铅笔不再增长,微微颤动着,竖立在这双空手孤寂之外。我终于明白,我应该买这支铅笔⋯⋯

还有另一些妇人在你面前急促走过,身上穿着八十年代的丝绒大衣,纸玫瑰衬着过时的帽子,从帽里垂下似乎粘成一团的头发。所有这些人,男人女人,正处于一个过渡阶段,可能在

■ 巴黎捡破烂妇人(1900年代)

疯癫与痊愈之间,也可能步向精神错乱。所有人的相貌都有一种非常微妙的东西,一种爱,一种知,一种欢乐,像一朵火焰,微弱地燃烧,发出暗淡不安的光线,要是有人看见它,援助它,它一定能

恢复光芒……但是没有人援助。没有人援助那些只不过有点茫然，有点受惊，有点畏惧的人；那些只不过开始不按常人看法去理解东西的人；那些仍然完全生活在同一世界里的人，只不过走路有点歪七斜八，有时觉得东西悬挂在自己头上；那些觉得城市不是自己家的人，迷失在里面，如同在一座没有尽头的凶险森林里；——所有这些人，每一天都带给他们一份痛苦；所有这些人，在周遭的嘈杂声中听不到自己意愿的运作；所有这些人，被焦虑所淹没——为什么大都市里没有人救助他们？

他们那么匆忙穿街过巷，到底去何方？他们在何处睡觉？要是不能睡觉，他们阴暗的眼睛面前有什么事发生？他们想什么？长年累日呆在公园里，脑袋埋在手中，这双手似乎一起来自遥远的地方，互相汇合，互相掩藏，当他们的嘴唇努力开始说话，他们向自己说些什么呢？他们还编织真正的字词吗？……说出来的话还能算句子吗？或者从他们口中出来已经一团混乱，像一座起火的剧场，本身既是观众又是演员，既是听者又是角色？没有人想过，在他们的内心，一种童年正在失去，一种力量正在发病，一种爱心正在崩溃吗？

呵，莎乐美，我是如此痛苦不安，一日复一日。因为我理解这些人，尽管我绕大圈子避开他们，他们于我来说无秘密可言。我设身处地他们的生活，所有生活，所有重压的生活。我有时不得不大声对自己说，我不属于他们一群，我以后要离开这个他们将死于斯的可怕城市。我说完又说，才觉得这不是一种幻觉。然而，当我发现自己的衣服一星期比一星期破旧、沉重，看到好些地方开始磨损，我害怕了，觉得自己无可挽回地成为这些堕落灵魂一分子，过路人只要看我一眼，就会糊里糊涂把我当作他们中一员。任何人都可以用鄙夷的目光快速地判决，把我贬低到他们的地位。再说，我还不是他们中的一员吗？既然我跟他们一样贫穷，反对所有吸引、娱乐、愚弄和蒙骗其他人的一切。我不是否认周围通行的一切吗？

第四章
巴黎的冲击

尽管有这间虚有其表的房间，我觉得自己像跟陌生人同宿共住的外人，我实际上不是一个无家可归者吗？我不也挨饥抵饿吗？饭桌上的菜肴，我一口不尝，因为不如我喜欢那样纯净和简单。我还不是像他们一样，跟周围大多数人的差别是体内没有酒，也没有其他骗人的饮料？我还不是跟这些孤独者一样清澈透明？身上只是浅浅地包裹着城市的气味和重力，包裹着浓烟般的笑声，从烧得不旺的火焰里逃逸出来的。这些漂泊者的笑声完全不是笑声。笑起来仿佛身体里有些东西倒坍、破裂，塞满碎片。他们神情凝重，好像一种重力，把我抓紧，把我拖到他们悲惨境遇的最深处。

有些早晨，我醒来时比较愉快，出门时比较振作，相信能够有一个平静勤劳的一天。但又有什么用呢？……譬如有一天（比较早的清晨），我走下圣米歇尔大道，打算去国家图书馆，我习惯在那里消磨长日。在途中，尽管在市区，我享受着早晨和新的一天启端散发出来的一切：清爽、光明和愉快心情。车辆轮子的红色像花瓣那样湿润和清凉，令我快乐。我很高兴街尾有人穿着一件浅绿色的衣服，而不必担心这是什么东西。洒水车慢慢沿着大街前进，水管喷出清凉光亮的水柱，令路面变得深色，不再炫人眼睛。马匹走过，马鞍辔头闪闪发光，马蹄像百来个铁锤嗒嗒作响。小贩的叫声别具一格：轻轻地喊，却从很高地方传来回响。手推车的菜蔬像一块小菜园那样活跃起来，头上有自己的自由早晨，身上有夜色、翠绿和露水。当出现片刻的寂静，可以听到窗门打开的声音……

突然间，我被迎面而过的行人的古怪举止所惊动：大部分人一边走一边往后望，以至我要小心不要撞到他们；另一些人停下脚步，沿着他们的视线望过去，我发现前面行人中有一个瘦长的男人，身穿黑衣服，一边走一边用双手紧抓住大衣的领子往下扳，而领子似乎坚持要挺立。他显然费了很大劲去做这件事，专心致志到忘记应该小心路面，结果跟跟跄跄，有时突然往前一跳，避开小障碍。接连几次，时间相隔很短，他重新开始小心走路，但很奇怪，

■巴黎马路洒水车（1900年代）

才走两三步，又开始磕磕绊绊，蹦蹦跳跳。我无意识地加速步伐，走到这个男人后面，离得相当近，发现他的脚步动作和光滑平坦的行人道毫无关系，他不过要骗人，每次失足都回过身，装模作样责怪子虚乌有的障碍物。实际上，什么也看不到。

这期间，他的笨拙举动慢慢减少，现在走得相当快，已经有一段时间没有引人注意。可是出乎意外，他的肩膀摇晃起来，先抬起两次，然后缩下，以至他往前走时，肩膊歪斜侧垂。我真的吓呆了，我忽然发现，他的左手不可置信般地快速伸向大衣领，以一种几乎看不到的动作抓住它，翻起它，然后以两只手掌拼命去扳下来，像第一次那样，看他花了好大的功夫才成功。他这样做时，脑袋俯向前方左边，脖子伸长，在忙忙碌碌举起的双手后面，点头，点头，点头，似乎现在轮到衬衣领妨碍他，够他忙好一阵了。最后，一切似乎回复正常。他走了十来步，没有惹人注意，然后突然间，他的肩膀又再开始一上一落。

一个侍者在露天咖啡座收拾桌子，停下手，很有兴致地打量这个路人，看他出人意表地跳动，停下来，又开始跳跳蹦蹦走路。侍者大笑起来，朝店内喊了几句话，接着玻璃后面出现几张脸孔。这时候，陌生人已经把手杖曲柄挂到衣领后面，一面继续走路，一面握住手杖，沿着脊柱垂直，这样做毫无怪异之处，这是他的真正支撑。这种新姿势令他大为安定，继续走了一段路，样子很轻松。没有人注意他，可是我的眼睛却无法离开一秒钟，我知道骚动慢慢会回来，而且愈来愈猛烈，一时这边，一时那边，摇动他的肩膀，缠住他的脑袋，令他失去平衡，突袭他的脚步，使它们踉跄。所有这些还没有完全真正看得出，它以细腻的方法进行，不引人注目，几乎偷偷摸摸。可是，实际上已经在那里了，而且愈来愈厉害。我感到这个人浑身都是骚动，无法消散，不断积累和增加，我看到他的意图，他的焦虑，以及绝望的表现，他痉挛的手把手杖压在脊柱上，好像要把它变成处于困境身体的一部分，体内的刺激引起千种百种舞蹈。我发现那根手杖成为一件重要的实体，很多东西从属于它：这个人的所有力量，全部愿望都进入其中，要把它变成一种力量，变成一种救苦救难的重要东西，让病人带着原始信仰紧抱它。一个天神在这里诞生，世界起来造反。但是在这场战斗进行的时候，打仗的人试图继续走自己的路，有时成功地摆出一副老实而平凡的样子。

他现在穿过圣米歇尔广场，为了避开诸多车辆和行人，本有借口可以做出一些不寻常的动作，但他保持完全安静，到达桥上的行人道时，一种奇怪僵化的安静甚至控制了整个身体。我现在就在他后面，漫无目的，只是被他与我再没有分别的焦虑所牵引。到了桥中央，手杖突然掉下来。那个人止了步，不寻常地安静和僵直，纹丝不动。他等待，好像体内的敌人还不相信这种投降姿态，然而，犹豫只有一瞬间，然后像火灾那样爆发，同时烧向所有窗口。他开始手舞足蹈……一群密集的人，迅速围成一圈，把我慢慢推开，遮蔽我什么都看不见。我的膝盖发抖，浑身空虚，在桥栏上靠了一会，然后返回我的房间，去图书馆再没有任何意义。我在什么地方能找到一本书，有足够力量协助我克服内心的东西？我的身体好像垮了，好像另一个人的焦虑以我作养料，把我汲干。这便是我的状况。

■里尔克经历的场面发生在圣米歇尔桥上,在本图左方右方为圣米歇尔广场,一个行人熙来攘往的闹区(1900年代)

类似这样的早晨,我有一大批,夜晚也一样。要是能够制造出这样经历过的焦虑,要是能够由此加工出一些东西,真实而平静的东西,其创造过程意味着恬静和自由,散发出一种安定心情,如果有的话,那就什么事情都没有发生。然而,这些焦虑每天都有,挑起其他千百种焦虑,在我的内心起来跟我作对,互相配合,我无法战胜它们。我试图写出来,我的创作影响了它们,非但没有把它们变成我心目中的东西,反而给它们以生命,转头来对付我,在深夜迫害我。要是生活环境好一点,安静一点,要是我的房间站在我一边,要是我的身体健康,我可能有所作为:利用焦虑做点东西。

我有一次成功过,尽管为时甚短。当时我在维亚雷吉奥,焦虑在那儿无疑比任何时候都猖狂,几乎把我压垮,而海洋永远不肯静下来,于我来说太过分了,把我淹没到春天浪涛的喧闹声里,不过,这仍然来到了。一批祷告诗在那儿诞生。莎乐美,一本祷告诗集。我要告诉你这件事,因为我的第一批祷告诗在你手中。我很想念它们,常常穿越距离紧抓住它们,因为它们如此悦耳,因为它们在你身边那么安宁(还因为除了你我,没人知道它们的存在),因此我能够紧抓它们。有时候,我希望有朝一日,能够容许我到来,

第四章
巴黎的冲击

把后来在其他人身边写的祈祷诗，交到你手上，在你宁静的家。

因为，我是一个异乡人，你明白吧，一个穷汉子，只是路过而已。但是，所有这一切必须安放在你手中，要是我更有长进，这一切他日可能成为我的祖国。

信末提及的维亚雷吉奥（Viareggio）在意大利西海岸，1903年4月，里尔克在那里写成《时辰祈祷书》第三卷《贫穷与死亡之书》的34首诗，只用了一个星期时间。至于交托给莎乐美的第一批祈祷诗，写于第一次旅俄归来，时为1899年，出版时作为《时辰祈祷书》第一卷，取名《修道院生活》。

这些信令人无法不想起《马尔特手记》（*Die Aufzeichnungen des Malte Laurids Brigge*），细心的读者可能发现，在描写巴黎的时候，某些句子几乎原封不动从信柬移植到书里去。事实上，里尔克在写作前，曾经向克拉拉、莎乐美和一些朋友取回当年的巴黎书信作参考。他这样做，因为随后几年，情随事迁，他对巴黎的看法有巨大变化，单凭记忆已不足以重组最初的第一印象，于是当年在烛光下写成的书信，成为最珍贵的创作素材。

从这些不拘一格的私人书信中，我们发现里尔克有一颗极为敏感的诗人心灵。巴黎对他的冲击如此猛烈，甚至以军事学校的恐怖经历来相比，他没有立即逃离巴黎，而是硬着头皮挺下来，除了巴黎拥有人类文明光辉的一面，让他的心灵得到抚慰，还因为他即将见到罗丹，他心目中的上帝。在给克拉拉的第一封信中，他在描绘可怕的巴黎之后，接着提到罗丹，笔锋立即温柔下来：

不过，我们意不在此城，而在罗丹。因此，这一切并不令我恐慌，反而时常喜悦，对一切喜悦。我很快就去见他，可能明天，或者后天……

你大概看到了，沃居埃住在凡尔赛，因此暂时只去找梅雅-格拉耶夫，这样方便一点。我想等到语言有所改善，才跟法国人打交道。老天爷，我的法语说得坏透了，比在贝立兹语言学校跟莫里斯太太交谈更不如,总是说不出想说的话……到罗丹家里时会怎么样?不,他一定会理解我的意思,我敢肯定。如果需要奇迹,我去先贤祠祈祷,祈祷奇迹实现,这座建筑物对我来说像教堂。我无论如何也要在大门口摘下帽子,即使见到其他人戴着帽子在里面走来走去(补充一句,里面有一张壁画,洛朗斯把罗丹画进去了,战士的模样,位于上方,靠近拱顶。难看极了!)先贤祠很安静,舒适,宽敞,一个好地方。

但是我不想吕特住在巴黎,空气混浊,到外面半个小时鼻孔便变黑……这里的东西也贵。我的房子很便宜,但必须节省。即使精打细算,食物贵得惊人,午餐和晚饭,加上咖啡,每天轻易要用10法郎,还要不吃肉,也不喝酒!……

里尔克的感觉没有错,先贤祠(Panthéon)前身是教堂,纪念巴黎保护神圣日内维耶芙(Sainte Geneviève),1790年建成,遇上法国大革命,国会决定改建为先贤祠,内部建筑曾经大幅改动。1886年,洛朗斯为先贤祠画壁画,罗丹是其中一位模特儿,以战士形象出现在上方中央靠右处。

里尔克要找的两个人,梅雅-格拉耶夫(Julius Meier-Graefe,1867—1935)是德国美术批评家,沃居埃(Eugène Marie Melchior Vicomte de Vogüé,1848—1911)是法国作家,1899年发表的《俄罗斯

■ 洛朗斯:圣日内维耶芙之死
(先贤祠壁画,1886年)

■ 罗丹的战士形象在壁画上方中央靠右处(原载《艺术与艺术家》1906年第四卷)

小说》（*Roman russe*）影响很大。里尔克来法前，曾打算趁机拜他为师，指点研究俄罗斯文学。出发前向友人透露这个计划，并且与罗丹并列，可是他没有接到复信。到巴黎后，再次写信，沃居埃这次有反应，先派儿子见面，邀请他到凡尔赛午餐。里尔克与克拉拉在11月11日一同赴约，在日记中记载了这次会面：

> 克拉拉穿上蓝裙，我们到沃居埃家里。像昨天一样午餐。伯爵夫人和他们的儿子。不断提出荒唐的问题，例如"交多少房租?"，还很多其他同类问题。饭后欣赏安托科利斯基的作品《斯宾诺莎》（*Spinoza*）。闲聊，废话连篇，漫无边际。白费工夫。

文内有一个小笔误，沃居埃夫人应为子爵夫人。至于安托科利斯基（Markys Antokolski, 1843—1902），是一位俄罗斯雕刻家，1880年后定居巴黎。

里尔克这篇日记写得很不客气，因为这次午餐在他认识罗丹后两个月才进行，与在罗丹那里受到的招待比起来，有着天渊之别。

第五章

"工作,永远工作……"

第五章
"工作，永远工作……"

里尔克和罗丹第一次会面的地点，在巴黎大学街（rue de l'Université）的工作室。这是一条狭窄的马路，位于塞纳河左岸，东起索邦大学的拉丁区，西至埃菲尔铁塔。工作室差不多在街尾，已到市区边缘，建筑物不多，巴黎多次举办万国博览会，会场就设在这里周围。

里尔克第一次去的时候，可能花了一点时间找路。因此1903年2月保拉来法国，希望拜见罗丹，他因事不克抽身，特别写了一封信详细说明路线：

> 乘船一直到耶纳桥，码头对面是拉布尔多奈大街的开头，左边第一条便是大学街。走进去继续靠左走，一直走到一道马车大门口，门牌182号。进去后可以问守门人，"罗丹先生到了吗？"，他便会给你指路。罗丹的工作室在左边，第一道和第三道门。试一下下午三点或三点半去。这是我的建议。

看来里尔克第一次去的时候也是这样走法。这个地方属政府所有，占地很广。原本没有名字，因为用来贮存国家的大理石雕像，以及堆放政府订单的石料，一般人称之为"大理石仓库"（Dépôt des marbres）。里面有一部分地方辟作工作室，让制造国家订单的艺术家使用。这里在20世纪经过多次改建，最后并入布兰里河滨博物馆（Musée du quai Branly）。这是专门收藏原始艺术的博物馆，2006年开幕。原来的门牌182号也变为216号，属于博物馆三个进口之一。昔日面目早已全非，只能借助书籍和老照片想象一番。艺术评论家热弗鲁瓦（Gustave Geffroy，1855—1926）是罗丹好友和最忠心支持者之一。他在《艺术生活》（*La vie artistique*）第二卷详细描述过当年的环境：

沿着大学街走,穿过在荣军院周围交叉或并列的长马路和宽阔大道。这条街有大公馆,古老的树木,宁静的小房子,英国风格的正墙,有些带着小花园,凡是经常在巴黎走动的巴黎人都知道。街尾靠近战神广场,在埃菲尔铁塔的临时邻居中间,这里的面貌略有变化。高大的围墙,隐约可见院子里带玻璃窗的墙壁,卖酒的商店,漆成众所周知的特别红色,这是工人吃快餐的地方。

■ 大学街一景(1900年代)/[法]阿特热(E. Atget, 1857—1927)摄

对内行的观察家来说,一切都表明这是一个雕刻家和画家的地区。事实上,人们可以叫出这些人的名字,他们早上准时来这里,忙忙碌碌,一直呆到晚上才走。在这里漫步,可以列出一张全国美术沙龙和个人展览会年鉴的名单。我们现在来到182号门前面。

这是一道马车大门,类似农庄的大车门。一个很大的院子,铺着生长青苔的路石,角落野草丛生。有些小孩在玩耍,吵吵嚷嚷,但在空旷里几乎听不见,令寂静更加明显。墙头上,高耸的树丛在这个宁静地方,投射一种公园阴影。到处都是石块,六面体,平行六面体,笨重的石块,或者卧放,或者竖立,或者横躺,白天令人想起打石场,晚上在紫玫红的暮色下,在模糊不清的黑暗里,就像布满竖立石块的荒原。这里是"大理石仓库",一大堆冰冷皓白的美丽石头,裂缝闪闪生光,带着浅蓝色的石纹。在这些沉重的大石

第五章 "工作，永远工作……"

里面，沉睡着无名的雕像，明天雕刻凿子将解放它们的双腿，开释两手，去掉胸脯的束缚，散开头发，微微掀开嘴唇，提起眼皮，让死气沉沉的眼睛获得生命。

在这个石堆场对面，在这个堆满材料的露天仓库对面，工作室的大门打开着，或者不如说关闭着。这些在底层的房间，开着玻璃门窗，天花板很高，寄居里面的人很珍惜自己的光阴，厌恶某些来访者。无论敲门或呼叫，门口可能仍保持一副来者莫问的讨厌样子。J室，就在这里……

■ "大理石仓库"院子（1900年代）

J室，就是罗丹的工作室。不要看罗丹的外表像一个朴实木讷的打石匠，谈起本行却口若悬河，很热心和别人交流。想参观工作室并不难，他习惯每星期六下午在这里会客，收藏家、记者、作家，还有数量众多的朋友，人来人往，川流不息。有些太太小姐崇拜他，利用这个空子，以买作品作借口，跑进来一睹真面目，回去后便可以向朋友吹嘘。

■ 罗丹的大学街工作室名片
左下角印着"星期六下午（会客）"
（巴黎罗丹美术馆藏品）

里尔克 9 月 1 日去，那天不是星期六，而是星期一，是罗丹的工作日。一般来说，罗丹不见客，只有事先约好才能通过守门人这一关。会面后次日，里尔克给克拉拉写了一封长信，这封信很有名，几乎所有传记都引用，但是信的开头漫无边际：

现在是下午五点……你是否感到我在你身边？我是这样感觉的。亲爱的，你两封新信刚到达，一封是你写的信，另一封是你放进东西的。亲爱的，谢谢对我说的话，这些话一直回响到下一封信，因此我身上总是充满你的话。谢谢木樨草，它散发出美妙的香味。星期天我写过一封相当长的信给你，在谈及我的事情之前，先回答你写的几行字。

风暴。你那儿有这种风暴？这里同样有时打雷，天空乌云密布，下雨，下雨，就这样一下几个小时，雨停后的空气和之前一样沉闷，像铅块那样迫人。——你对风暴的记载很美，在叙述中，以一种十分精炼的方式表达了很多难以言传的东西——像一位大诗人那样，像（*Requiem*）诗人那样，那首诗实际上是你的作品。亲爱的，你放心，不要害怕，但要处处小心。如发生任何事情，只顾你自己和吕特，我的纸张大可以任火烧掉……

■ 罗丹在大学街工作室（1898年7月22日）
［法］多尔纳克（Paul Marsan dit Dornac, 1858—1941）摄

第五章
"工作，永远工作……"

这只是信的前奏曲，里尔克说的《追思曲》，是一首为克拉拉而写的诗，纪念她的一位亡友，后来收入《图像集》(Das Buch der Bilder)中。接下来，里尔克生动地记述了与这位世纪天才相遇的情景：

> 今天写信很不顺手（一定是酷热所致），写起来很糟糕，但无论如何再说几句，简短几句，很重要的。
>
> 昨天下午三点，我第一次去见罗丹。到大学街182号的工作室。我从塞纳河去。他有一个模特儿，一个女孩子。他手中拿着一小块石膏，正在括削。他放下工作，让我在一张靠背椅坐下，我们开始交谈。他表现得和蔼亲切。而我呢，好像老早认识他，只不过重逢而已。他比我想象中个子小一点，然而更强壮，更和蔼，更高贵。他的前额，及其与鼻子的搭配，像一艘船开出港口……非常奇特。他的前额，他的鼻子像石头雕成。至于嘴巴，声音悦耳，亲切而充满朝气。他的笑声也一样，就像一个刚得到礼物的小孩那种腼腆而快活的笑声。我很喜欢他，立即就有这种感觉。

这封信很长，远未结束，但是里尔克已经描绘出一个生动的罗丹形象，我们不妨用热弗鲁瓦《艺术生活》的文字来比较：

> 拉手吱嘎作响，门口半开，雕刻家喜欢的模特儿，没有一个人挤弄肌肉，没有摆出肌肉隆凸的姿势。罗丹单独一个人，正在集装群像，寻找协调与和谐。看一下这个人，便明白他的作品。
>
> 这个人在那里，在你面前，衣服上石膏斑迹处处，两手握着粘土。身材不高，矮壮，平静。脸上所有线条同时呈现，各有特点。头发剪得很短，长髯垂至胸膛，像金色波浪，两者之间有一张眉清目秀的脸孔，由漫不经意到费心思考，由费心思考到脸露微笑，一时全神贯注，一时展露和平的喜悦，一时沉默安详。额角有点神秘感，略为尖拱形，但十分广阔，适度凸起，用来容纳和密封众多的思想。加上笔直的鼻子，这幅侧面像便完整了，好像刻在教堂大门上的修道士。但这个慈祥而敏锐的修道士胸怀意志，在他的艺术家

修道室里，既被焦虑纠缠，也被现代信念萦绕。目光和声音出奇地搭配，尖锐而明亮的目光，集合了眼睛的光芒和浅蓝色，声音温和，亲切，动人，带点孩子气的惊奇，笑声里总有那么一点尖刻。

罗丹似乎也像里尔克那样，一下子就很喜欢对方，好像两人已经很熟络，没有多余的客套话，一下子便开始真正的交流：

> 我们谈了很多东西（在我的古怪法文和他的时间容许范围内）。我转达了你的问候，他很认真和热情地听。这不是以通常方式转达的问候，他听的时候也和通常人所做不同。

> 然后他再开始工作，要我参观工作室里的所有东西。东西真不少。这里有《手》（Main），"这是一只这样的手（他一边说，一边用自己的手作了一个那么用劲的姿势，似乎正在拿着物件塑造，真的有东西从手里出来），这是一只这样的手，拿着一块粘土……"他又让我看两个雕像，神秘地连结在一起，深奥而美妙，这是"一种创作（création），这件东西，一种创作……"这句话从他口里出来很神奇。法文单词失去原有的纤弱，但没有沾上德语 Schëpfung 那种矫揉造作的笨重。这个词好像解放出来，不受任何语言约束……全世界独一无二的：

> 创作……

> 那里有一个浮雕，他称为《晨星》（L'Étoile du matin），一个很年轻少女的头像，额头奇迹般青春、明亮、温柔、灿烂、单纯。石雕最下方露出一只手，遮掩着一个正在醒来的男人眼睛，挡住光线。眼睛几乎完全藏在大理石里（惺忪的一刻表现得如此美妙，造型如此优美）：只见到嘴巴和胡子。那里有一座女性胸像，还有更多无法尽述的东西，即使最细小的也那么伟大，以至工作室好像要无限伸延，才能全部容纳。

《手》是罗丹的一个重要创作题材，一般艺术家只用其作为人体的部分，他却塑造出一系列独立雕像，每一个都有意境：《上帝之手》（La

Main de Dieu,1902年),《大教堂》(*Cathédrale*,1908年),《秘密》(*Le Secret*,1909年)等等。至于《晨星》,后来定名《最后幻象》(*La dernière Vision*),因为是立体浮雕,不及其他作品出名,但现在是罗丹美术馆的常年展品,等于被视为艺术家的代表作。

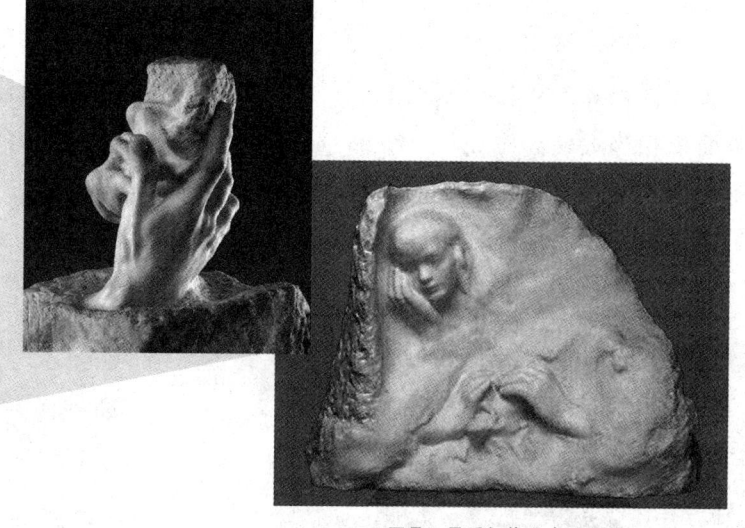

■ 罗丹:上帝之手(大理石)

■ 罗丹:最后幻像(大理石)

会面当晚,里尔克没有立即给克拉拉写信,而是等到第二天。因为他不仅见到朝思暮想的大师,而且友好的接待远超出原先的预想。与此同时,他一下子掉进罗丹的作品海洋中,目不暇给,又得到大师的亲身解释,这种运气任何人都不会无动于衷。这一切令他思潮起伏,无法静心下来执笔。何况他没有足够时间,因为首次见面,罗丹便邀请他次日到默东的家里去,他必须早睡早起,不要错过早班火车。能够到罗丹家里做客是一个很大的荣耀,在很长时间中,除了十分亲密的朋友,他的家门一直不向任何人敞开。

罗丹一辈子埋首工作,对生活要求很低,从不把精神花在家居上,加上早期收入不多,只能租房子,谈不上装修陈设。1877年从比利时回到法国后,十多年内先后搬过五次家,其中一次搬到郊区。他知道自己居住的地方过于简陋,不适宜接见客人,因此公事私事,都在巴黎的工作室进行，这段时间，他的伴侣伯蕾从不在人前露面，有些助手甚至不知道她的存在。

　　1893年，罗丹在法国艺术界已经站稳脚跟，收藏他的作品的人日多，订单源源不断，收入显著增加，有余钱积蓄。这时候伯蕾的健康出了点毛病，他考虑迁居到一个更好的环境去，让她休养身体。他看中的地方在巴黎西郊的默东，这儿离巴黎不远，有火车直达。屋子建在山坡高处，风景开阔，塞纳河谷一览无遗。虽然屋子面积不大，客厅、饭厅和五个房间都不宽敞，但原来的业主是一位画家，贴着房子加建了一个画室，面积相当大，高度充足，玻璃透光，很适合罗丹使用。他最初只想租用，但没有成事，于是起了置业念头，几经周折，最后在1895年购下，成交价2.9万法郎，成为这间布里扬山庄的主人。

■ 罗丹购入前的布里扬山庄（侧面）
屋檐下横额"出售或租赁"，左边小间
是加建的画室　（巴黎罗丹美术馆藏品）

　　比起巴黎，这里的居住条件有很大改善。但是即使当上业主，他依然像以前那样不重视居住环境，房子没有翻新，添置的家具都是最起码的，墙壁空白一片。他最喜欢加建的画室，不仅在那里工作，还买了一张四柱大床，放在里面，有时就在那里过夜。这样他省下爬上二楼卧室睡觉的工夫，早上起来踏出房门便是花园，清晨散步是他最喜欢的活动。很多熟人都惊奇于他的生活如此简朴，有人忍不住提出问题，他只是简单地回答：金钱来得太晚了，来不及学习培养物质生活的情趣。好几年间，默东的大门继续向外人关闭，1900年前很少人到过。

■ 默东加建的画室（1900年代）/［法］德吕埃摄
（V字形拼合图片，画室实际长度为左方排窗，横度是正面墙壁）

1900年世界博览会结束后，阿尔玛展览馆继续运作，直到1901年初才结束。他舍不得拆毁陈列馆，原封不动搬回默东，花了1.5万法郎买下邻居空地，再以4000法郎把陈列馆重新安装起来，用来放置石膏像和泥稿。这座陈列馆完全改变了他的生活，以前在仓库乱堆一通的作品，现在有了充裕的摆放地方，很适合让人仔细欣赏。他未等工程完成便请朋友来参观，从此默东逐渐成为罗丹的大本营，不仅在那里生活、会客和工作，还建筑了工作室让助手在身边工作。至于陈列馆，差不多变成他个人美术馆，无人不知。

9月2日，里尔克见到罗丹第二天，第一次踏足默东：

……现在谈今天：今晨九点，我坐火车去默东（从蒙巴拿斯车站登车，20分钟车程）。罗丹的房子，他昨天称为"路易十三小古堡"，并不漂亮。正面有三个窗子，墙壁以红砖砌成，绕以黄色边缘，一个陡斜的屋顶，几个高耸的烟囱。屋前伸展着花谷（Val Fleury）别有情趣的杂乱。这是一个窄小的山谷，有些破旧的房子，教人想起意大利的葡萄园屋子（这里一定也有人种葡萄，我来时经过的小街，又陡又脏，就叫葡萄园街……）。然后穿过一道桥，再走一段小街，经过一间又是很意大利式的小酒吧。大门在左边，首先是一条宽阔的碎石路，两旁种植野栗树。接着一道小木栅门，再过另一道小木栅门，拐过黄红色小房子的屋角，眼前是——一个奇观——一个堆放着石雕和石膏像的花园。

他有一间大陈列馆，就是阿尔玛那座，现在搬到这里，看起来差不多把花园都填满了。周围还有几间工作室，雕刻技工在那里，罗丹本人也在那里工作。还有其他房间用来烘干粘土及各种制作。这是一个非常奇特而宏伟的感受，那座宽大明亮的陈列馆，里面各种各样的白色雕刻令人目眩，它们像水族缸的鱼群，通过高大的玻璃门望向外面。一个宏伟的印象，非常宏伟。甚至还没有走进去，便感到这数以百计的生命是单一的生命，以同一个力量和意愿搏动。里面东西真多，真多！大理石像《祷祈》（*La Prière*），以及几乎全部作品的石膏像。好像整整一个世纪的工作……一支工作大军。

■ 布里扬山庄与重建的阿尔玛展览馆

馆里有巨型的玻璃橱柜，全部装满《地狱门》出色的断片。无法描述的，全部零零碎碎，放满一米又一米的地方，互相邻接。有些人体大如我的巴掌，另一些稍大一点……但全是断片，几乎没有一件完整：常常只是一截手臂，一条腿，随便摆放，和它们搭配的躯体就在旁边。有时候，一个雕像上半身粘上来自另一尊雕像的头部，而手臂来自第三者……好像一场难以形容的风暴，一种前所未见的灾难猛烈袭击过这件作品。然而，愈仔细看，愈感到这些不同的躯体要是完整无缺，反而更不完整。这些碎片每件都那么浑然完整，那么激动人心，那么自成一体，不需要其他东西补充，以至人们忘记这只是部分，而且往往来自不同躯体，但互相间那么热烈连成一体。我们忽然领悟到，掌握人体的全部不如说是学者的任务，艺术家则应该利用部分来创造新的组合，新的个体，更宏伟，更合理……更永恒……这种多姿多彩，这种永无止境的创造，这种挥洒自如，这种纯粹而强烈的表现力，这种用之不尽的青春活力，这种永远都有更多的东西、更好的东西要表达……这一切在人类历史上没有相同的例子。

那里还有桌子、雕塑转台、抽屉柜子……全部堆满粘土做的小塑件，烧成金褐色或赭石黄色。有些手臂大不过我的小指，却充满如此强烈的生命，教人心跳。有些手，一枚十芬尼的铜板便能遮盖，却包含着如此丰富的学问，如此完美精细，全无造作痕迹……好像被一位巨人极大地放大过，就是这样，这个人按照自己的尺寸创造它们，他如此高大，即使造出来的东西很细小，尽可能细小，仍然在普通人尺度之上……这些小东西到处放着，随时能拿到手上，我的感觉和从前那次一样，我在圣彼得堡，站在出土的小维纳斯像前面……在这里，这些东西数以百计，没有两件雷同，每件自有一种感觉，一点爱心，一点奉献，一点仁慈，一点探索。

■默东重建的阿尔玛展览馆内景（1910年代）
（原载科基奥：《罗丹在比伦公馆和默东》，1917年）

我在默东留到三点钟左右。罗丹有时来找我，提一些问题，说了一些话，但都没有特别重要的。语言障碍太大了，我今天把诗集带给他，要是他能读就好了……现在回头想，《末日审判》（*Das jüngste Gericht*）可能引起他的兴趣，我见他留神地翻看。我相信版式出乎他的意外，尤其在《图像集》里。只不过，我们的愚蠢语言就像两道桥梁，并排跨过同一条河流，中间却隔着一道深渊。这本来不算什么，小事一桩，却把我们分隔开来……

这一天，里尔克认识了罗丹的伴侣伯蕾，她当时56岁。自从阿尔玛陈列馆迁建默东后，她的生活起了翻天覆地的变化，从默默无闻的隐居状态中走出来。在默东家里，她的角色是主妇，主持家务，所有来客都能见到她，日子长了，再没有人不知道她的身份，她也开始跟随罗丹到巴黎出席公众场合。伯蕾也像罗丹一样，对生活要求不高，尽管出身模特儿，却从不打扮，不讲究衣着，即使手下有佣人，仍像以前那样事事亲力亲为，自己动手做粗重的家务工作。

中午刚过，罗丹邀我午膳，我们在室外进餐。这顿饭很奇特。罗丹夫人（在此之前我见过她，但罗丹没有介绍）显得疲倦，容易生气，神经质，不修边幅。对面坐着一个红鼻子法国先生，也没有人把我介绍给他。身边是一个很可爱的小女孩，大约十岁（同样不知道她是谁……）。我们刚坐好，罗丹便开始抱怨，说开饭晚了，他已经穿好衣服准备进城。这一来，罗丹夫人变得很烦躁："我怎么能够无处不到？你要告诉玛德兰（多半是女厨子）！"接下来说了一大堆又快又猛的话，听起来并非真的骂人或发火，而是像来自一个深受伤害的人，神经随时会崩溃。她全身烦躁不安，开始使劲推动桌子上所有东西，好像就要散席。原来摆得很整齐的东西，现在四处散开，就像吃过饭那样。这个场面并不难受，只是令人伤感。罗丹很平静，继续从容不迫解释为何抱怨，清楚说明理由，语调既温和又强硬。

"工作，

■ 罗丹与伯蕾在花园餐桌前
（1900年）

终于一个男人出现了，样子有点肮脏，捧上几盘菜（做得很好），绕着桌子转一圈，即使我不想要，他也好意地要我接受。很明显，他以为我是个羞怯的客人。我从未参加过这样奇怪的午餐。罗丹很健谈，有时说得很快，我无法听懂，但是大部分时间能明白。我向他介绍沃尔普斯韦德和那里的画家（他全不知道），我看他只认识李伯曼和伦巴赫（作为插图画家）……交谈不算俗套，但也差不了多少，有点那个样子。他的夫人不时插口，总是紧张激动。她的头发灰色卷曲，眼睛阴暗深陷，看起来瘦削，不事打扮，疲惫，衰老，好像心事重重。

吃过饭后，她很和气跟我交谈——第一次以主妇身份，邀我以后每次来默东，都参加午餐，等等，等等。明天我一早再去默东，随后几天可能也一样，有很多事要做。这是很劳累的事情：首先有很多东西要看，其次全部都是白色，在光亮的陈列馆里穿过这群光芒刺眼的石膏像，就像走过雪原那样。我的眼睛发疼，手也一样……

请原谅这封信有点潦草，你一定能看懂吧。不过，我必须立即把今天的经历全部写给你，这很重要。亲爱的，多保重！我亲爱温柔的人儿，我很高兴存在这么多伟大的事物，而我们穿过这个令人沮丧的茫茫世界，找到了通往它的道路，我们两个人……

105

利伯曼（Max Liebermann，1847—1935）和伦巴赫（Franz Seraph von Lenbach，1836—1904）都是德国当时出名的画家，沃尔普斯韦德的画家不能与他们相比。

里尔克在描述伯蕾时，似乎为罗丹抱不平。可能在他心目中，以罗丹的成就和地位，理应有一位温柔体贴的太太。很多人初次见到伯蕾时都有类似的反应，不止一位访客曾经误会她是佣人，甚至有人开口劝罗丹打发掉这个"可怕的老太婆"，另找一个年轻的女管家。罗丹每遇此事不以为忤，反而开心，因为当他告诉来客"这是罗丹老伴"时，对方一脸尴尬，下不了台。

其实老两口拌嘴，完全与不和无关。数十年来相濡以沫，同甘共苦，在罗丹生活中，伯蕾占有无人可代替的重要位置。罗丹对她很关心，每次外游，都不忘写信给她，嘱她这样那样，信虽短，情却长。他了解伯蕾的性格，对她尊重和忍让。罗丹的秘书卢多维奇（Anthony Ludovici，1882—1971）在回忆录中提到一件事，有一次罗丹等候一位内阁部长来共晋午餐，看见伯蕾不合时宜地穿了一条鲜红的丝裙，非常刺眼。但是罗丹不敢直说，而是低声吩咐卢多维奇，去向她暗示另换一种颜色。

■（上）伯蕾34岁的照片（1880年）
　（下）里尔克见到的57岁的伯蕾（1903年）

无论如何，里尔克对罗丹的生活环境有点失望，觉得像初识的巴黎，既有天堂，又有地狱。在默东的罗丹家里，天堂是崇高卓越的艺

第五章
"工作，永远工作……"

品，地狱是围绕这些作品的人，包括罗丹和伯蕾，他们并不快乐，有点像生活在失乐园里。

随后几天，里尔克几乎每天都往罗丹身边跑，不是到大学街，便到默东。9月5日，他给克拉拉写信：

> ……我相信自己最近明白了罗丹很多东西。
>
> 有一天吃过午饭，（这顿饭比起我描述过的并无少一点骚动、少一点离奇），我和罗丹到花园去，坐在长椅上，那里有一个悦目的巴黎远景，居高临下。一切宁静美丽。小女孩（真的是罗丹的女儿）跟随我们，他对她毫不在意，小女孩似乎也没有这个期待。她坐在我们不远的地方，在小路边，闷沉沉地在碎石里慢慢挑拣怪石头。
>
> 她有时走过来，如果罗丹说话，便盯着他的嘴巴，如果我说话，便盯着我。有一次，她甚至摘来一朵紫罗兰，用小手胆怯地放到罗丹手上，想塞进他的手里，让他拿住。但是这是一只石头手，罗丹瞥了她一眼，然后目光从上面经过，越过胆怯的小手，越过紫罗兰，越过女孩子，越过这温馨的一幕，重新停留在好像不断在他内心成形的物件上。
>
> 他谈到艺术，谈到画商，谈到孤独的处境。他说了很多美丽的东西，我只是感觉到，而不是真正明白他的意思，因为他说话不清，又说得很快。他翻来覆去提到美：谁要是懂得美，追求美，那么美就无处不在。他翻来覆去提到物和物的生命，提到观看石头，女性胸像……他翻来覆去提到工作。他说，"自从体力劳动，真正艰难的手工劳动被贬低之后，工作总的来说不复存在。我在巴黎认识五六个人真正懂得工作，或者再多几个。在学校里，他们长年累月干什么？他们'构图'，这样一来，根本学不到物的真谛。"
>
> 模塑（le modelé）（你去问贝立兹学校的法文女教师，看德文怎样翻译这个词，可能词典里就有），我知道是什么意思：这是表面的处理，多少和边线相反，它填满边线。这是规律，也是这些表面的相互关系。

你明白吧,他唯模塑是瞻……对所有物,对所有形体,他首先观察,然后从中分离出模塑,变成一个独立物体,也就是一件雕塑,一件艺术品了。因此,一截手臂,一截小腿,一截躯干,对他来说都是完整的,因为他不再想到手臂、小腿、躯干(他觉得作为主题材料这太多了,你明白吗,也可以说是太过叙事式了),他只想这是一个模塑,本身已经完整,在某种程度上说完成了。在这方面,随后发生的事情格外说明问题。

小女孩在石子里找到一个小蜗牛壳,拿来给我们。在此之前,罗丹完全没有留意女孩子的花朵。但这一趟,他一下子就看到了,拿到手上,微笑地欣赏端详,突然说:"这就是希腊模塑!"我立即明白了。他又说:"您晓得吗,这不是物件形体,而是模塑……"

蜗牛壳有点像这样〔左图〕。

然后又找到另一个,破碎了,压扁了,有点像这样〔右图〕。"这是文艺复兴的哥特式模塑。"罗丹带着清纯和蔼的微笑说。他的想法是这样的:对我来说(也是对

蜗牛壳

杰出的雕塑家),重要的不是观察颜色或者研究边线,而是构成形体的东西——表面。知道它们的性质,粗糙或平滑,光亮或无光泽(不是颜色,而是本质!)。在这点上,物不会骗人。这个小蜗牛壳令人想起希腊的艺术名作:同样的简洁,同样的平滑,同样的内在光芒,同样晴朗欢愉的表面……是的,在这点上,物不会骗人。它们包含着最纯粹的规律。甚至这个蜗牛壳的碎片也是同样性质,同样是希腊模塑。从模塑来说,这个蜗牛壳永远是一个整体,即使最小块的碎片仍是希腊模塑……

于是我们领悟到罗丹的艺术代表了何种进步。当他第一次发现这个还没有人去探索的雕刻基本要素时,他一定作如是想!因此,他要自己去发现:无数的物件呈现给他,尤其是人体。但是他必须

第五章
"工作,永远工作……"

移植过来,变成自己的表现方式,养成以模塑来表达一切,而不用别的东西。——你看,这位伟大艺术家的第二个使命正在这里。第一个是发现雕塑艺术的新的根本要素,第二个便是他的生命别无所求,全部用来通过这个要素,把他个人独有的东西全部表达出来。

罗丹结婚了,因为"需要有一个妻子",他有一天这样对我说(在另一个场合,我提到有些朋友组团结社,但我认为一切都来自个人孤独的努力,他这样说:"是的,结社真的不好,朋友间互相妨碍,最好一个人。可能加上一个妻子,因为需要一个妻子……")意思大概就是这样。于是,我向他提起你和吕特,提起你被迫离开她如何伤心,他沉默了一会,然后很郑重地说:"必须工作,唯有工作,还有耐心。"不要想要做某一件事,只须努力去创建自己的表现方式,然后尽情发挥。必须工作,必须耐心。不要左观右望,把生活整体集中到这个范围里。在这个生活以外,再无其他东西。

罗丹就是这样做的。他说:"我付出了青年时代。"事实真的那样,而且后来的生活也要牺牲。托尔斯泰不体面的家居、罗丹简陋的房间,这一切都源于同一东西:必须选择,这样或那样,幸福的生活或艺术。"一个人能够在自己的艺术中找到幸福……"罗丹大致这样跟我说。这一切很清楚,非常清楚。伟大人物让他们的生活自生自长,像一条荒芜的道路那样,他们全力投进艺术中。他们的生活像没有用的器官,萎缩干瘪……你看,罗丹从来不以艺术作品以外的东西来生活。因此他的作品围绕着他不断扩大,即使在家境困窘迫得他从事低贱工作时,他从来没有迷失方向。

因为他经历的东西不停留在计划阶段,白天想做的事,晚上便实现。因此,一切都成为现实。最重要的一点:不要停留在梦想、计划和意图中,而是强迫自己把所有一切变成物。像罗丹所做的那样。他为什么出人头地?不是因为他被人认可。他的朋友很少,正如他说的，他一直被排斥。但他的作品在那里，一个庞大宏伟的现实，没有人能视而不见。他就是这样赢得地位和权利。我们可以想像某一个人，他的内心感到一切，打算去做，但要等待更好的日子才动手。将来谁会留意他呢？不过是个老疯子，毫无希望。因此要做，要做。第一件做出来，随之就有十件或一打的物，接着从这样或那样的冲动，又产生出六七十个小人体像。就这样占得一角地盘，稳住脚跟，就不怕失落。

当罗丹在他的物中间走过，人们感觉到它们把青春、自信和新工作源源不绝灌注到他身上。他不会迷失方向，他的作品像高大的天神站立在他身边，守护他……他的伟大作品！……

"模塑"原文是 le modelé，此处沿用傅雷先生译作《罗丹艺术论》的译名，他曾加以解释："模塑是一座雕像上凹凸的形体"。罗丹很重视模塑，里尔克听过的话，罗丹不止一次向其他人重复过。葛赛尔的《罗丹艺术论》（*L'Art, Entretiens réunis par Paul Gsell*）记录了他日常的讲话，其中第三章标题"论模塑"，专门讨论过这个问题。

这封信有两个信息错误，其一是"罗丹结婚了"，其二是"小女孩（真的是罗丹的女儿）"。罗丹和伯蕾相识于1865年，虽然相依为命数十载，有夫妻之实，却无夫妻之名，法律上只属同居，不能算结婚。至于小女孩，里尔克上信也提及，说她大约10岁，可是伯蕾已经56岁，不可能是她的母亲。罗丹一生和不少女性有过亲密关系，但从来没有记载他有私生女。

他的唯一孩子为伯蕾所出，是一个男孩子，在同居后第二年的1866年1月出生。助产士到巴黎14区市政府登记时，在母亲一栏填上"伯蕾"，父亲栏则写"姓名不详"（Inconnu），等于罗丹没有承认这个孩子。伯蕾为孩子取名奥古斯特（Auguste），和罗丹同名。当时的14区私生子特别多，这一天共有18个新生儿，其中7个不知父亲是谁。有些学者解释说，这个区流动人口特别多，是贫民聚居之处。不过，罗丹不承认父亲身份与贫穷没有关系，也不是不爱这个孩子。他曾以伯蕾和孩子为模特儿，创作过一些充满爱意的素描和雕塑。问题在于他是艺术家。十九世纪下半叶流行一个奇怪的潮流：艺术家必须独身，没有家室牵制才能成为大师。一旦结婚了，就会被同行看不起，被认定没有艺术前途。有些艺术家即使承认了父亲的身份，像毕沙罗、莫奈、马奈和雷诺亚，也不会为此立即结婚，一般拖到晚年才补办手续。

罗丹和他们有一点不同，他和孩子的关系十分疏远。1871年前往比利时谋生，小奥古斯特在姨妈家里寄养了六年。这是一个问题儿童，给罗丹带来很多烦恼。克拉代尔（Judith Cladel，1873—1958）是罗丹的学生和朋友，后来成为作家。她写的传记《罗丹，他的光荣与为人不知的生平》（*Rodin, Sa vie glorieuse et inconnue*，1936）中提到，小奥古斯特童年玩皮球，不慎从二楼窗口掉下，脑部受损，以致终生精神不很正常。但是一些研究者认为不足为信，因为没有任何旁证。

里尔克在默东没有见到小奥古斯特，因为他在1886年20岁时被征入伍，从此离开家庭。后因健康不佳复员，和一个女旧货小贩同居，住在巴黎近郊圣杜安镇（Saint-Ouen）。他的性格怯懦畏缩，害怕与社会接触，甚至连家人也躲避。罗丹搬进默东后想见他，他托词关节痛，行动不便推却了。两人之间只有零星信件来往，多数是小奥古斯特要求经济支持，罗丹有求必应，但差不多从不写信。儿子十分崇拜父亲，留意报刊的报道，常在致父亲信中提及。

■ 小奥古斯特夫妇，后为罗丹作品《吻》
（巴黎罗丹美术馆藏品）

大约在这个时候，罗丹开始要求他画画，小奥古斯特听话去做，现在留下一些素描作品，水平参差不齐，其中几幅得到评论家称赞，说有罗丹之风。1914年前后，他创作了《阵亡士兵纪念碑草图》（*Projet de Monument aux soldats morts*），罗丹看后不止在画的左下角签了名，还写上"甚佳"两字的评语。奥古斯特为此十分骄傲，在画下方加上两行字："本作品得到罗丹大师称许，由他亲笔签名。"

罗丹进入生命最后数年，几经努力，小奥古斯特终于在1914年搬进默东，留在两位老人身边，陪伴他们走完人生最后路程。但是小奥古斯特后来得不到遗产，因为罗丹和伯蕾结婚后几个月便相继病逝，来不及补办手续承认儿子的身份。不过政府准许他继续住在布里扬山庄，直到1934年去世。

回头说里尔克的家书，这封信写于两人结识后5天，从内容看，他已经能够和罗丹进行相当深入的谈话，不仅谈艺术，也谈私人生活，这几乎是一个奇迹。表面看来，两人毫无共同之处，年龄、性格、职业、社会地位……每一方面都有一道鸿沟，何况还有语言障碍。但是稍为想一下，这又是一件不难理解的事情，两人都在对方身上发现互相补充的东西。罗丹虽然名气日盛，但坎坷的一生以及目前所处地位，注定他不可能有很多知

■ 小奥古斯特：阵亡士兵纪念碑草稿
（巴黎罗丹美术馆藏品）

心朋友。这位孤独的老人，需要一个能够倾诉的对象。至于里尔克，目的性更为明确，写书只是第一步，真正的目的是从罗丹身上找到未来生活的方向。

他和罗丹最初的接触无疑加强了这个希望，第一次见面后十天，他写了一封信给罗丹：

■ 小奥古斯特：罗丹（素描）
（巴黎罗丹美术馆藏品）

亲爱的大师：

您一定觉得很奇怪我写信，因为您（宏恩大德地）让我有机会那么经常见面。但是，一旦在您跟前，我觉得我的语言很不完善，像一种疾病，把我跟您隔离开来，即使我近在咫尺。

就这样，我在房间的孤独里用心准备第二天打算说的话，但到时全部死亡。同时，受到新感触冲击时，我失去表达自己想法的全部能力。

有时候，我感受到法文的神韵。一天傍晚，我在卢森堡公园散步，想出下面的诗句，并非由德文译过来的，也不知从哪一条秘密通道而来。是这样的：

这是喷泉缺水的日子，

它干涸死亡从秋天再坠下，

在所有鸣响的钟声里，

隐约可辨羞怯金属的嘴唇。

首善之府漠然冷淡，

然而意外之夜正在降临，

在公园造出火红的暮色，

带给水流缓慢的运河

一个威尼斯的梦……

带给恋人一个离群的静境。

我为何把这些诗句抄上呢?并非因为斗胆相信这是好诗,而是想走近您,让您牵手带领我。

您是世界上唯一的人,充满稳重和力量,和自己的作品一起和谐地树立。这些作品对我来说如此伟大,如此正确,如果说已经成为大事,我只能用一个震颤的声音,诚惶诚恐、毕恭毕敬地来讲述,像您本人一样,它们也是榜样,对我的生活,对我的艺术,对我的灵魂深处最纯洁的一切。

我来到您这里,不仅为了学习,也为了向您请教:如何生活?您已经回答我:工作。我十分明白。我感到工作就是活着而不会死亡。我充满感激和快乐,因为自少年时代以来,我便只有这个愿望。我尝试过去做,但是我的工作,因为我那么热爱,在这些年间变成一种庄严的事情,一种节日,被罕有的灵感所束缚。有时几个星期无所事事,带着无限愁苦,等待创作时刻的来临。这是一种深渊处处的生活。我惶惑不安地躲避所有召唤灵感的人工方法,我开始戒酒(已经戒了几年),试图把生活拉近自然本身……然而,在这些无疑属于理智的东西中,我没有勇气以工作去带回遥远的灵感。现在,我知道这是唯一留住灵感的办法。这是我的生命和希望的大新生,是您赐给我的。我的妻子情况也一样。我们去年遇到相当严重的金钱问题,目前仍未解决,但我现在相信,刻苦工作甚至能够消除贫穷的忧虑。我的妻子要离开我们的小孩子,然而,自从我把您的话"工作和耐心"写信告诉她,她考虑这个必要性时更平静,更恰如其分。我很高兴她将在您的身边,在您的伟大作品旁边。一个人在您身边不会迷失……

我想尝试一下,以任何方式在巴黎谋生(我的要求很低),如有可能便留下来。这于我是一种莫大的幸福。要是不成功,我请您帮助我的妻子,就像帮我那样,以您的作品、您的说话和您拥有的一切永恒的力量。

第五章
"工作,永远工作……"

昨天,在您的花园的宁静里,我找到了自我。现在,广阔城市的嘈杂声变得更遥远,我的心灵周围有一种深邃的静穆,您的话语在当中矗立,像雕像一样。

我的大师,星期六再见。

致以由衷真切的敬意。

里尔克

1902 年 9 月 11 日

这封信以法文撰写,里尔克解释写信的动机是口语表达能力未到家。其实在人类花样百出的交流方法中,口语不过是其中一种,不足的时候,大可以用表情、象声词或手势等来补足。从这封法文信看来,他有足够的能力进行日常交谈。何况他本人并不拙于辞令,很多作家在回忆文章中,都记得他口才流畅,有一个音色很美的声音,后来在德、奥、捷克多国几次巡回演讲,介绍罗丹的作品,朗诵自己的诗歌散文,引起巨大的反响。

■ 卢森堡公园的米第奇王后喷泉
(1900年代)

真正的原因在其他地方。他是作家,文字是他最熟练的表达思想的工具。他抄录自己写的一首诗作为信的楔子,其灵感可能来自卢森堡公园的米第奇王后喷泉,这个公园是他最爱去散步的地方。

这是他的第一首法文诗,没有留起来请同行指点,而是抄到信内,既为道谢,也为拜师。

道谢,因为短短几天中,他开始明白罗丹的成功之道在于努力工

115

作，这和自己的创作方法刚好背道而驰。多年来，他在灵感的迷宫里乱闯，走来走去都是死胡同。现在罗丹指出另一条道路，令他顿生新的希望，感谢之心油然而生。

拜师，他直截了当请罗丹"牵手带领我"。罗丹是以形象思维创作的艺术家，里尔克不会不知道粘土和墨水的差异。只不过，他在文坛上打滚了那么些年，写了不少本书，卖尽力气，到头来还要天天为柴米油盐操心，十分潦倒。同是从事文艺工作的人，境遇却有天壤之别，他敬佩罗丹的作品，更羡慕罗丹生活上的成功。他不是要拜文学导师，而是生活导师，找出写作与生活融洽相处之道。

这封信还有一句话令人注意，"昨天，在您花园的宁静里，我找到了自我"，答案就在同一天写给克拉拉的家书里：

……我在默东度过一整天，坐在一个安静的地方，从那里可以看到极美地敞开的远景。我面前有满满一箱报刊，我阅读其中划了线关于罗丹的文章。

他收集了这些材料，可是没有很多内容，说到头与在杂志《羽毛笔》（*La Plume*）找到的相差无几。我们再一次一起午餐，然后一起认真讨论了一个多小时，这时其他人都离开了。听他说话、回答或者评论，心情非常安定。他的话有一种非凡的稳重和把握，即使只言片语，也不会支吾其词或巴巴结结。

随后，我留在花园工作，直到五时过后。接着我到默东森林，那里凉快，没有人。从林中出来时，山坡上的房子灯光闪耀，葡萄园的绿色波动起伏，阴暗无光，天空开阔，一片宁静。宏亮的钟声响起，向上高扬，继而盘绕而下，进入狭窄的花谷，散布到每一个地方，每一块石头，每一个小孩的手心。我好久没有感觉到田野、天空和远方，好像在城市或者监狱里度过好多年头。我感谢这些东西那么寂静。心中感触万端，看到最细小的叶子悄静无言，温驯地作为这个宏大的夜晚的微不足道一员。

这时候，我感到非常接近你。我再次长久地注视斜顶屋子，和

第五章
"工作，永远工作……"

旁边的陈列馆，那里存在着一个难以描述的世界，一个有很多像今晚那样时辰的世界。

里尔克在面对大自然的孤独里"找到了自我"，但生活的具体问题很快回到面前，克拉拉来巴黎的计划已经提到日程上，但他对前途没有信心，这封信下半截便是提醒克拉拉要作艰苦生活的打算：

然后，我回城去，心情沉闷。啊，多沉闷的夏夜！一点都不像旷野的夜晚：被各种味道和气息所封闭。沉重，气闷，像被压在沉重的泥土下面。有时候，我把脸贴到卢森堡公园的栏栅上，以求得到多一点空间、安静和月光。然而，那里的空气同样沉闷，沉闷过太多的花朵挤在花圃界限内发出的香气……这一切都能令人极端不安……

要是你现在快乐，你自觉良好，无拘无束，那你千万不要忘记将要面对困难而沉闷的日子，可能有一段长时间，你没有勇气为自己买一朵玫瑰花。这个城市很大，但充满忧郁，一直满到边上。你在这里将孤独无援，一文不名，十分凄凉，要是你一开头不在工作中得到乐趣、安宁和力量……生活将很愁苦……

但说真的，你要承受的是你自己的重担，你的心灵和愿望的重担，你自己工作的压力。所以你必须快乐，从内心深处快乐。在说话和思想后面，欢欣快乐！……

这段时期里尔克的家书几乎每封言必罗丹，他知道克拉拉作为雕刻家，对这位艺术大师特别感兴趣。另一方面，他即将开写《罗丹论》，因此尝试去学习美术分析。他不仅转述罗丹的说话，还把自己对艺术的看法提出来和克拉拉讨论：

……我想在这里可以学到很多东西，但必须有相当阅历，否则什么都看不到。一方面因为有很多东西可看，也因为众说纷纭，来自四面八方。——我告诉过你，我正在寻求走近古代艺术鉴赏，现在有时能够在这些东西中找到新的巨大乐趣。

罗丹在大学街工作室有一个小石膏像，一只（古代）老虎，他的评价很高:"美,就是美……"他说。从这个小石膏像,我明白这话的含义,明白什么是古代艺术,以及什么东西把他与它连接起来:在这只小动物身上,有模塑那种逼真的感受,这件小东西(高不过我的掌阔,长不过我的手掌)跟大物件一样,有成千上万之处充满活力,生气勃勃,变化多端。而它是石膏造的!潜行的脚步表现得紧张到极点,虎爪刚劲宽大,同时还有那种包含全身力量的谨慎,那种静悄无声……你将看到这件小东西,不过,也不要错过去看原件(一件小铜像),在国家图书馆的钱币徽章和古物收藏部。

■ 古罗马铜雕:老虎
(法国国家图书馆藏品)

看完这些东西再看十二、三世纪的雕刻,常常惋惜它们欠缺表面①,欠缺表面那种从容与安稳的生气,只见到激烈的表现,也有一些新东西,有意识地认真去找寻特征,归纳为典型。然而,经过数百年时光、风雨、太阳和黑夜的作用,这些东西已经变得同样的生动活泼,同样的富于艺术力,没有半点空隙。

特罗卡德罗(Trocadéro)博物馆很值得看,里面有不少古老大门的石膏模和复制品,相当好,来自夏尔特尔、卢昂和其他外省城市:残片、细部、圆柱,让人看到生活及其各种形式,如何通过雕刻家的手进入石块,好像这是它们原本的位置。比起文艺复兴,我们更能感觉到,这些人如何睁开眼睛,如何突然看到一切,如何以手尝试一切。而这些和罗丹也有很多关系。例如,我相信卢森堡美术馆女性胸像座上的花朵,便是如同十二世纪大师作品那样加插进去。作为物,对罗丹来说也是一种经验,由不断涌进他艺术的巨流所带动。

---

① 即模塑。

我今天还要去找他,通常坐塞纳河小汽船直到伊埃拿桥(正对着特罗卡德罗),这是最近的路,我爱去的地区。——现在的下午经常晴朗,有时有点朦胧和隐蔽。黄昏降临的方式很温和,可以说有那么一刻,时光停顿下来,再听不到它的脚步声,它一定跨上某一头动物的阔背上,让它带走。时光静止不动,但是底下有某种巨大而阴暗的东西来到,经过,把它带走。——我一般在国家图书馆呆到五点钟,这是闭馆的时间。这时我便到塞纳河桥或岸边去,观看黄昏的来临。

■ 特罗卡德罗古迹博物馆(1900年代)

有时一直走到卢森堡公园,那里暮色已临,公园以红色的花朵柔弱地抵抗黑暗。这时某一个地方突然响起鼓声,上下滚动,一个全身红衣的士兵走过小路。人们从四面八方涌出来,有些人欢欣雀跃,喜气洋洋,兴高采烈,另一些人神情凝重,愁容满面,缄默无言,孤独寂寞。各式各样的人,今天的,昨天的,前天的。有些人在偏僻的长椅上久久地坐着,似乎在等待——鼓声响进他们的脑袋,告诉他们再没有什么可等待的了。有些人整天在长椅上定居,吃饭,睡觉,读报纸。各种各样的人,各种各样的脸孔和手——好多手在那时候经过,好像末日审判那样。

他们走过后,公园愈来愈大。相反的,巴黎在缩小,光

■ 在公园度日的老人(1900年代)
[法] 布朗杰(Maurice Branger, 1874—1950)摄

亮，嘈吵，又开始一个这些永无厌足的夜晚，一个香料、醇酒、音乐和女人裙子刺激的夜晚。——唉！1793年的舞蹈女郎仍在圣母院的祭坛上，在巴黎所有祭坛上，甚至在最好的餐桌上。唉！

"1793年的舞蹈女郎"是法国大革命的一个事件。激进革命党人仇视教会，提议拆毁巴黎圣母院，后来改变主意，宣布取缔天主教，立"理智崇拜"为国教，所有教堂改为神殿，供奉"理智之神"（La Déesse de la Raison）。第一次仪式在1793年11月10日举行，巴黎歌剧院一个女舞蹈演员饰演理智之神，被人抬上巴黎圣母院的神坛。当年的艺人地位低下，女性尤其受歧视，这个行为被视为亵渎神明，后来常引申形容放荡堕落的行为。

这封信提到的小虎石膏像，现在已不复可见，国家图书馆的原件仍在，可以用来验证里尔克的描述。他后来把这件艺术品写进《罗丹论》，但小虎变成了小豹：

> 罗丹的雕刻工作室里有一个原籍希腊的小豹的模型，才不过手儿那么大（原作现藏巴黎国立图书馆集古室）；当我们从前面透视它腹下四肢的灵活而坚硬的爪儿中间，我们真以为在窥探着那些筑在岩石里的印度寺院的深殿；这作品的身材是那么渐渐地增长和伸拓，以至于广漠无垠。（梁宗岱译文）

一位研究者解释这个变动，认为里尔克常到巴黎植物公园观察动物，其中对豹的印象特别深刻，受到影响，故意混合起来。

至于特罗卡德罗博物馆，全称是法国古迹博物馆（Musée des monuments français），位于铁塔对面山冈的大建筑物里，与人类博物馆为邻。这座王宫式大厦建于1878年世界博览会，罗丹当年刚从比利时返回法国，在一家工场打工，参加了周边花园的雕刻工作。里尔克参观过的大厦已不复存在，1937年为了另一个世界博览会拆除改建，新厦名为夏乐宫（Palais Chaillot），直至如今。

■特罗卡德罗宫1878年建成

■1937年改建为夏乐宫至今

他参观时想起的"卢森堡美术馆女性胸像",指《魏交纳夫人》(Mme Vicuña),现在由罗丹美术馆收藏。

克拉拉动身日期愈来愈近了,里尔克继续把所见所闻写下来寄给她,第二天,9月29日,又有另一封长信:

■罗丹:魏交纳夫人(大理石)
(卢森堡美术馆,1900年代)

> 我想今天会收到你的信,心情很舒畅。身体好吗?你已经在想动身了吧?或者仍被准备工夫和其他等待所隔阻?你一定会在下周抵达,因为8号便要接收工作室,时间无多了。
>
> 可能下星期六(四号),你便会陪我去大学街工作室,罗丹正在那里完成一座新的女性雕像,一座出色的胸像,精巧,神气,稳重而简约,可能是他从未完成过的最美的作品。他为此让模特儿摆了七次造型,每次两小时。模特儿走后,他继续工作两小时:"一边回想起自然"。
>
> 他工作时真好看。眼睛和黏土联系一起,仿佛看见他自信的视线经过的所有道路,就像在空气中撒开的一张网。他和正在创作的物件合为一体,很难说清楚作品在哪里。整体构成一个世界,正在孕育,正在成熟。他说话的时候,声音像来自一座深邃的塔楼,脸孔像从流水中浮现出来那样。

昨天，有一位女士在工作室，你一定认识她的，"她画一点画"（这个说法真坏透了，像说业余画家那样。不过又很符合这位女士的情况，因为她只稍为从事绘画）。她很活跃，滔滔不绝，年纪不轻了，一半意大利血统，一半西班牙，身裁细小，开始发胖，有两副脸孔：一副戴眼镜，另一副不戴。你一定见过她，她在罗丹美术院关门前教过书，尽管她只画一点画——她说是为了"更好掌握形体"。她兴奋地谈起布德尔。就是这个人，罗丹请她翻译一些外国文章（她似乎掌握几门外语）。

我用了半页谈这个人，其实根本不值一提。只不过，你想象一下，她在谈话中对我说："苏洛阿加住在巴黎！"她不知道准确地址，但我会用尽办法找到，然后去拜访。甚至可能和你一起去，如果你已到达的话，总不会找不到的。

齐美诺（Emilia Folliero Cimino，1854—1944）在法国出生，父母是意大利移民。年轻时学过画，在英国工作一段时间后回到巴黎，认识了罗丹。由于谙熟英、法、西班牙和意大利语，罗丹不时请她翻译信件和资料。这是她求之不得的事情，她很忠心为罗丹服务。当罗丹学院成立时，她报名学习雕塑，请求罗丹减免学费。但是主持人不同意，最后想出一个折中办法，利用她的绘画根底，安排她辅导学生，换取报酬来交学费。克拉拉无疑会在学校里见过她。齐美诺后来成为罗丹身边小圈子一分子，除了翻译信件，又介绍过英国女学生给罗丹。私底下，她和罗丹很能谈得来，包括私人事情。罗丹曾在信中向她抱怨情感上的烦恼：年轻时爱慕女性，没有人对他感兴趣，现在年纪那么大了，却有这么多女郎希望得到他的青睐，成为他的情人。齐美诺性格豪爽，是罗丹少有诤友之一，曾经直言不讳地提醒罗丹，不要和某位女士打得太火热。1904年，齐美诺返回意大利，罗丹次年赠送一座《加莱义民》小铜像给她。

至于苏洛阿加（Ignacio Zuloaga，1870—1945），这是一位西班牙画家，罗丹的好朋友，两人曾交换作品。里尔克凭着与罗丹的关系，很快便结识他。当他五个月后完成《罗丹论》，离开巴黎返国，苏洛阿加是他登门道别的好友之一。

在克拉拉到达巴黎前那段时间里,里尔克与罗丹的情谊进展飞快,只要有空,几乎天天见面长谈,或者在默东,或者在大学街工作室。罗丹开始把自己的好朋友介绍给他,让他结识:

亲爱的大师:

请原谅我,我可能本星期四(十八日)三时左右来大学街工作室敲门,只须一会儿时间。承您告诉星期五可以去找卡里埃先生,可是今天在默东全然忘记向您要一张名片或者小纸条,把我

■ "大理石仓库"风雨廊/[法]德吕埃摄
前景是罗丹的《吻》(大理石)

介绍给这位杰出的艺术家,也忘记问卡里埃先生几点钟会客,因此星期四我到工作室来。

很高兴今天见到莫克莱先生,很久以前就读过(我记得)他令人赞赏的《秋之小奏鸣曲》(*Sonatines d'automne*),在德国艺术家中有名的。

我十分喜爱这些诗句的音乐性和柔情……

语言再一次阻止我从心所欲参加交谈。人家一旦说得快,我听懂得很少,想说话时,脑袋又失灵。

这令我很难受,可能慢慢会变好,希望如此。

当我跟您说话时,我的大师,您可知道我是如何深深景仰。

这是最主要的事情。

里尔克

1902 年 9 月 16 日

卡里埃(Eugène Carrière,1849—1906)是一位后期印象派画家,1880 年由美术评论家马尔克思(Roger Marx,1859—1913)介绍结识罗丹,两人艺术见解相同,成为莫逆好友。在《巴尔扎克》雕像争论中,

卡里埃是罗丹的最有份量支持者之一，因为他在绘画界享有很高的声誉。罗丹生平不热心让他人画肖像，除非最亲近的朋友，卡里埃是其中之一。可惜天不假年，1906年死于喉癌，得年57岁。为了帮助他的遗孀，罗丹动员朋友筹款，购下卡里埃作品《柔情》（*Tendress*），送给卢森堡美术馆。里尔克认识卡里埃后，计划替他写一本书，最后没有写成，两人却成了好朋友。

■ ［法］卡里埃：罗丹（约1900年）
（巴黎罗丹美术馆藏品）

莫克莱（Camille Mauclaire，1872—1945）原是象征派诗人、小说家，后来转向文学与艺术批评。1900年世界博览会罗丹个展，曾邀他在展览馆发表演说，题目是《罗丹作品》（*L'Œuvre de Rodin*）。1905年，他以罗丹为题写了一本书《罗丹，人和作品》（*Auguste Rodin，l'homme et l'oeuvre*）。可是此人晚节不保，第二次世界大战期间与维希伪政府合作，战后被列入被审查名单，由于去世才没有被公开审讯，但他被列入"被禁作家"（Écrivains interdits）名单内。不过，法国人在文学艺术方面有一个宽容传统，仅仅三年之后，1947年，已经有人重版他的文艺批评著作。1992年，官方的罗丹美术馆重印了他的演说词《罗丹作品》。里尔克和莫克莱交情不深，他的书简只有这封信提到他的名字。

我们发现，这个期间里尔克很少在信中抱怨巴黎，因为他有做不完的工作。会见罗丹，与他交谈，观看和研究他的作品，这已经花了大部分时间。还要跑美术馆，贪婪地观看艺术品，像吸水纸那样丰富对艺术的感性认识。到图书馆找寻参考文献，阅读艺术理论和文学作品。

另外，他还有一个更迫切的任务，一件很生疏的工作，为克拉拉到巴黎作准备。

第六章

《罗丹论》

按照原订计划，里尔克独自一人先到巴黎，克拉拉随即来会合。这件事的最大障碍是小吕特，要一位刚为人母的女性，放下不到周岁的头胎婴儿，远走他乡，实在不容易。幸好她的父母应承照顾小孙女，她才能下定决心，把小吕特带到奥伯诺伊兰（Oberneuland）安顿好后，关上沃尔普斯韦德房子的大门，动身前来巴黎。

克拉拉的到来，给里尔克提出一个棘手难题。他住的地方是穷大学生小旅馆，既阴暗又潮湿，两人共住也嫌窄小，更不要说克拉拉需要空间工作。何况他们已习惯分居，各有天地，因此至少要多觅一个房间。9月28日，克拉拉已经出发在即，他还在为房子发愁：

> ……昨天我差点搬家了。我在圣米歇尔大道上方，天文台对面，发现一间很可爱的小旅馆，到处都安装了电灯，室内干净，雪白一片，四楼有两个房间，正好一间我住，一间你住。两个房间都比我目前的小，其实现在住的那间相当大的，不过很矮。这两个房间都有窗子，视野旷远。除了地方干净，这是我最喜欢的。
>
> 因为我现住的旅馆缺点很多，但最糟糕之处在于那条狭窄的街道，对面一排窗子，无时无刻都被迫目睹窗框内的生活。一抬起眼睛望远方，便面对这种狭窄，令人难受。还有，你想一下，当我坐在书桌前，对面十二个窗户不仅是窗框而已，窗后还有张大的眼睛，盯着我的一举一动——有时真的受不了——我坐在卢森堡公园长椅上，思前想后，算来算去——天文台旅馆光亮的楼梯间，像圣米歇尔那样，跟我现在居住的楼梯间恶龙在搏斗。在我的脑海中，那盏煤油灯摇曳不定，发出臭味，跟漂亮、豪华而听话的电灯比起

来，显得可怜极了。

我用尽想象力去比较（无可讳言），一切都不利于现住的旅馆。然而，我最后想，这仍然是我正要摆脱的老一套方式，"富裕"方式。驱逐了这些诱惑后，我悄悄地返回房间。

天文台的房间租金更贵，差不多是目前的两倍……我想你到的时候，先替你租一间，暂住一个月。在这个月里，你可以考虑，如果喜欢住在工作室，就购置必需的物品，否则随你意另租一个房间。初到时租的地方，可以比打算长住的贵一点。我要不要在现住的旅馆里找一下？我也打算再看几间旅馆的房间，因为目前住的地方看来对你真不够合适……

在这些大学生小旅馆里，拉丁区的夜晚十分讨厌。告诉我，你是否不怕这些不便之处，想住在同一间旅馆？我希望在这里逗留的日子里，你住得靠近我。但是，也希望你住得好……——我正在考虑的其他旅馆也很近。写信告诉我你想住哪里！……

经过多次努力找寻，里尔克最后在莱佩神父街（rue de l'Abbé de l'Epée）3号找到房子，这条小街同在拉丁区，距离不远。巴黎很多街道以历史人物命名，莱佩神父（Abbé Charles Michel de l'Epée, 1712—1789）是其中一位。他原姓 Lespée，后改名 l'Épée，两者发音一样，但新名字是单词，意为"利剑"。这位太阳王路易十四时代的神父，一生从事聋哑人教育，研究及发展手语，努力拉近手语和文字语言的距离，其影响生前已广及整个欧洲，所创办的聋哑人学校存在至今，就在这条街上。

里尔克对这个新地址很满意，1902年10月17日写信告诉荷里特舍：

我原住在图利耶街11号，本来很好，但太接近大学生的吵闹，街道又狭窄。住了五个星期后，我搬到这里来。莱佩神父街毗连着盖伊-吕萨克街。我的房间在五楼，有一个阳台，前面对着公园，远一点是一群房子，先贤祠居高临下俯视着。天空、早晨、黄昏，一望无际……

■ 莱佩神父街3号
（2011年）

■ 里尔克看到的远景在右前方，至今没有改变
（2011年）

要是他现在才以穷书生身份来巴黎，大概不会在这个地点落脚，因为这座公寓后来改建成酒店，取名"圣雅克驿站"（Relais Saint-Jacques）。这个名字在里尔克时代很适合，现在却令人觉得有点做作，因为这是一间四星级酒店，属于评级最高的酒店之一（2009年才开始新增五星豪华级）。房间数目虽少，只有22间，价钱却不便宜，穷书生休想在这个"驿站"歇一下脚。没有人知道房东的子孙如何点石成金，但当年的租金一定很廉宜，因为里尔克一下子便租下两个单位，同楼不同层，两人各占一间。他在五楼，克拉拉六楼，也就是顶层，很适合她的需要，艺术家很喜欢在顶楼工作，因为天然光线最充足。两人分房居住，但对外保密，保持夫妻的形象。由于地址一致，外人多不知内里乾坤。

10月8日，克拉拉到达巴黎。刚放下行李，休息了一天，还未定过神来，里尔克便迫不及待带她到默东找罗丹。但他们到达时，罗丹不在家。里尔克第二天写了一封信，把克拉拉到巴黎的消息和新地址告诉他：

亲爱的大师：

我的妻子到巴黎已有数天，正在准备工作，迫不及待要开始。

昨天星期五，我们尝试到默东找您，但不凑巧找不到。然而，我的妻子在美术馆看了一个小时梦幻般景象，就像她感觉您在场一样。我的大师，她向您致以谢意和深切的敬意……

尽管今天是星期六，我们不打算到大学街工作室，因为担心您因为外游可能仍然疲倦。此外还有一个原因，我的妻子希望每逢星期六走进工作室，一定带上她亲手做的东西……

但是，请大师允许我们改天再到默东，下星期某个早上，星期三或星期四。到时打算参观图画，我的妻子很乐意陪我去。

如果同意提议的日期其中一天，我不等答复。要是另订其他上午，请给我一个字。

我现在的地址是巴黎莱佩神父街三号。

但愿大师旅行归来身体健康，希望我们很快有幸拜见。

请接受我们的敬意。

里尔克与克拉拉
1902 年 10 月 11 日

罗丹不在，里尔克却能带克拉拉进入布里扬山庄，自由参观陈列馆，可见他在这里已成熟人。这个月底，罗丹要到意大利佛罗伦萨等地游览一个星期，出发前一天，里尔克给他写了一封信：

亲爱的大师：

在您动身前，我需要向您道谢，感谢在我居住巴黎的两个月时间里给我的美好时光。我一到这里，只有您的作品，没有别的东西：那是我生活的城市，那是我听到的说话，那是围绕我的静寂，那是我每天的晨曦和暮色，那是我工作夜晚的天穹。

我不懂得向您诉说，我的书也一样，可能只是我的印象和感觉的一个微弱回忆……

但是我得到的东西，所有来自您的双手和生命的奇迹，所有这一切不会失掉：我感到您把沉甸甸的财宝赐给我的心灵，它将永存下去。而当我的诗歌复活的时候，这段谜一般的时间将站立起来，一美接一美。

我曾试过有一次说过，对我和我妻子来说，您的作品和英雄榜样，永远是我们青年时代最重要的大事。我们保留的回忆是一种神圣的遗产，留给我们的孩子，留给那些不知道自己道路而向我们问路的青年人。

大师，您在旅途上，您晓得，我们一面工作，一面这样热烈地思念您。我认识一点意大利，在佛罗伦萨住过一段时间，然后比萨，然后比萨附近的乡下，在一个梦幻般波浪汹涌的大海边。这是一个过去的时代，矗立了好多个世纪，比较现在更接近未来。这也该是您的祖国，因为在米开朗基罗和达·芬奇的国度，您和他们平起平坐。

大师归来时，我的工作将近结束，但愿如此。不过我最近打定主意，今年冬天留在巴黎，去听法兰西学院的讲座，再到卢浮宫，努力工作和学习，例如专心于卡里埃先生的作品。

我希望能允许我不时在星期六进入工作室，和您的作品保持接触，它已成为我的圣餐，每次回来都变得年轻、持平，内心被您的优美作品圣体所照亮……

我的妻子整天在工作室，我们几乎只有星期天才见面，总是去卢浮宫或卢森堡美术馆。

我曾写信给米特尔教授，他这几天正要把他的文章寄给我。我也听说一位德国哲学家齐美尔先生写了一篇关于您的作品的文章，很值得注意。这是一位思想不比寻常的人物，我想办法去找，然后译好这两篇文章，等您回来。我再说一次：一路顺风！我们向罗丹夫人致敬，并向您致以谢忱和敬意。

里尔克
1902年10月27日

齐美尔（Georg Simmel 1858—1918）是德国哲学家和社会学家。后来曾与罗丹通信及会面，对罗丹的评价很高。里尔克谈及的文章题为《罗丹雕塑与现代精神方向》（*Rodins Plastik und die Geistesrichtung der Gegenwart*），发表在《柏林日报》（*Berliner Tagblattes*）上。

这封信最令人惊异的一句是"大师归来时，我的工作将近结束"，直到现在，里尔克的书信都没有提到《罗丹论》的写作。可是这里不仅宣布即将完成，而且订下之后几个月的新计划，甚至准备一部卡里埃作品的著作。

里尔克勤于书信，几乎作为每天必修功课，日记则断断续续，只有1898年和1900年在佛罗伦萨时写得最勤，但那是莎乐美的要求。到了巴黎后，仅仅在8月24日写过几行字，摘要抄录给一位俄罗斯朋友的信，然后便是一片空白。但是就在写这封信同一天，他突然重新执笔写日记。观其内容，他对如何入手《罗丹论》根本毫无头绪：

……我出发至今已经八个星期，但我仍在八个星期前的老地方。什么都没有到来，或者不如说我没有到达。

第二天的日记更加糟糕，第一句是"开始感冒了。昨天试用新法烧壁炉，因为觉得太旺了。现在脑袋发烫"。这样当然无法工作，于是下午去巴黎圣母院爬钟楼，和排水檐槽的怪兽雕刻一起鸟瞰喷泉。晚上读波德莱尔的《恶之花》。

第三天，每况愈下，"感冒发作了"，但仍能外出，坐船到巴黎北部近郊圣克鲁（Saint-Cloud），那儿有一个著名的大公园，回程坐火车到蒙巴拿斯。

第四天病未有好转，"感冒去了又回来"，于是去卢浮宫看画，到克拉拉工作室坐了一会，然后两个人出去买咖啡、匙羹和餐刀等杂物。卖货的女小贩很不友好，把他们当作"这些英国鬼"，"好不情愿"才把货物卖给他们。一天就这样报销了。晚上睡觉前，他开始有点担心自己的工作了：

……大包的行李到达了，有茶煲、大衣和阿布鲁齐毛毯。这一切为了冬天，为了冬天的工作，为了所有计划、打算、希望在冬天做的工作，能做到吗？

第五天的日记一开头还是"感冒"。整天在塞纳河边沿堤漫步，东看西望，顺手买了一本艺术杂志，逛到卢浮宫，便一脚踏进去看画。

第六天病似乎好了，早上竟然写成一首短诗。但这天是11月1日，万圣节是西方的清明节，法定假日，照例不工作。下午和克拉拉去参观纪美亚洲博物馆，这里收藏了很多中国和亚洲古物，然后到巴黎圣母院参加弥撒，晚饭在一家意大利餐馆吃。也不知因为多花了钱，还是想起《罗丹论》未有着落，日记最后一句是"归来时惴惴不安"。

■ 纪美亚洲博物馆（1900年代）

可是第二天他的焦虑不见了，参观卢森堡美术馆和纪美亚洲博物馆之后，转往市郊圣克鲁公园散步，还有闲情东张西望，在日记最后一段记下来："还有一件事，中午，一个神父和一个妓女同桌吃饭。他和她，和其他人。"

第八天没有多少差别，活动地点是毗邻卢浮宫的杜丽叶公园，度过了一个"极美的秋日"。

到了第九天，焦虑重新出现：

> 仍然没有工作，又是一天假期。天空淡蓝宁静而遥远，如果会飞翔，就会从那里掉下来，而不是飞到天上。很奇怪的搭配，这淡灰色的晨曦和灰色的暮色，中间相隔五个小时。树木的树冠伸得很高，街道好像星期天那样空荡，钟楼矗立，比通常更白。花园，随时能看到里面。我一人独坐，看到花园里，还有花园再过去的地方。这或者有点帮助。我真需要帮助。但求人不如求自己。但求自

己又在何方？……求自己在自己身上吗？

第十天，新灵感没有现身，旧灵感只够他写两篇新书评论，"为《不来梅日报》（*Bremer Tageblatt*）而写，20个马克"，这是法国人所称的"充饥文学"（Littérature alimentaire）。

第十一天去植物公园，和野生动物度过半天，日记里尽是海豹、鹈鹕、锦鸡、豹、熊、公狮、母狮、老虎、蚺蛇、鳄鱼的描写，下午在塞纳河和卢森堡公园游荡，很写意。

第十二天和十三天，连续两天在日记写道："又是等待的一天"，"失去的等待一天"，好像念咒语那般，希望能打破困局。

第十四天是星期天，这是和克拉拉例行见面日子，不谈工作。他们前往凡尔赛宫，在公园里散步。

第十五天的日记，大部分描写对面房子火灾。最后几句是流水账："沃居依儿子来访，邀请明日见面。买到一本漂亮的《艺术生活》。第一次在家里喝茶。安静的晚上。"

赴过沃居依之约，第二天是11月12日。西洋风俗，天主教徒出生时起名，一般以圣人名作名字，而一年365天每天以一位圣人命名作纪念，凡是同名的人这一天也是节日。里尔克名叫勒内，11月12日圣勒内节是他的节日。克拉拉为他庆祝，两件礼物：几张小吕特画像，一大篮野草莓，请人送上门。里尔克十分高兴，但到了晚上写日记时，他又烦恼了：

> 今天是我的节日。也要算进无数等待的日子去。这令我害怕。
> 是的，这也是一个等待的日子。

其实，里尔克在书信和日记里只字不提《罗丹论》是假象，他无时无刻不在构思这本书。在等待日子里，不断阅读有关罗丹和艺术的书籍，过节这天也不例外："晚上读《圣经·摩西书第三章》。读罗登巴克。然后翻阅有关罗丹的书，很早便睡觉。"

罗登巴克（Georges Rodenbach，1855—1898）是比利时人，印象派

诗人和小说家。1880年移居巴黎，结识了很多文艺界朋友，包括马拉梅、都德等，在《费加罗报》这些主流媒体上发表作品。他在《巴尔扎克》纪念像事件中，坚决站在罗丹一方，为罗丹辩护，两人成为好友。1899年他的文艺评论集《出类拔萃》（*L'Élite*）在巴黎出版，介绍了同世纪的16位作家（雨果、拉马丁、波德莱尔、都德等），7位画家（莫奈、卡里埃、夏瓦纳等），雕刻家只选一位，就是罗丹。

里尔克读这本书的时候，罗登巴克已经作古，1898年圣诞节死于盲肠炎，年仅43岁，原定下葬比利时布鲁日，以纪念他的成名小说《死城布鲁日》（*Bruges-La-Morte*）。这部著作公认为象征主义杰作，曾令布鲁日这个小地方名声大振。大殓时，罗丹为其执绋，并答应无偿设计一个圆形浮雕肖像，镶到他的小金字塔形坟墓上。可是布鲁日议会的弗拉芒议员坚决反对，理由是罗登巴克从未以弗拉芒文字写作，不配这个名誉。最后巴黎拉雪兹神父坟场收留了他，由另一位艺术家朋友设计墓地。

■ 罗登巴克（素描）
［法］拉法埃利（J-F. Raffaëlli, 1850—1924）绘

罗登巴克的罗丹评论篇幅不长，在文集中只占19页，但对罗丹评价十分高，一开头便说："罗丹是目前少有的天才。没有人像他那样更加变革了所从事的艺术，除了诗歌方面的雨果。他令人想起雨果。"这句话无疑给里尔克留下深刻的印象，他在日记中写道：

有一件东西冲击我：第一个句子先声夺人。第一个句子的巨大重量。我什么时候讲第一个句子呢？希腊人的美是轻盈的，现在的美变得愈来愈沉重。

三天后，他读了另一本书《雕塑印象派》（*l'Impressionnisme en Sculpture*），作者克拉里斯（Edmond Claris，1874—1961）是一位新闻记者，书中有一篇《罗丹与罗索》（*Auguste Rodin et Medardo Rosso*），把罗丹和意大利雕刻家罗索（Medardo Rosso，1858—1928）双提并论，给予同等评价。罗索曾在法国工作多年，得到法国同行的帮助，罗丹曾把铜雕打磨工作交给他做。但是1898年，罗丹展出《巴尔扎克》时，他忽然站出来指责罗丹抄袭，理由是《巴尔扎克》模仿他的作品貌似未完成的风格。此事喧嚷一时，但没有人附和，最后不了了之。里尔克对这本书很不以为然，在日记中说是"糟糕的小册子"，他对罗丹容许作者和罗索相提并论也有微言。

"等待的日子"一天一天增加，很快便超过20天，里尔克的苦恼慢慢升温。很多人都知道他后来创作《杜依诺哀歌》和《致俄尔甫斯十四行诗》的艰苦历程，其实《罗丹论》带给他的折磨同样是一场天使和恶龙的斗争，他甚至想过一了百了，抛弃作家的梦想，找一份小职员工作。11月19日的日记清楚记载了他的痛苦：

啊，这个能够动笔的愿望，这些在所有道路上老是遇到的障碍，我的工作会怎么样呢？每天早晨起床，忧心忡忡徒然等待，到去睡觉时，失望，心烦意乱，为自己的无能而沮丧。啊，如果我有一份工作，用自己的手来做，每天做，立刻可以做，就在附近……不同于这种守候遥远东西的等待。这难道是奢望？啊，当人的意志动摇，世界就摇摇欲坠。啊！天好冷！从雪上降下来。我的火炉也下雪，我身披大衣坐着，在这间冰冻的房间里，双手冻僵。在巴黎，热是未曾搅动的咖啡里的糖，沉在底下，咖啡是苦的：房间寒冷，热在火炉周围慢慢融掉。我害怕得要命，我很凄凉，孤立，被遗弃。

他的忧郁到第二天仍未消散,美丽的雪景变成一幅阴暗的图画:

> 我像一件被遗失的东西,像一头不属于任何人的动物,像一面空屋上面的旗子。目前景况就是这样,如此孤独,如此毫无希望地孤独,身无分文。天很冷,下了很多雪。我们面向的修道院小花园完全向冬天投降,连同小路,花坛,树木。透过光秃秃的树枝,看到墙上一个耶稣十字架像,披檐下一个圣母像,以前看不到的东西,现在一清二楚,原原本本,几乎毫无遮掩。好像一个人老来变得虔诚那样。树叶已经掉光,基督在那里,和圣母在一起,赤身露体,原始粗野,没有个性,就是传统做出来的样子,这是穷人的粗野……

这些近乎绝望的呼声,可能是他在内心酝酿的《罗丹论》已近乎成熟,像火山的熔岩那样在沸腾,只是苦于还没有找到喷发的出口。第二天,11月21日,是克拉拉的24岁生日,里尔克暂时放下焦虑,很开心地为她庆祝:

> 今天是克拉拉生日。我准备了一张小桌子,上面放着《胜利之神》和《蒙娜丽莎》的照片。前面是玫瑰,轻盈的红玫瑰。一个蛋糕。一本热弗鲁瓦的《艺术生活》第二卷,里面有罗丹三张铜版雕刻画,三个裸女像,她们的组合既安详又痛苦,有些令人难忘的东西。这些微妙轻盈的线条组合和结构,在每一方面同样的伟大,同样的深刻,同样的不可或缺。我在书前写了几行诗。一、大师的生命比我们先行那么远。二、大师的道路阴暗,好像迷失在一个古老年代的开头。

> 我先到美术学校,然后去找克拉拉,一起到邦马舍百货公司(Bon Marché)。在此之前,我在克拉拉的工作室看到一座很漂亮的女性雕像,全身伏在她拥抱的孩子身上。《拥抱孩子和大地的女人》(*Femme embrassant l'enfant et la terre*)。

这些礼物都是别具心思的。里尔克在书信中多次提到参观卢浮宫,在千千万万藏品中,他评价最高的雕刻是《胜利之神》,认为这才是"真正的古希腊",没有《米罗的维纳斯》(Vénus de Milo)的缺点,线条毫不呆滞,不受学院派清规戒律所束缚。至于绘画,他最爱达·芬奇的《蒙娜丽莎》。

送给克拉拉的书出自作家热弗鲁瓦之手,这位作家活跃于当时的传媒,先后为10多家报纸和40多家杂志撰写评论。他很有艺术眼光,很早便站出来为罗丹的创新艺术辩护,两人成为莫逆之交。他的评论文章后来结集,从1892至1903年先后出版了八卷,总题《艺术生活》。里尔克选择的第二卷印行于1893年,不仅因为其中有一篇评论罗丹的长文,还因为作者把此书献给罗丹,以《致罗丹》(À Auguste Rodin)作为序言:

> 亲爱的罗丹,我把这些战斗和梦想的文字献给您,感谢您的作品带给我们对艺术的理解和思想的喜悦。您以新的风格显示了人类感情的深处,爱情的悲与喜,智慧的宏大,和生命无止无尽的美丽。我很高兴在这里写上我的名字,作为雕刻家的一名仰慕者,作为他的一位朋友。

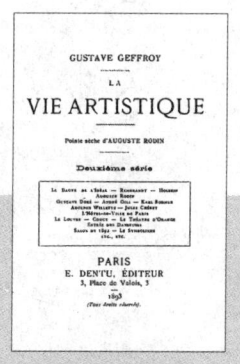
■《艺术生活》第二卷扉页(1893年)

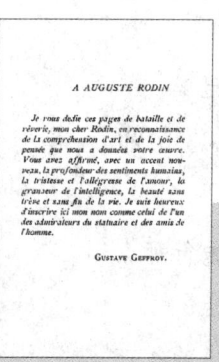
■ 献辞:《致罗丹》

■[法]卡里埃:热弗鲁瓦(油画,1900年)

这篇论文题为《奥古斯特·罗丹》(Auguste Rodin),为1889年莫奈—罗丹联合展的目录而写的。一开头便引述《红与黑》作者司汤达《意大利绘画史》(Histoire de la peinture en Italie,1817年)的一段话:

> 两百年来，一种所谓高雅禁止强烈的激情，由于不断压制，最终把激情灭绝，只有在村庄还能找到。19世纪将把权利还给激情。
>
> 如果这个光明时代给予我们一位米开朗基罗，还有什么地方他不能成功呢？有什么新的感觉和快乐的急流，不可以撒向已经受过戏剧和小说熏陶的大众？可能他会创造出一种现代雕刻，可能他会迫使这种艺术表现激情，要是他中意激情的话。至少，米开朗基罗令它表现心灵的情感……

这等于说罗丹是司汤达所预言的新时代米开朗基罗，热弗鲁瓦这个说法，实际上来自米尔博的启示。早在1884年，米尔博便认为罗丹是法国的米开朗基罗。米尔博与热弗鲁瓦是好朋友，分头为莫奈—罗丹联合展准备目录，米尔博负责介绍莫奈，但他没有忘记罗丹，特别给热弗鲁瓦写了一封信，告诉他司汤达这段话。热弗鲁瓦不仅接纳，而且用来作为开头，加以发挥，一气呵成写出一篇50多页的文章。

里尔克很欣赏他对罗丹的称颂，但身为诗人，他不会满足于以他人的话来代替自己心声，何况这是送给克拉拉的礼物，所以在扉页抄上自己写的两首诗：

> 给克拉拉
> 1902年11月21日巴黎

罗 丹

一

> 生命的导师比我们先行那么远，
> 仿佛已经化身为神话；
> 我们只感觉到他探讨的东西，
> ——但不是他本人；我们没有导师，
>
> 我们独自在一个遥远地方，
> 那里的河流早已无法以桥梁量度，
> 它向我们讲述往昔的事情，

浪声仿如一本遥远书籍的微弱声音，

回忆与未来交谈，然后缄默。
我们必须逐渐适应，
在通向美的漫长路上，
难得一见的朋友只会遥遥出现，
在彼处，独自伴着蒙眬身影。

二

大师的道路阴暗，好像迷失在
一个古老年代的开头。
我似乎听到他的寂寞发出的声音，
像深夜听到海涛声响那样。
他来自何处？谁曾说过？他来自远方。

我们呢？你可知道从何而来？
啊！我们的道路仿如黑夜与森林。
谁知道我们来自何方，我们的财富，我们的年龄？
我们油灯的暗弱火焰
照不清任何轮廓——

更照不清长路漫漫——
这就是生命，不认得事，不认得人，
只是看见一切，战栗，不去寻根究底——
尽可能明亮地燃烧片刻，
像一支在陌生人家燃烧的蜡烛。

　　诗题《罗丹》，实际上是两人间的私诗，里尔克向克拉拉分析目前处境及未来，情绪低沉，虽然有共勉的句子，但对前途茫茫的苦闷表露无遗。在里尔克的遗稿中，另有一首诗以《罗丹》为题目，没有写作日期，但参照他留下的书信，可以确定写于这两首诗之前不久，气氛完全

两样,是一首热烈的颂歌。

克拉拉生日过后,里尔克继续每天写日记,一天又一天过去,仍然无所事事,不是和朋友闲聊、上馆子、参观卢浮宫、卢森堡美术馆,便是到美术学院观看人体解剖课,但日记中再见不到写作低潮的痛苦呻吟。到了11月26日,日记本只写上一个句子:

  试笔日

开始了三个月的巴黎日记至此结束,以后再没有重新开始。是不是在这一天,他写下《罗丹论》的开笔句子呢?

  罗丹未成名前是孤零的。荣誉来了,他也许更孤零了吧。因为荣誉不过是一个新名字四周发生的误会的总和而已。
  关于罗丹的误会很多,要解释起来是极困难的事。而且,这是不必要的;它们所包围的,只是他的名字,而绝不是那超出这名字范围的作品。这作品已经成为无名的了,正如一片平原是无名的,或者像大海一样在地图上、典籍里和人类心目中才有的名号,而实际上只是一片汪洋、波动与深度而已……(梁宗岱译文)

很多传记作家都说他的《罗丹论》写于1902年9至10月,两个月的时间已经十分神速。但从日记来看,真正开笔的日子应该就是11月26日这一天,到了12月16日,他写了一封长信给德国作家胡赫(Friedrich Huch, 1873—1913),信中有一个句子:"我开始写信给你时黑夜刚降临,现在已经快子夜了",有这样的闲情写长信,那么他的《罗丹论》呢?读完这封信就有答案了:

  我们在这里,在巴黎。克拉拉整天在工作室,我整天在家里,巴黎活在我们身外。我很辛苦忍受这座乱七八糟的城市。我们在孤独中工作,这样总算过得去。我刚完成了关于罗丹的书,花了我很多时间,所以好久没有写什么东西了。

如此算来,里尔克只用了20天左右时间便写成《罗丹论》,到底事实是否如此，很难确定。但是，初稿完成后，回头修改的时间肯定不到20天，因为半个月后，他给罗丹的拜年信中，宣告书稿已经完成和寄出，只等出版社印行：

亲爱的大师：

　　对您来说，生命每天开始，而生命不过是一个大工作日，因此新年没有价值。对我也一样，总是以最深切的心愿围绕您，不知道在这种场合下如何拜年，唯有再说一遍，我很幸运生活在您的永恒作品旁边。我最近完成了关于这些伟大作品的小书，大约春天便出版，到时将很高兴呈送给您。

　　请大师向罗丹夫人转达我的恭敬祝愿。

　　谨致深切的敬意。

里尔克
1902 年 12 月 31 日

《罗丹论》是里尔克创作道路上一个重要里程碑，如果说《沃尔普斯韦德画家》是一本深度不足的作品，这一本便是一气呵成的杰作。在他之前，已有法国人和美国人写过论述罗丹的评论，这些都是著名的艺术评论家，认识罗丹，实地看过作品。里尔克在写作时也曾向他们借鉴，但是他特有的诗人修养和敏感心灵，是别人所缺少的，因此比起这些人，他更能迅速和深入理解罗丹的作品，尤其是罗丹的创作与文学的关系，《罗丹论》有这么一段文字：

　　他第一次读但丁的《神曲》（*La Divine Comédie*）。那简直是一个启示，他看见无数异族的苦难的躯体在他面前挣扎。超出于时间以外，他看见一个给人剥掉外衣的世纪，他看见一个诗人对他的时代的令人难以忘却的大审判。里面许多形象都支持他。而当他读到一本书叙述眼泪流在尼古拉三世的脚上时，他就知道有些脚是会流泪的，有些泪水是无处不到的，是灌注人的全身，或从每个气孔溅射出来的。于是他从但丁走向波德莱尔。在这里，既没有审判厅，也没有诗人挽着影子的手去攀登天堂的路；只有一个人，一个受苦的人提高他的嗓子，把他的声音高举出众人的头上，仿佛要把他从万劫中救回来一样。而在这些诗中，有些句子简直是从字面走出来，仿佛不是写成的，而是生成的，有些字或一组组的字，在诗人热烘烘的手里熔作一团了，有些一行一行地浮凸起来，你可以抚摩它们，更有些全首十四行，简直像雕饰模糊的圆柱般支撑着一个凄惶的思想。他隐约地感到这艺术，在它骤然止步处，正与他所癞寐思服的艺术的起点相毗连；他感到波德莱尔是他的先驱，一个不惑于面貌，而去寻求躯体里那更伟大、更残酷而且永无安息的人。（梁宗岱译文）

里尔克和罗丹有一个共同点，大家都经历过磨难，因此很能理解罗丹的性格。另一方面，他的生活充满矛盾，创作苦恼不断，和罗丹的情况十分相似，能够进入罗丹思想，在作品中看到别人看不到的"潜台词"，揣测出雕塑家创作时的内心活动，感觉到他面对的各种冲突：运动与静止，表面与形状，脸孔与身体，巴黎与默东……他认为罗丹创造了一种"雕刻诗艺"，令作品充满诗意，激起观众的想象。所有这一切，使得《罗丹论》成为一本独具风格的作品，他的挚友莎乐美本身是作家，对他先前的作品贬多于褒，但对此书却大加赞扬。一百多年后，《罗丹论》仍然不断重版，不断重译为其他文字，不断为专家所引述，可见其生命力之强劲，已成为一本艺术史经典著作。

里尔克把这本书献给克拉拉，这是理所当然的，克拉拉是他的妻子，本人是雕刻家，没有她，他可能永远到不了罗丹的身边。可是不知出于什么原因，他的献词没有写上妻子的名字，只有一个十分中性的句子：

　　献给一位年轻的女雕刻家

完成一本书，无论20天或是两个月，都是惊人的速度，必须日以继夜工作，身体及精神消耗极大。写书的时候，里尔克像一根绷紧的琴弦，书一完成，弹出最后一个休止符，便整个人松弛下来，进入了一个创作低潮期。自幼多灾多难的孱弱身体也乘机发难，起劲地折磨他，弄得他反复感冒、发烧，甚至被迫卧床休息。

2月10日，保拉到巴黎，里尔克夫妇不时去看望她。他们的关系比以前疏远了，保拉甚至对里尔克有点反感，写信给丈夫时说，里尔克夫妇盲从罗丹的"永远工作"的教导，连周末也不放下工作去郊外散步。而且在谈话中，开口闭口总要扯到罗丹、托尔斯泰、米特尔，或者新结识的西班牙画家苏洛阿加，好像"想借欧洲名人之关系，让自己的小火焰发一点光"。不过，她自己也想拜见罗丹，不能不求里尔克帮忙写介绍信：

亲爱的大师：

我冒昧向您介绍一位朋友莫德索恩夫人，一位德国杰出画家的妻子。她久已仰慕您的艺术，如果容许她欣赏您的作品，将令她不胜高兴。您知道，您的作品对我们所有人都是一种启示，一种必需品。我最近一直小恙，未能出门陪她前来，深以为憾。希望大师身体已经完全康复，我不久会试一下运气，到工作室拜见您。

此致敬意和谢忱。

里尔克
1903年2月28日

这封信有点古怪，保拉明明是画家，在这里却变成画家夫人了。这可能是里尔克知道罗丹像当时很多艺术家那样，对女性从事艺术持保留态度。他不想横生枝节，但这封信看在保拉眼中，当然很不是味道。尤其她天才横溢，画风自成一格，十分接近后印象派的塞尚、梵高或高更。可惜天妒英才，五年后死于产褥热，年仅31岁。她留下的作品不多，但时至今天，在沃尔普斯韦德的画家群中，她是少有没有被时光淘汰的一位，成为这个画派的代表画家。

里尔克的感冒病反复发作，痛苦不堪。他有自知之明，晓得必须易地静养。第三次高烧后，不得不写信向父亲请求经济援助，一收到汇款后，便急忙在3月20日单独动身，到意大利海边维亚雷吉奥静养，他对此地并不陌生，五年前重游那不勒斯时曾到过。

刚抵达目的地，便收到《罗丹论》已经出版的消息。这本书是米特尔教授主编的艺术丛书之一，由柏林尤利乌斯·巴尔德出版社（Julius Bard）印行，虽然只有 73 页，但制作得很精美，书名扉页彩色印刷，罗丹的照片是美国摄影家斯泰肯（Eduard Jean Steichen，1879—1972）的作品。

■《罗丹论》初版（1903年）　　■《罗丹论》初版扉页（1903年）

向罗丹奉上样书是第一件要事，无奈人不在巴黎，唯有嘱咐克拉拉"本星期六到大学街"或者"下星期去默东"，亲手把书送达，自己则写信向罗丹报喜：

大师：

我刚听说我的书出版了，但无法亲自送上，甚感难过。本来一直在等候，可是健康很差，最后迫我动身来意大利中部离群索居，我以前体验过一次这个地方治好我的威力。

我现在面对海洋，此处的海面很宽广，寂寞而荒凉。我住在一条蛰伏在两座松林之间的安静小村庄。森林一头过去是比萨，皮萨诺和戈佐利的可爱城市，另一头是马沙，卡拉拉，比特拉桑塔及其大理石山，大理石似乎在一个又一个世纪里慢慢成熟，为了未来前所未见的杰作。我在孤寂中多么思念大师！

我想我的妻子明天（星期六）可能把书呈上，我很珍重这本书，尽管可能只包含要说的话一小部分，希望下次说得更清楚，更有力量。

由于这本小书，您的作品一直令我全神贯注，它自小门进入我的生活，而从此刻开始就留在里面，在我所有的工作里，在我所有能够完成的书里，在我还想做的一切东西里（可能外人看不出来），就像伟大的春天在每一朵花里，花儿开始理解生命的声音。

请大师笑纳这本小书，他日如有一本好的法译本，让您更接近书中内容，我会很高兴。

一位英国出版商计划过几个星期印行英文版，希望能够亲自呈上一册，因为经过休息，经过为下一个工作要做好的准备后，我将返回巴黎。到时如有可能，打算研究卡里埃的作品。

目前，我在考虑自己的工作，按照您的指点全心投入，也就是说，把全部力量放到我生命最重要的意愿周围。

我没有看很多书，我欣赏海洋、平原、高山和所有动物，欣赏路上遇到的平凡东西。但不时把克拉代尔小姐的文章拿在手中，以求听到您的声音和浪声风声在一起。

里尔克
1903年3月27日

信首的几个人名地名都和艺术有关系。皮萨诺（Nicola Pisano，1220—1283）和戈佐利（Benozzo Gozzoli，1420—1497）分别是意大利中世纪雕刻家和画家。马沙（Massa），卡拉拉（Carrara），比特拉桑塔（Pietrasanta）是比萨北部的小城镇，盛产大理石。

他阅读的克拉代尔文章，是刚出版的著作《罗丹生活剪影》（*Auguste Rodin，pris sur la vie*），记载了罗丹的日常生活和与作者的交谈，因此信中有"听到您的声音"之句。

克拉拉送上《罗丹论》后，罗丹立即复信：

亲爱的里尔克先生：

里尔克夫人送来您的书，请接受我的万分谢意。可惜一时未能读懂，但肯定会找人替我翻译，到时将十分愉快认识您如此诚恳工作的成果。

我很遗憾获悉您的健康未如人意，但希望那里的灿烂阳光，这个曾以热烘烘的抚摸令米开朗基罗重获生机、又曾照亮文艺复兴前期艺术画家的阳光，最终能让您迅速康复，开始新的工作。

再一次请接受我的谢意，祝早日痊愈，并致友好问候。

罗丹
1903 年 4 月 6 日

前期艺术画家（Primitifs）是西方绘画史用语，指最先把壁画改为活动木板油画的画家，在意大利约为 12—13 世纪，在法国 15 世纪。

意大利的阳光没有如罗丹祝愿那样发挥作用，里尔克的健康改善不大，但他却找回了久违的诗歌灵感，在那里完成了《时辰祈祷书》第三卷的《贫穷与死亡之书》（*Das Buch von der Armut und vom Tode*）。五个星期飞快过去了，他又再次陷入郁郁寡欢中，加上粮草不继，唯有返回法国。出发前，他写信通知罗丹：

亲爱的大师：

我要再跟您说，4 月 6 日来信告诉我，您欣然接纳我的书，令我十分高兴。

感谢对我健康的祝愿，我在这里身体好了一点。要是尚未觉得完全康复，那可能由于最近几个星期天气欠佳，我跟这里其他人一样受苦。

但现在希望春末能返抵巴黎，因为正在准备回程。打算在热那亚再停留一天，然后到第戎短期小住，欣赏那位伟大的斯吕特的作品，那么少人知道他的辉煌创作。

回到巴黎后，我找一个星期六到工作室拜会，这时才算真正回归：再见到您的美好作品和大师本人。

请保留对我的恩惠，对我来说，这是永远不愿失去的故乡，我感到一辈子都需要。

里尔克
1903 年 4 月 25 日

■［荷］斯吕特：《摩西之井》

里尔克到第戎小住，是为了欣赏荷兰佛莱芒雕塑家斯吕特（Claus Sluter，1350—1406）的代表作《摩西之井》（*Le Puits de Moïse*），可能他曾在巴黎古迹博物馆看过这座中世纪雕刻的石膏复制品，这次专程去看真迹，地点在第戎市沙尔特勒兹医院。

信发出后 3 天踏上归途，5 月 1 日回到巴黎。直到此时为止，里尔克以一个一文不名的穷作家身份住在这个城市里，省吃俭用，他和克拉拉常常在记事簿、旧信封或信纸空白处计算开销。相比起来，这个时期克拉拉拿到德国助学金，每月 240 法郎，比他更富有。不过开销一条又一条，房租 45 法郎，钟点佣人 5 法郎，模特儿 72 法郎，余下只得 118 法郎作柴米油盐等日常开支，这是穷学生的苦生活。里尔克没有固定收入，环境更差，即使身在天堂也不会快乐。卢浮宫、国家图书馆、圣母院、卢森堡美术馆这些世界文化的精华，无法令他对巴黎产生完全好感。从意大利回来后，他的心里仿如塞满万里乌云，无心写作，天天东游西荡，有时到克拉拉工作室盘桓，打发时间。

春去夏来，巴黎的初夏往往出现小三伏天，时间短暂却天气酷热，马路的石块被毒日头晒得滚烫，里尔克在斗室中透不过气来。就在这时候，老朋友福格勒寄来一封信，邀请他们夫妇到"桦树小舍"度假。这真是旱天及时雨，两人忙不迭答应，一来逃离巴黎这个鬼地方，二来可以把18个月的小吕特从外婆家接回来团聚，还有不必花钱租度假屋。出发前里尔克向朋友辞行，最重要是罗丹，他设计了一种别出心裁的告别方式：

大师：

我又有重要请求：我们准备回德国，比原订计划稍为提早，因为我的健康总是很坏，现在决定7月1日出发，今天是我们最后一个星期的开始。

在这个时刻，我的妻子和我一起，祈望能实现长久以来日思夜想的愿望：在我妻子的工作室接待您一次。这是我们能够想象得到的最大节日。我的妻子将很高兴请您看她刚完成的女胸像，以及其他一些先前做的作品，未及带给您看的。

至于我呢，或者我斗胆在您面前朗读几行诗（虽然用德文），至少让您在节奏方面知道一下我的生活，这些诗句他日将成为我的作品。

诚然，我们不敢认为这些东西值得烦劳您，而作出这个非分要求。但如果如愿以偿，您赐给我们的远远超过一个终生的回忆。您光临我们的家，给我们祝福，逗留的一刻将如一种伟大的力量渗透我们。

我们无意强求，只不过，要是您路过贝尔福雄狮区（工作室就在广场附近，在勒克列街一号），希望记得来我们家里歇一会，这能令我们快乐。

不然的话，请您订一个约会，我将很荣幸以车子接您来勒克列街，这样不必找路。

如果有望见到您，请吩咐人给我们写一句话（寄来工作室，勒克列街一号，收信人里尔克太太），时间和方式敬请决定。

很抱歉，我还要在这个如此珍贵的请求之外，加上另一个完全无关要紧的请求，很遗憾这样麻烦您。

我们接到信，我的妻子有希望得到不来梅上议院一年助学金，这样的资助对她很重要。但是提出正式申请之时，需要加上一张简短的证明，说明她值得接受这个资助来继续学业。这是徒具形式的纯粹虚文，但必不可少。我的妻子冒昧请求，如蒙首肯，请就此签署几个字。

烦劳您吩咐人寄这份文件给我们，同时通知是否有希望等候光临。

如果我们的祈求无法实现（我们会很理解的），下星期将到大学街辞行，再看一遍所有优美的作品，离开它们令人难过。

谨向大师致以深切的敬意。

里尔克
1903 年 6 月 23 日

贝尔福雄狮（*Lion de Belfort*）是一座大型纪念碑，纪念 1871 年普法战争期间，法国士兵在东部贝尔福市抵抗 108 日的英雄事迹，1880 年竖立在该市山顶军事堡垒旁，高达 11 米。巴黎这一座缩小为四米高，放在十四区一个广场中央，离克拉拉的工作室不远。

■ 贝尔福雄狮纪念碑
（巴黎十四区，2011 年）

罗丹在这个区长大,如果要来,不必任何人带路。只是他是个大忙人,里尔克完全知道,所以他写的信笔调十分婉转,处处留有余地。结果罗丹没有来。他们两人在6月最后一个星期六到大学街辞行,7月1日离开巴黎,克拉拉手中拿着罗丹的推荐信。

第七章

默东的小屋

里尔克离开巴黎,没有再回头的打算,他对巴黎阴暗面的看法达到了成见的程度。回到沃尔普斯韦德后,他写给莎乐美的第一封长信,简直是一份对巴黎的控诉书。莎乐美凭着人生经验和心理分析,看出他夸大其词,在日记中写道,这是诗人的"充满反感的自叹自怜"。里尔克这样做,可能为了博取莎乐美更多同情,允许他重回身边。但无论如何,此时此刻,他没有重返巴黎的愿望。

里尔克和克拉拉在沃尔普斯韦德逗留了两个月,在此期间,克拉拉依凭罗丹的推荐信轻易获得助学金,9月动身到意大利游学和创作。里尔克陪同前往,两人分居不同地点,但互相照应,生活得很愉快,停留了八个月后返回德国,再各自分飞。

■ 里尔克与克拉拉在罗马(1903年)

第七章
默东的小屋

这一次，里尔克往北走。从 1904 年 6 月开始，开始了一场持续六个月的斯堪的纳维亚漫游。在巴黎期间，他在通信中结交了一位新朋友爱伦·凯（Ellen Key，1849—1926）。这是一位瑞典女权主义者，本身是教育家和作家，里尔克评介过她的作品。作为虔诚的教徒，她很欣赏里尔克的《好上帝故事》，曾经在瑞典和丹麦举行的演讲会上介绍这部作品，令里尔克在北欧有点名气。当他写信表示希望到北欧一游时，她毫无困难便找到几位读者朋友接待他。里尔克在瑞典、挪威、丹麦之间数次来往，12 月初才最后离开。次年初，爱伦·凯又为他筹得一笔款项，让他到德国一家高级温泉疗养。

里尔克不喜欢巴黎，但惦记罗丹。在动身去北欧浪荡之前，途经德国杜塞尔多夫，从那里与克拉拉联名写信给罗丹，虽然离开大师已经一年，仍然是那么激情洋溢，仍然是那么顶礼膜拜：

亲爱的大师：

我们刚从意大利归来，去年在那儿工作，目前正在杜塞尔多夫停留四天，因为您的大作肯垂顾这个偏僻城市，散播光辉。在离开这里之前无法不说两句话：重新置身在您的作品中，多么幸福，多么如病初愈！对观看的眼睛来说，多美，多好！依依不舍。

必须再说一遍，您的大作是我们的祖国，是我们的故土，我们从中取得一切：力量，希望和养分！我们不久将分别写信，今天只是为了您的大作向您致意，它们矗立在这儿，充满着您，充满骄傲之美！

里尔克与克拉拉
1904 年 6 月 22 日

罗丹作了答复，但信稿已佚，只能在里尔克下一封信里找到痕迹：

亲爱的大师：

承蒙来信并赐美言，深为感激。您的短柬所赐良多，同时也显露了您在大作旁边身体健康。去年，我们很迫切想写信，但每次动笔，都以工作来代替，心中这样思量：这是您所希望的，直接带领我们到您那里的唯一道路，就是工作。

然而，请容许我补充几个日期。

在罗马时，我们顺道参观过威尼斯、佛罗伦萨和那不勒斯。在罗马住在一个大花园里，我的妻子有机会看到大量植物，并且加以观察，画了很多素描，每天老老实实地工作，耐性加强了。看来有所进步，因为从意大利归来，在杜塞尔多夫时，您的大作认为值得向她的眼睛启示全新的美丽，这是一年前她还没能看出的。

目前她在沃尔普斯韦德，不停地工作，可是健康有点虚弱，将迫使她休息几个星期。

然后她会留在不来梅附近的乡下（因为邻近她出生的城市，有助找生活），希望今冬能呈寄一些习作给您。

至于我呢，还没有出版过新书，不过写作放慢，是为了尝试写得更好。我也一样，没有哪一个进步不是归功于您的。正因为如此，我胆敢向大师谈论自己的工作，我知道您会宽宏地听。

我将在瑞典居留一段时间，住在邀请我去的一些读者朋友的家里。为了参观您的大作，来时取道哥本哈根，它们在雅格布森先生的雕刻陈列馆里，欣赏时有一种难以形容的快乐。

我很高兴看到《思想者》小铜像，之前曾在杜塞尔多夫欣赏过大雕像（何等天地！）。美术馆门前矗立着《加莱义民》，人们可以看到他们千变万化的轮廓，在天空的深度里作出令人难忘的动作。

大师，我本打算到世界上宣扬您的荣耀，但是所到之处世人已认识您，歌颂您，赞美您。然而，我还有很多话要说，还要跟随您的伟大榜样生活和工作，这是我们两人正在尝试的事情。我们每天都想念您，在感谢的同时，我们爱您，祝福您。

里尔克
1904 年 8 月 11 日

第七章
默东的小屋

雅格布森（Carl Jacobsen，1842—1914）是丹麦酿酒商，艺术爱好者，哥本哈根美人鱼雕像便是由他赞助建成。美术馆由嘉士柏基金会管理，以雕刻藏品著名。

里尔克这封信第一次提到举行罗丹作品演讲会的意图，这是因为他接到德国和奥地利的来信，有人提出这方面建议。这时他身在北欧，还没有计划离开，因此没有立即接受。

过了不久，他收到罗丹的复信：

亲爱的朋友：

谢谢你们这么感人的友谊。你们的来信写得那么好，我觉得如此珍贵，所以小心单独放好。当你们来的时候，我接待的是两位可爱的朋友。

继续努力，这是我对你们的祝愿，两人齐步前进，揽取青天。

问好。

罗丹

1904 年 8 月 18 日

信很短，却很有分量，除了表明他如何重视互相间的友情，也显示他看出里尔克的潜质，尽管仍未请人把《罗丹论》译成法文，已经认定这位年轻人将来必定出人头地，因此把他的来信另外放好。1929 年，罗丹美术馆出版的《致罗丹信》收入了 96 封里尔克的来信，从 1902 年第一封到 1913 年最后一封，可以说完整无缺。倒是罗丹自己写给里尔克的信稿没有完全保存，有好几封缺失。

很快到了 1905 年，里尔克打算返回大学，跟随哲学家齐美尔深造，以实现博士四方帽的梦想。他的身体一直时好时坏，他希望先到疗养院调理，在朋友帮助下筹集到足够款项，和克拉拉一起在疗养院住了一个月。在那里他结识了几位新朋友，其中一位是女画家舍维茨—黑尔曼（Anna Schewitz-Hellmann），为他画了一张素描。

■ [德] 舍维茨-黑尔曼：里尔克
（素描，1905年）

4月初，他从疗养院回来在德累斯顿停留，学期尚未开始，却接到齐美尔来信，说将去巴黎，打算登门拜访罗丹，请他写介绍信。里尔克当然乐意效劳，早在1902年，齐美尔写过一篇论罗丹艺术的文章，里尔克曾经告诉罗丹。他除了介绍信外，还另信通知罗丹：

亲爱的大师：

您寄往瑞典的信令我们非常非常快乐，随后新年伊始又收到卡片，您的关怀令人感动。

我们这段时间没有写信，但小心翼翼保持在您的伟大和我们心灵之间建立起来的珍贵联系，我们的心灵向着您的伟大榜样开放。

就像世人向天主祈祷，就像世人遥望自己的远方，无论在工作中，在日常困难中，在生病的白天或失眠的黑夜，我们总是想到您，这给我们以力量，继续在前途未卜的道路上前进。

我们之间就这样互通书柬，我们知道您接受这些无形的信函，正如接受不时冒昧寄上的几句笨拙的话那样。

不过，这一次不想谈我们。

我要告诉您一个消息，下个星期六，一位杰出的学者，柏林大学教授齐美尔将前来拜访您。这是一位配得起您的作品的仰慕者，他曾自豪地写信给我，说您曾经回应他的一篇文章，向他发出过友好的邀请。

可是两年时间过去了，他一直未能成行，担心已被遗忘，所以要我稍为引荐。

可惜我没有读到齐美尔提及的文章，我对他本人认识颇浅，已经五年没有见面。

但作为哲学家和真正的艺术鉴赏家，我十分尊敬他。

我五月将去柏林，在大学开始研读，正是由齐美尔教授作指导。

对我来说这是一个运气，齐美尔从您那里直接回德国，便开始我有幸参加的课程。

克拉拉和我衷心祝福大师。我很骄傲和很快乐能自称：

您的里尔克

1905年4月16日

齐美尔如愿以偿见到罗丹。罗丹去世后，他写了一篇长文《忆罗丹》，提到这次会面。地点在巴黎大学街工作室，时间星期六，这一天也是罗丹的公众接待日，人来人往，齐美尔根本无法和他深入交谈。罗丹邀请他次日移步默东，作竟日长谈。齐美尔详细追述了整个过程，又从学术角度，对罗丹的艺术见解和个人心理进行了细致的剖析。

齐美尔回德国后，里尔克按计划去柏林听课，从6月25日到7月16日，断断续续坚持了三个星期，但暑期一到，他便会合莎乐美，一起到山区休息。到达后不久，罗丹一封信从天而降：

亲爱的朋友里尔克：

我写信给您，对您的为人和作为勤奋的作家表示朋友情谊和敬意，您以自己的工作和天才，已经到处产生这么多的影响。

我必须把这些友情和鼓励，送到您的勤奋心灵，也想请您向夫人转达同样的友谊。

你们两人是我的美好回忆：勤勉，勇气，聪明，稳重，希望这些优点不要因为太劳累而失去。

一位年轻聪明的女演员刚把您的地址给我。

衷心致意。

罗丹

1905年7月17日

信封没有收信人的详细地址，只写着"哈尔兹山附近的特雷斯堡"

(Treseburg Am Harz），也没有贴邮票，因为不是从邮局寄出的，带信人是信中所说的"年轻聪明的女演员"艾佐尔特（Gertrud Eysoldt，1870—1955），一位德国话剧女星，里尔克在巴黎时介绍她认识罗丹的。

这封信令里尔克十分兴奋，离开法国后，他继续以书柬向罗丹报告近况，但罗丹是个大忙人，绝少主动写信。这封亲笔信此时突然出现，既不是为了答复某一信件，又没有具体的理由，看起来却很像一封道谢信。罗丹言词恳切，高度赞扬他们夫妇两人，原来他已经请人把《罗丹论》译成法文，看到书中精微深刻的分析，崇拜式的评价，知道里尔克的敬爱出自真心，深受感动。幸亏他没有等候出版社的《罗丹论》法译本，因为要等到1928年才出来，这时候他和里尔克都已辞世。

里尔克收信后，心情激动，顿然萌生回巴黎探望罗丹的念头。他赶快把全文转抄给克拉拉，然后给罗丹写信：

> 感谢您，亲爱的大师，衷心感谢。您的鼓励如此亲切，如此令人鼓舞，我的心灵向您的话语开放，但愿它们在我的心灵里发芽。我一直想念您，您知道的。
>
> 我把您的美函转给我的妻子，让她也幸福。她目前在沃尔普斯韦德工作，从柏林找来一位模特儿。她对作品还不够满意（我自己的也不行），然而我相信她会成功的。
>
> 我可能会带她的一些习作给您，因为我希望九月份到巴黎停留10天，我需要最终能再见到您，呼吸从您的大作高山上吹来的崇高空气和创造之风。
>
> 蒙您友好接待艾佐尔特夫人，她给我写信，说一辈子都在欣赏您的无垠世界。这在我意料之中。
>
> 愿大师得到所有这些人的祝福，您不仅给予他们幸福，而且给予力量，给予安静，给予愿望，更专心地生活，埋头地工作。
>
> 衷心地热爱您。
>
> 里尔克
> 1905年7月21日

他把动身计划定在 9 月,因为先前答应一位伯爵夫人之邀,到她的庄园度假。里尔克在那里生活得很愉快,但主人得了重病,他知趣地主动离开,准备动身回巴黎:

亲爱的大师:

谨向您致以诚挚的问候,我想知道九月初您是否在巴黎。如果我的期待成真,将于 9 月 5 日或 6 日到

■里尔克收到罗丹邀请信时期的照片(1905年)

巴黎,停留八至十天。我需要再见到大师,需要以您的美好作品再度过一段炽热的人生,我为此激动兴奋。因为这件事,我不揣冒昧,想肯定知道您没有外出旅行。要是时间不适合,我试着把日子推后。

我住在朋友家里,他们热爱您,景仰您。我别无他想,只想着到大师府上所能得到的快乐。

永远热爱。

里尔克
1905 年 8 月 26 日

罗丹同样热切希望见面,而且表现得更迫不及待,嫌书信太慢,发来一封电报。电报的底稿已经找不到,幸好里尔克次日在家书中原文抄录给克拉拉:

十分高兴,本月 7 日起等候。罗丹

罗丹可能嫌电报太短,不够力量,吩咐秘书另写一封信:

先生:

罗丹先生吩咐我通知您,他很高兴与您会面。罗丹先生本月 7

日起在巴黎等候。

罗丹先生另外吩咐我通知您,在巴黎停留期间,可以住在他的默东家里。

此致敬意。

拉莱尼　罗丹
1905 年 9 月 3 日

罗丹在秘书签名旁边加上自己签名,一封信两个签名,已经十分郑重。接着,他还有话要补充,让秘书写在信纸背面,自己再签一次名:

罗丹先生特别想要阁下住在他的家里,以便能够谈话。

这封信连秘书总共有三个签名,而且可能是以加急快件寄出,两天后便到达里尔克手中。过去一年,他习惯了朋友的邀请,几乎所有时间都在别人屋檐下度过,任何邀请他都乐于接受,甚至没有见过面的朋友的朋友,他也照去不误。罗丹的信不过是这连串的邀请的继续,毫不为奇。当然,罗丹在他心中的地位远在其他人之上,信又写得那么热情,他很愉快地接受了,第二天便复信:

我的大师:

万分多谢电报和昨天晚上收到的来信。我下星期中到巴黎,大约 9 月 13 日,在城中停留两三天办点事,在巴黎时再奉告到默东的准确日期。

我如何能够抗拒如此亲切的邀请呢?我为此深为感动。我如何能够不来呢?亲爱的大师在召唤。一想到能够住得那么近,我就晕头转向。啊!是的,我多么愿意住在您家里,只要您屑于向我说话,我愿意聆听,日日夜夜,一心一意。

唉!语言把我分开离您太远了,无法向您保证我仍然脆弱的心灵中的最温柔、最听话的一切。

总之,我接受,别无他途。不过,我只来打扰几天。我有些顾忌,身体不很强壮,令我成为带给罗丹夫人诸多不便的客人。我向罗丹夫人致敬。由于这个原因,请允许我享受过亲密相处的幸福后,在余下的日子返回巴黎。

衷心感谢大师。

不日再见。

里尔克
1905 年 9 月 6 日

过了两天,里尔克把罗丹来信全文抄给克拉拉,特别说明罗丹如何一次又一次加上亲笔签名。在他眼中,这很重要:

> 罗丹重复邀请,加以强调和说明理由,这不是很友好吗?
>
> 我昨天回了信,接受邀请,因为这是他的意思,他的心愿,这是一件好事。正如我所写的,目前我只接受逗留几天,因为怕太打扰罗丹夫人。未来将以最简单的方式表明,我可以在他身边逗留多久,而不会妨碍任何人。想到能够十分亲近他的私人日常生活,我深以为喜,想到布里扬小山庄,以及花园的远景,不无同样的欢愉。

里尔克一定没有想到,"逗留几天"最后变成十个月。而信中一句"未来将以最简单的方式表明,我可以在他身边逗留多久,而不会妨碍任何人",很有点预感。

五天之后,1905 年 9 月 12 日,里尔克到达巴黎,下榻在伏尔泰河滨路旅馆。这里是市中心,前临塞纳河,遥对卢浮宫,背靠拉丁区,沉浸在浓厚的文化气息中。到达当晚,他写信给克拉拉报平安:

> 巴黎比任何时候都那么自信。丝毫未变,仍然那样的庞然大物,无论整体或细节,都充满了必需的东西,难以置信地真实。我又重新见到很多东西……
>
> 我去茹旺餐馆,没有人认得我。老头子在那里,收款女人也在,餐馆吞并了隔壁的鞋匠铺子。我吃了一顿很丰盛的饭餐(素

> 食），不无感触：我坐在室外，一切一如既往，我觉得很熟悉，实际也是如此：蜜瓜、洋蓟、番茄米饭、焦糖布丁和无花果（我点的菜），再看下去，我遐想联翩：蛋白甜饼、干果四拼、伊西尼奶油，邓迪橘子酱。
>
> 啊！这个城市三年如一日。我在卢森堡公园坐了很久。我也进过美术馆，里面挤满人和雕像。一丝秋日阳光不时闪耀在塞纳河上，温暖着一座桥。这一切，便是巴黎……

此后两天，他继续在巴黎游荡，寻觅昔日的回忆。然而，最好观看风景的地方却在旅馆的阳台：

> 我要到阳台才不会错过苍茫的暮色。桥在闪耀，出奇地明亮，河水温柔而光滑地移动。
>
> 你想一下，我只要踏足阳台，便能为自己得到这一切——这一切便是当年曾令我们尽管疲倦，仍依依不舍其中一座桥——有时还有其他东西，因为从我的观察点，一览无遗。圣雅克塔像一块灰色的嵌饰，在东边天空上，后面是市政府和另一座钟楼，模糊可见。西边堆积着杜丽叶公园的树梢，从头到尾穿过这一切，流淌着这条明亮而生动的河流，所有东西的灰色在那里湿润，化作流水，吸收一切闪耀的光芒……
>
> 今天第一次走进巴黎圣母院，那里有一场小弥撒，一切均如昔日，只有彩绘玻璃窗似乎更加明光烁亮。我去卢浮宫，伦勃朗作品数量之多出乎意外。还有其他东西，有一张奇特的格雷科，一张维米尔，《蒙娜丽莎》仍在那里，无所不知，卓越美妙。

格雷科（EI Greco，1541—1614）是西班牙中世纪画家，里尔克很喜欢他的风格。维米尔（Johannes Vermeer，1632—1675）是荷兰佛莱芒画派杰出代表。

第七章
默东的小屋

■ 从伏尔泰河滨旅馆眺望塞纳河（2011年）

塞纳河的景色那么美丽，难怪不少文人墨客和艺术家曾在这里勾留。旅馆的正门挂着两个纪念牌，第一个刻着法国诗人波德莱尔、芬兰作曲家西贝流士、德国作曲家华格纳和英国戏剧家王尔德的名字。其中波德莱尔从1856到1858年在这里住了三年，写成他的代表作《恶之花》。第二个纪念牌便是刻录了这本诗集的诗篇《晨曦》的最后一段：

> 发抖的晨曦穿着红绿长袍，
> 慢步走在冷清的塞纳河上，
> 昏暗的巴黎揉擦着眼睛
> 　拿起工具，像勤劳的老汉。

这两封信的口气和第一次到巴黎的家书有天壤之别。屈指一算，里尔克离开巴黎已经两年半，在此期间，他在德语文坛上闯出一条道路，获得出版高质量文学作品的岛屿出版社（Insel Verlag）青睐，除印行《罗丹论》之外，还重版了《好上帝故事》，《时辰祈祷书》虽未定稿，合约已经签妥，并且请他修

■ 伏尔泰河滨旅馆进口及纪念牌（2011年）

163

订《军旗手的爱与死之歌》(*Die Weise von Liebe und Tod des Cornets Christoph Rilke*),准备再版。私下里,他已开笔写作《马尔特手记》。这一切令他多了一份自信,少了一份忧虑。这次归来,不再是当年惶惶不可终日的里尔克,加上重见罗丹在即,因而显得心灵平静,神清气爽,同样的巴黎在他眼里变成另一个巴黎。

这次主要目的是再见罗丹,所以抵达后第二天写信约会:

亲爱的大师:

巴黎以现实和回忆围绕着我。我到卢森堡美术馆重看您的一些作品,这是第一件事情。现在,我敢奉告,后天15日星期五上午,我将到默东,高高兴兴接受您的款待。要是没有来信,我便当这一天适合罗丹夫人和大师。

在等待这幸福一天到来,我的思想去到您的身边,我的心灵开始在所有东西中认出您。

里尔克

1905年9月13日

罗丹没有回信,里尔克于是依约到默东,当天就在那里过夜,写出从默东寄发的第一封信,像往常一样,这是给克拉拉的家书:

他迎接我,说是热情迎接毫无意义。不如说,这是一个心爱的地方迎我归来,通过植物更为浓密的道路,一道泉水在我们不在的时候唱过歌,生活过,映照过白日与黑夜——一个矮树丛,候鸟群在上面飞去又飞回,身影铺在纵横交错的枝叶上——一条两旁种植玫瑰花的小路,从未停止过引导到那些遥远的地方。

他迎接我,像一头巨犬那样,眼睛扫一下便认出来,惬意,平和;又像一个东方神明,坐在宝座上,只有内心崇高的安闲自得在活动,脸上带着女性的微笑,动作像要抓东西的孩子。他带我走了一圈。他现在很好,周围的空间扩大了,花园美术馆下面的斜坡,建起几间小房子。所有东西,房屋、道路、工作室和花园,全都放

第七章 默东的小屋

满了出色的古代艺术品,和他本人的作品好像亲戚那样来往,这是它们的唯一亲戚,当躯体成千的眼睛张开时,很高兴不会见到陌生的世界。

他其乐融融,抚摸美丽的肩膀,美丽的脸颊,远远地在它们嘴唇上,辨认出难以描述的东西。他周围的一切如花盛放,所有东西增加得那么多。我多么理解那些新作品,喜爱它们,这是应该产生的,最必要的,最内心的,天意的,命中注定的!他像星辰那样前行,超越任何尺度。他谈到我的书,刚请人替他细心译好,他说了一个人能够说出的最高称赞:他把书放在他的东西旁边,显眼的位置……

我有一间独用的小屋,三个房间:卧室、工作间和衣帽室,摆放着可爱的物件,很体面,从主窗往外望,可见塞佛河谷的辉煌景色,桥,远方的村庄及其物体。想一下我多快乐……你也分享一下……

里尔克的小屋就在重建的阿尔玛陈列馆旁边,在高坡上,前无阻碍,视野开阔。陈列馆原为应付1900年世界博览会之用,本身是一座临时建筑物,不很坚固,1930年默东罗丹博物馆改建时已成危楼,不得不拆除,连带里尔克的小屋也遭受同一命运。

■ 里尔克小屋(原载科基奥:《真正的罗丹》,1913年)

这样愉快的重聚，预示着他们的友谊将进一步深入。最初几个月，里尔克亦步亦趋追随在罗丹身边，经常一同出游，形影不离，巴黎圣母院、蒙巴拿斯、凡尔赛……听他诉说一切，和他谈论各种话题，上天入地，无所不谈。

里尔克在9月20日家书中，描述这段时间的一些日常细节：

> 所有休息时间，所有森林或海洋的日子，所有健康生活的尝试，所有这一切的梦想，在这座森林前面，在这个海洋前面，在坚定远大目光的难以形容的自信安宁前面，在他的健康体魄和可靠性前面，能算什么呢？
>
> 这是一种隆隆发响的力量，渗透你，一种我从未想象过的生之欢乐，生之能力，涌向你。他的榜样无人能比，他的伟大在你眼前耸立，像一座高塔，而他的仁心一旦表现，像一头白鸟围绕你挥打翅膀，然后信任地停在你的肩膀上。他是万有，无边无际。我们无所不谈，这种畅谈对他有好处。有时我无法明白他的话，因为受语言之困，但一天比一天听得更好。
>
> 你想象一下刚过去三天的早晨：我们大清早起床，五点半，昨天甚至五点，我们去凡尔赛，再从车站乘马车到公园，在园中散步了几个小时。他指给我们看所有东西：一个远处地方、一个动静、一朵花儿。他提及的一切是那么美，那么显然，那么怕见人，而又那么稚嫩，以至这个世界与这一天的黎明融为一体，黎明从犹如蒙蒙细雨的薄雾中升起，缓缓充满阳光，变得暖和，变得轻盈。——然后，他详细讲述布鲁塞尔往事，在那里度过最好的几年。《青铜时代》的模特儿是一位士兵，工作时间不定，有时早上五点，有时晚上六时。其他的工作，他的合作者出于野心，不让他沾手，因此他几乎全部时间都空闲。他用来去布鲁塞尔郊区，和罗丹夫人（他的贤惠忠心伴侣）一起，不停在森林里游荡。
>
> 开始时，他每到一处就竖起画架动笔。但很快便发现这样一来，错过了一切：生物，空间，变化，长高的树木，消散的薄雾，

第七章
默东的小屋

所有事物和谐的千变万化。他发现绘画的时候,面对景色就像猎人面对猎物那样。如果静观,他成为其中一部分,被接纳,融入其中,成为景色。好些年间,这种"人在景中"成了习惯。日出即起,分享所有伟大东西,让他得到所需要的东西:学问,快乐能力,露水般完好无缺的年轻体力,与重要东西的和谐一致,以及对生活的平静理解。他的洞察力由此而来,他对所有美敏感,确信无论至微或至大,美都具有同样无可衡量的伟大之处,以无穷无尽的变形存在于大自然里。"要是我现在有机会在大自然绘画,我会使用人体雕塑的方法:对着实物快速画好轮廓,然后回到画室再作修改。至于其余,我只观察,和周围的东西结合,混成一体。"

■ 罗丹布鲁塞尔时期作品:风景
(油画,1870年代)
(原载《艺术与艺术家》1914年4月号)

我们这样谈到很多话题,罗丹夫人把采集的花朵带给我们——秋水仙,绿叶,或者指给我们看雉鸡、山鹬、喜鹊(有一次我们提早回程,因为她发现一只生病的山鹬,带回来照料),或者采摘蘑菇,送给马车夫。有时遇到无人认得的树木,就会向他请教。有一天发生过这样一桩事,在凡尔赛公园边缘有一条榆树路,通往特里亚农皇宫那边,在路上,我们折下一根树枝,罗丹察看良久,触摸叶脉隆起有立体感的叶子,最后说:"我现在永远知道了:这是榆树。"就这样,他活像一个杯子,收集一切,所到之处,所有东西都变成泉水，发光反射。

昨天，我跟他在城内午餐，同座有卡里埃和一位作家莫里斯。通常我见不到任何人，只见到他。晚上黄昏时分，他从大学街回来，我们坐在水池旁，靠近三只小天鹅，看着它们，谈论各种东西和严肃话题，也谈到你。——罗丹的生活过得多美，多好！

有一次，我们要在大学街工作室会见卡里埃，十二点整到达那里，但卡里埃迟到了，罗丹看了几次时钟，一面看收到的邮件。当我再抬起眼睛，看见他已经埋头工作了。他就是这样利用失去的时间……

吃过晚饭，我随即离桌，最晚八点半便在我的小房子里。这时候，我前面是无边无际的灿烂群星，窗子下方，一条碎石路伸延上小山岗，在一种宗教崇拜的肃穆中，一座佛像坐落岗顶上，以一种静默的稳重，把坐姿无法言传的奥义，在所有白天黑夜的天空下传播开来。我跟罗丹说："这是世界的中心。"他望了我一眼，充满温情和友好。这不是很美，很了不起吗？——你记得饭厅的大桌子吗？现在一半被梨子占据，可口的大梨子，堆得密密层层，昨天在花园摘的。旁边一个石花瓶，插着一大束小紫菀花，那种在灌木丛生长的花。在这些好像天空的花朵笼罩下，有一尊古代女郎半身像，光辉灿烂。罗丹从座位不停望向这边，每天都想出巧妙的调整，突出它们本身的美……

莫里斯 Charles Morice（1861—1919），法国艺术评论家，1908 年曾短期为罗丹当秘书，协助整理《法国大教堂》手稿。

小房子对面的佛像，每天都映入里尔克的眼帘，印象特别深刻。他用来入诗，写成三首，第一二首同题《佛像》（*Buddha*），收入《新诗集》（*Neue Gedichte*），第三首《宝座上的佛像》（*Buddha in der Glorie*），作为《新诗别集》（*Der Neuen Gedichte anderer Teil*）的收卷诗。三首诗中，只有第一首在默东写成，其余两首随后两年在巴黎陆续创作。下面是第一首的译文：

■ 里尔克小屋对面山坡上的佛像
（巴黎罗丹美术馆藏品）

佛　像

他仿佛在谛听。肃静：远方……
我们屏息倾听，了然无闻。
他是天星。我们看不见的
巨星在他四周绕旋。

啊，他是万有。我们真的期望
他看见我们？他有此需求？
我们跪拜到他跟前，
他依然如动物般深沉呆滞。

因为驱使我们跪倒他足下的东西
几千年来已在他体内回环。
他全不在意我们的知
他已参悟我们无缘的道。

　　一向以来，罗丹给人一个印象，沉迷于艺术世界中，有了天上的粮食，地下的粮食变得毫不重要，好像没有任何物质欲望。这一回却有明显的改变，除了人变得更从容笃定，家里还多了很多古代艺术品：

　　秋日来临，日夜下雨，不久会有大风雨，拓宽地平线。我们去了几趟凡尔赛，到过一次马尔里森林。——不过，你已经知道。比起我们在明亮的秋天里，在卢森堡公园和圣克鲁公园所见到的，那里一切更浓密，更青翠。我有时思念卢森堡公园，但我不再到市区去，这里什么都有……他最大的乐趣是购买漂亮的古物。默东的花园、房子、所有房间、工作室、办公室，放满了出色的东西，古老的石头碎片；玻璃柜里塞满埃及小雕像，好看的坐猫、猛禽、蜥蜴，以及各式各样优美的小碎片，在他家里休憩。

晚上提灯走进其中一个房间，把这些物件逐个唤醒，这时候生命又回到它们身上，像回到动物那样，有点蹒跚，仍在梦中，这是伟大生命的一部分，罗丹以他的神圣双手把一切安放在里面。

■ 罗丹的古物收藏
［法］维扎沃那（F. A.Vizzavona, 1876–1961）摄

这些古物透露了一个信息，罗丹的收入急剧增长，虽然简朴的生活方式没有太大改变，但有足够财力，能够像有钱人家那样搜集艺术品，满足一向以来对美好东西的爱好。里尔克住在默东，每天都看到罗丹的雕刻和这些古物，印象深刻，后来写咏物诗时，有一些以此为题材。

罗丹搜集的古物来自希腊、意大利、埃及，以至亚洲，都是文明古远的地方。大部分残缺不全，不如大博物馆收藏品那般精美，但都是真

第七章
默东的小屋

正的古物，价值不菲。不过，还要再等两年，里尔克才能看到他最宝贵的收藏品。1907年，罗丹得悉巴黎西郊伊斯（Issy）有一座古堡废墟要清理拆除，他有一个工作室在那里附近，经常出入，知道这座古堡的历史。这本是法国一个亲王在十七世纪建成，1871年被巴黎公社焚毁。罗丹很喜欢大门正墙，虽然残破不堪，仍然斥资购下，然后一砖一石运回默东，在花园山坡最下方，花了三年时间重新建起来，成为著名的地标。默东故居成为国家美术馆后，1930年曾经改建，拆除已成危楼的阿尔玛展览馆，另起一座新的陈列室，这堵正墙被用来作为新建筑的大门，参观者就从这里进去。罗丹去世后，灵柩埋在大门前面的空地，没有任何墓饰，只有一座《思想者》的青铜像置于墓上。

■ 在默东重建的伊斯古堡大门及正墙
（原载科基奥：《真正的罗丹》，1913年）

里尔克除了在假日陪罗丹去凡尔赛，还不时跟他到外省，目的不是散心，而是参观大教堂。我们都知道罗丹留下的雕刻和速写数量繁多，但著作只有两本，一本是前面提过的《罗丹艺术论》，另一本是《法兰西大教堂》（*La Cathédrale de France*）。说前者是他的著作不完全符合事实，因为他没有写过一个字，而是接受作家葛赛尔的提议，让他跟随身边，收集他日常对艺术的谈话，整理成书，虽然这是他的思想和见解的记录，却由他人越俎代庖。后者不同，罗丹很早就有计划，像一个朝圣的教徒，亲身到一座又一座著名的大教堂，长年累月积聚了大批手稿和速写图。1907年，作家莫里斯主动向他提议整理成书。初稿完成后，罗丹不满意，认为他说的话不见了，而他没说的话却出现。拖了三四年，请来吉莱（Louis Gillet，1876—1943）重新修订。这是一位历史学家，也是文艺评论家，后来当选为法兰西文学院院士。出版时，罗丹保留了莫里斯写的绪言，一篇论述中世纪艺术的长文。这本书跟他的艺术作品一样，1914年出版后被学院派猛烈抨击，说他不懂中世纪建筑艺术。这是可以预料的，罗丹不是老学究，也不是为了戴方帽子去写作，他以艺术家的锐利眼光去观察，以艺术家的感情去描述。这是一首发自内心的赞美曲。这本书跟他的艺术作品一样，经得起时间的考验，多次重印，不断翻译成多种外语，影响很大。

书中总共介绍了法国九座哥特式教堂，最后一座是夏尔特尔大教堂（Cathédrale de Chartres），陪同他去参观的人正是里尔克，日期在1906年1月20日，罗丹夫人伯蕾同行。到达目的地后，里尔克当天从那里给克拉拉写信：

> 我们目前在夏尔特尔，大师，罗丹夫人和我。今天大清晨——冬天的清晨——黎明之前出发，在银灰色天空下，我们到达一个法国小城，十分明亮。在一堆挤压成一团的破房子上面，我们看到一座钟楼突围而出，楼顶盖着哥特式花饰。附近另有一座钟楼，像这些花的一颗花蕾。后来我们穿街过巷，完全忘记了这个景象，也完全看不见了。突然来到一件东西的脚下，视力无法看完整。多破烂啊！几乎全破了。不过，这里或那里有一块正在剥离的碎片，正在睁开眼睛，为永恒而梦想，而微笑……真不巧，天很冷，冷到无法抵挡，天下雪……

参观了两整天，22日返回巴黎：

> 我们回来了，很累。天气太坏，先是刺骨严寒，然后下雪，接着毛毛雨，风从东方来，地上结起薄冰。这一切全在同一天，正好这一天。还有从车站回来时，遇到难以忍受的天气。所以返抵后疲顿不堪。也可能因为不开心，看到这样破烂的建筑，这样糟糕的修

第七章
默东的小屋

整。与其忍受那种死板、僵硬和丑陋，不如失去美丽的东西。我觉得夏尔特尔大教堂比巴黎圣母院更受罪，更令人绝望，更任由破坏者处置。

现在几乎只剩下第一个印象，当我们看见它耸立起来，像穿着阔大斗篷那样，以及第一个细节，一个瘦长的天使，已经被时光剥蚀，拿着一个日晷往外伸，显露出一天所有时辰。在此上方，可以看到他助人为乐的脸孔上一道深刻的笑容，一直到模糊不清之处，好像天空在照镜子……

但差不多仅此而已。大师（似乎如此）是这一切来向他说话的唯一的人（如果也向其他人说过，即使一点点，我想，他们怎么能够，怎么胆敢听不到呢？）他在那里，像在巴黎圣母院那样，平静，融入这个认得他、欢迎他的空间。他低声谈他的艺术，觉得展现出来的基本法则证实他的艺术，跟在各处看到的一样。

有一件很美的事：9时半左右，我们从车站出发去大教堂。太阳不见了，天色灰暗冰冻，但是空气静止不动。到达大教堂时，突然从天使墙角刮起一阵大风，像一个彪形大汉，无情地横扫我们，刺骨，锋利。我说："啊！起风暴了！"大师说："你们不知道吗？大教堂周围向来有一种风，就是这种风。教堂总是被一种恶风包围，汹涌波动，猛烈翻腾。这是沿着墙垛吹下来的风，从高处下来后，绕着教堂飘

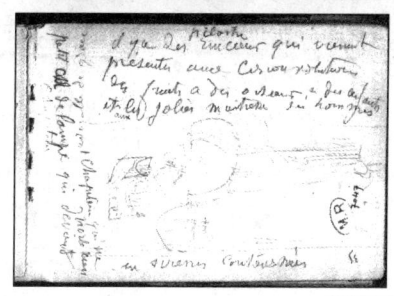

■（上）夏尔特尔大教堂的日晷天使
（下）罗丹参观日晷天使的笔记
（巴黎罗丹美术馆藏品）

里尔克与罗丹
Rilke et Rodin

忽流动……"大师大约这样说，原话肯定更简短，没有那么啰唆，也更"哥特式"。无论如何，他的意思就是这样。我们在这种飘忽的风里站立，相比那个天使，就像进地狱的鬼魂。天使仍然愉快地伸出手中的日晷，向着他永远看见的太阳……

很明显，这次参观里尔克乘兴而去，败兴而归，碰上坏天气和失败的修整，他毫不掩饰自己的失望。他唯一的好印象是日晷天使，后来写进诗歌，成了咏物诗六首大教堂诗歌之一，标题很直接，《子午日晷天使》（L'Ange du Méridien），并且像《豹》那样以副题注明地点——"夏尔特尔大教堂"。

罗丹在邀请里尔克来默东居住时，曾经说明主要目的是为了两人谈心。罗丹需要朋友，里尔克需要导师，因此两人一有机会便聚首，除了在饭桌上，更多在白天工作完成后，一起到外面谈天。默东的花园面积相当大，环境安静，是一个散步好地方。

■ 布里扬山庄全景（原载科基奥：《真正的罗丹》，1913年）

罗丹仍然那个样子：同样的平静，同样的耐心，同样的快乐，在一大堆沉重的工作中，他总是和蔼地对待无关紧要的琐事，亲切地接受人家向他表示的腼腆喜悦。他忙得不可开交，我们只有很少时间能促膝倾谈。有些晚上，我们沿着叶子已经全落掉的小路走，周围有灯照明，我们谈书本，谈北地人，谈造就命运的不可思议的奇妙方式，或者我们只满足于深深呼吸夜晚的空气。罗丹说："空气多好，这么光滑，没有一条皱纹。"

是的，他的话全部充满爱意和善心，但没有人理解他。无论是那些找麻烦、闹别扭、装模作样的"先生"，还是那些热烈地赞成他的人,对所有话题,对所有重要的话题都毫无保留。我们最近谈到那些讨厌的人体解剖室——他以前对此也有说不出的痛苦——过了一会,我们已经转换话题,他又说:"要是让我在植物、动物或者人的知识中选择,我相信我喜欢植物学更多于解剖学……"无声的生活这么接近他,然而这个人能忍受最吵闹的生活。

■ 罗丹与花园里的天鹅(1912年)
[法]维扎沃那摄

这一切令人感动,高贵而单纯。罗丹太阳到处传播丰富的思想。你想象一下,昨天在饭桌上,我们谈到一些有钱人推独轮车,劈木柴,做这样或那样的体力劳动(不惜付出高昂代价),罗丹夫人大声说:"怎么,更加自然生活,根据自然生活,其实就是不要终日无所事事……"罗丹有点惊奇地盯了她一眼,既快乐,又温柔。他说:"真的那样。"智慧和幸福就这样在他周围放射光芒,就像梅特林克笔下的主人公,每到之处,都令命运成长起来……

梅特林克(Maurice Maeterlinck,1862—1949)是比利时戏剧家、诗人,1911年获诺贝尔文学奖。他的童话剧《青鸟》(*L'Oiseau bleu*)以追寻幸福为题材,曾在很多国家上演。

里尔克融入罗丹的家庭生活,大家相处得很和谐。罗丹对自己的生

活很随便,却为里尔克操心,跑去看他住得如何:

> 午饭后,大师上楼到我房间坐了一会……我的小室——他这样称呼——令他很满意。但再次为地方狭小而抱歉,然后,他发现观望风景的位置:"你外面有一个房间",原来他要给我的是这个房间,这位好心人!……

■ 里尔克、伯蕾、罗丹(1905年)
[法]阿兰格(Albert Harlingue, 1879–1964)摄

有些传记作者甚至认为,由于罗丹儿子不成才,他们夫妇把里尔克视为己出,作为补偿。这仅仅是推测而已,不过,这时的里尔克真有点像家庭的一位成员。11月12日他们一起庆祝罗丹的65岁生日,为了有足够位置容下蜡烛,特别买了一个大蛋糕。不到一个月后,12月2日,罗丹利用三人进城的机会,又买了一个蛋糕,但这次是为了两天后的里尔克31岁生日:

> 昨天是这样的,大师和我清早去凡尔赛(又是第一次,下雨也去),在大特里亚农宫的花园里,漫步了两个小时,灰色而悠游自在,整个花园归我们所有,很新鲜,很奇特,一排亭台楼阁,甚至

第七章
默东的小屋

大师也从未见过类似的东西,庭院野草蔓生,被人遗忘。阴暗大玻璃窗的镜面,一束栗树叶不时倚在上面,毛毛小雨从远移近。

然后我们回家午餐(罗丹夫人没有同来),接着进城,一直到巴黎圣母院。两点整,我们和耶稣降临节主日的朝拜者一起进去。罗丹夫人为我们摆好两张椅子,在一条圆柱旁,靠近左方的铁栏栅门,这道门通往正殿和主祭坛之间的中央。

我们坐在那里,静静地连续坐了两小时,上方有歌声,唱给我们听,也唱给上帝听。歌声在黑色的风琴管顶唱呀,叫呀,吼呀,有时候,女高音手凭着声音突围而出,像一只白鸟飞翔,飞翔,飞翔。

罗丹好像五百年前做过一次这些事,变得那么迷茫,又好像多次亲历其景,对一切了如指掌,那些幽灵那么认得他,从圆柱出来走近他,毕恭毕敬陪伴在旁。

之后,我们三人信步而行,在秋天的薄雾和光线中,先经过古物店,然后逆着长串的星期天散步人群(我们经常这样做),走到圣米歇尔大街,在大街右边与拉辛街及其姐妹街稍为突出的街角处,买了一个蛋糕。罗丹在店外,穿过光亮的橱窗指给我们看的那个。我们走过拉辛街,穿过奥德昂剧院下方,走进已经相当灰暗的卢森堡公园,在美第奇喷泉前面停了一下,最后穿过天文台大街,到达蒙巴拿斯大道,对罗丹和罗丹夫人来说,这也是一个充满早年回忆的地方……星期天就这样,很快便到生日……

蒙巴拿斯大道位于第十四区,罗丹父母的房子,以及他一度进入的修道院就在这个区。想来克拉拉读信到这里,也会回想翩翩,她第一次到巴黎学艺,下榻的旅馆离这里咫尺之遥。

除了私人和家庭活动,里尔克还跟随罗丹出外参加社交应酬,他在1905年12月8日的家书中有一段叙述:

> 昨天车子来接我们,穿过一些市镇,对我来说是陌生的,空无一人,一过晚上八时便见不到人。我们到大学街和拉布尔多奈大街

交角处一间餐馆接罗丹，最后到达一个宽阔的会场。墙上铺满立体地图，没有地名或说明，这是一些大国家，点缀着山脉，好像核桃壳那样，四周绕着亮绿色的海洋，边线简洁而确实（大师说，他觉得相当准确）。

我们身在地理学会（Société de Géographie）。听众人数有限，但看起来有教养。罗丹邻座是一位法国最高行政法院顾问（况且所有人好像都注意到他在场，尊敬地望他一下），过去是罗丹夫人，身穿红色日本丝质上衣，黑色紧身丝裙子，簌簌作响，羽毛帽子同一色调，全身打扮得很好看，但总是对周围漠不关心，咳得很响，不过在喉咙里咳，能咳得这么好，她觉得很骄傲……接着便到我，邻座是空位，搭着一件大衣，过去是大衣的主人，最后是加利玛先生。——音乐表演四重奏，我对此所知甚微——一个女歌手，黑尔曼·邦可能会倾听，但跟着是四首小三重奏，"模塑"很丰富（钢琴和两个小提琴），古典式轮廓真美。但我无法再听下去。爱乐之人自然撑得住，但罗丹在三重奏之后也到了极限，笔直地坐着，脑袋稍向前，双手置膝上，完整一团。然而他继续留在那儿，没有眼神，好像雨中一个物件。表演后我们坐车回去，在花园互道晚安的时候，已到子夜……

加利玛（Paul Gallimard，1850—1929）是法国著名出版商人，也是罗丹好友，曾请他为波特莱尔的《恶之花》作插图。黑尔曼·邦（Hermann Bang，1858—1912）是丹麦作家，里尔克青年时代的偶像之一。

这时候，里尔克早已把"只逗留几天"的计划抛诸脑后，不单只因为获得亲切的款待，有机会与大师促膝倾谈，日子过得快乐舒畅，活动丰富多彩，还因为多了一重身份：罗丹的秘书。

第八章

罗丹秘书

里尔克从客人身份，变成罗丹的秘书，是一件来得很迅速的事情。他在9月15日才到达默东，34天后，10月19日写信给银行家朋友海特（August von der Heydt，1851—1929），透露他已经做了近一个月的秘书工作：

> 差不多一个月以来，我负责罗丹的书信（尽我的法文水平可能——这并非言过其实），有点像私人秘书那样。外部原因支持这个建议，而很多其他——内心——理由促使我欣然接受：因为与罗丹的朝夕相处，为我创造了一种热烈而多产的工作气氛，他作为生活榜样，伟大而明智，如此不露锋芒，如此深刻，如此清澈，无法在其他地方找到，除了在大自然的声音里，有一种近似的力量，一种这样的安全感。愈是浏览他的作品，愈觉得它在长大，这是一个没有裂缝的世界，超越人类范畴。置身旁边，人们只会成长。因此，我留在这里不是错误的选择，我要学习，学会本领，学会工作。
>
> 只要罗丹需要我，只要我的健康挺得住，我不打算离开……

这封信很清楚解释了他的个人动机。撇开感情因素不谈，从生活实用角度来说，他在一段时间内再无柴米之忧，这也是一个重要因素。至于"外部原因"，来自罗丹方面。9月27日，住进默东才12天，里尔克在家书中已经写到：

> 罗丹坐在我的房子前面，正在做一个小人体像。今天跟他在陈列馆过了几个小时。他跟我说了很多友好的话，出自真心的。我们从一件作品到一件作品，他问我有什么想法，在这件或那件前面有什么感觉，然后把我提议的标题记在底座上……

第八章
罗丹秘书

他如此孤单,作品在那里,一百又一百种事情需要他,可是他甚至找不到一个秘书,让他不必处理文书工作,更不要说找到人,能够真正帮助他完成创作。他黯然地说:"我的学生以为应该战胜我,超越我。他们全都反对我。没有一个协助我。"他真是比任何时候都孤独……

罗丹吐露这番心里话,向里尔克发出一个明确信息,他需要一位助手,但不能从学习雕塑的学生中挑选。可是里尔克作为学生,与雕塑完全无关,对罗丹的热爱达到崇拜的程度,不会有"超越老师"的念头。他专业写作,当秘书不会有太大困难,因此是理想的人选。

正式的提议由罗丹提出,这是水到渠成的事情,里尔克欣然接受,他给海特的信最后那句话,就像向罗丹的效忠誓言。不过,信首也有另外一句话,"有点像私人秘书那样",包含着弦外之音:他不愿意当正式的秘书,只不过作为朋友帮忙而已。两人在这上面好像有默契,他固然从未自称罗丹秘书,罗丹对外人也从未说过他是秘书。不来梅美术馆馆长保利来访时,打探里尔克的情况,罗丹答道:"是的,这是一位朋友,我常见他,他有时帮我忙,我觉得很荣幸。"

这位无名有实的秘书干得很认真,不仅处理书信,当罗丹外出旅行时,还为他打点家里一切。1905 年 11 月,罗丹去了里昂,里尔克给他写了一封信:

亲爱的大师:

我的思念一小时一小时追随着您,毫无困难,因为在这些雪雾里,差不多等于旅行,所有熟悉的东西都被推远,被抹掉。连小鸟也不认得自己的窝边,有些(在远景前漆黑一团)飞来撞击我的窗户,好像想问路那样。只有佛像依然保持超凡的沉静(胸前积雪照得它光亮——有点像卢森堡美术馆的《思想者》一样),甚至高高在上,它是这个奇异世界的智者。

但是这里有一封信,似乎来自泽博姆先生,我赶快寄上,可能他通知前来访问。

祝大师旅居如意,游览愉快。

如有任何烦事,或者认为我乐于提供的微小帮助于您有用,请记得我准备好随时前来。

全心属于您的。

里尔克
星期天

附:埃德蒙刚才要我向您请示,在这种天气下,须否把美术馆柱廊的大理石像,以及花园小柱顶的小物件搬进室内。埃德蒙和伯尔比埃先生认为,最好把园内的小古物小心搬进室内,因为天在继续下雪。我相信您也这样想。

星期一上午:

大师,我再加上一封信(似乎是马逊先生的),今晨邮局派来的。在其他信件中,有一封特罗伊先生很亲切的信,向您致最热烈的敬意和友好谢忱。天仍在下雪,好像在俄国那样。

■ 默东花园的古代艺术品(1900年代)
(原载科基奥:《罗丹在比伦公馆和默东》)

里尔克转寄了两封信,又提及了第三封信,这些人都是和罗丹有交易来往的。泽博姆(Jules Zébaume,?—1923)是商人,担任政府对外贸易委员会顾问,介绍过俄国收藏家给罗丹。马逊(Maurice Masson)本人是大收藏家,就在这段期间(1903—1907年)向罗丹购买了九件作品。最后一位特罗伊（Gerog Treu，1843—1921），是德国德累斯顿市阿尔贝廷美术馆（Albertinum）馆长，1900年专程到法国参观罗丹回顾展，并且代表博物馆购买了三件作品，两人结为好友。从这封信，可以看出里尔克对罗丹的私人情况已经十分熟悉。

另外，看写信人的口气，他的身份不止是秘书，两个仆人要向他请示工作，俨然管家一样了。下一封信更进一步，口气无异于罗丹的家庭成员：

亲爱的大师：

　　刚收到短函，家里所有人都感到欢欣。我们想念您，像想念盐和面包，像想念工作和睡眠，并非只有罗丹太太才计算天数。她的身体不错，仍有点咳嗽，正在调养，心情很好。

　　星期三我去维尔哈仑先生家里，得到友好的接待，他要我转达热烈的敬意，他很乐意不久找一个星期天来拜访。他温和、单纯，具有一种平静的力量，像植物那样。

　　请告知抵达时间，到时我去车站。

　　全心等候敬爱的大师归来。

里尔克
1905年11月24日

（昨天转上两封信，今天下午一封，可能是比冈先生寄来的。）

维尔哈仑（Emile Verhaeren，1855—1916）是比利时象征派诗人，法语作家。里尔克在罗丹家里认识他的，后来时常往来。

里尔克全心全意当秘书，罗丹看在眼里，刚好在此期间，克拉拉寄来一些新雕塑稿，请他指教。他投桃报李，热情邀请她来巴黎，在他的工作室工作。克拉拉10月11日到巴黎，可是她这头到达，里尔克那头却不在默东，因为他动身去了德国，开始进行筹备已久的第一次罗丹艺术巡回演讲。

宣传罗丹是他的一个大心愿，凭着对罗丹作品的深刻认识，以及密切的个人接触，没有人更适合他担当这个角色。可是出师不利，1905年

10月21日在德累斯顿举行的第一场演讲会,反应比预料中差很多,他甚为失望,没有写信给罗丹。过了四天到达下一站布拉格,才给克拉拉写了一封简短的法文信,请她转达对大师的思念,顺便简单提了几句第一次演讲会情况:

> 趁有点时间,我只向你和大师说几句话。告诉他,我带着无比的怀念惦记着我的小屋,它已经和我紧紧相连——告诉他,在我的心中,我永远靠近他身边,努力去体验和观察他的意向,在想象中和他分享一切东西……
>
> 德累斯顿演讲会不如希望的那么活跃,和听众有接触,但跟老小姐和疲倦的职员能建立什么接触?没有年轻人,几乎没有,也没有漂亮的女性,她们总能懂一点的,因为本身离优美的东西不远。不过,我一开口,全场肃静下来,大家留心听,大厅大约坐满了650人,我不时感到他们十分听话,跟随我的动作。
>
> 今晚在布拉格再开始……

布拉格的演讲会同样没有起色,里尔克直接写信给罗丹,因为克拉拉此时已准备离开巴黎回国:

亲爱的大师:

> 我睡觉,我起床,就像小鸟那样,思想轻盈。
>
> 昨天举行第二次演讲会,又是老样子:老太太,打瞌睡的老奶奶,出于好奇心睁大眼睛的另一些老太太,被没完没了的白天弄得精疲力竭的职员,正忙于和消化不良纠缠。
>
> 但是我演讲得好,有两个男人和几个年轻女士走过来,有点激动,一言不发,久久地和我握手。
>
> 大师,我觉得工作得不错,总有一天,我会找到(可能在瑞典,可能其他各地)需要听我演讲的听众,因为我比任何时候都更强烈知道,活着的人需要您,您存在的好消息是一部福音,有了它,我们的生命触及永恒。我全身满载这部福音,就像春天的森林

充满声音一样。

　　只不过我的父亲仍然生病,身体很弱,把他的儿子羁留下来。要是能早日抽身离开,又对他没有坏影响,我会这样做,飞奔到您那里,到一切都吸引我的地方……

　　我希望您没有被俗务所困扰,我想念您,永远想念。我感谢您给我妻子的美好日子,令她那么幸福,我在她的信中看出来。

　　向罗丹夫人致意。亲爱的大师,全心属于您。

里尔克

1905 年 10 月 26 日

(我希望 10 月 31 日到达。)

随后几天,里尔克到了莱比锡,和出版商就《时辰祈祷书》作最后的讨论,完毕后到弗里德尔豪森(Friedelhausen)会见克拉拉。到了预订出发回巴黎前一刻,1905 年 10 月 29 日,他忽然给罗丹发了一封电报:

　　亲爱的大师,请告是否出门。如不出门,我还去奥斯特豪斯处参观,周四晨返抵您那里。

奥斯特豪斯(Karl Ernst Osthaus,1874—1921)是德国著名收藏家,父亲是银行家,母亲是纺织业巨子的女儿,他本人热衷于艺术,1902 年在哈根市(Hagen)创建美术馆,邀请比利时新艺术大师费尔德(Henry van de Velde,1863—1957)设计场馆,专门收藏德法两国的现代艺术作品,建成后向公众开放。在当时来说,这是比较罕见的。里尔克去参观,不仅因为他对印象派后期作品感兴趣,还因为这家美术馆收藏了罗丹的一件作品《弥诺陶洛斯》(*Minotaure*),希腊神话的人首牛身怪兽。

11 月 2 日,里尔克回到默东,只呆了一个半月,又跑去沃尔普斯韦德,这是他和克拉拉的不成文默契,每年全家过圣诞节。在那里,他给罗丹写了一封信,就像儿子写给父亲的家书:

亲爱的大师：

我本想写一封长信，因为经常思念您，总是思念您。眼下在这个小村庄，入夜后一切只剩下一个窗子，在雾霭中发光，一个模糊的小窗子，孤零零的在漆黑无垠的平原里。

在小屋里，我见到我的妻子，她正在工作，照着我们的小孩模样，塑造一双手和一个小脑袋。这个可爱的小女孩已经长大，很听话，头发很长很雅致（像神仙故事里的头发那样），就在我身旁，在椅子背后，她想跟我说话，总有点东西要给我看，因此，我只能跟您说几句话。

■ 克拉拉与小吕特
（德国文学档案馆藏品）

因为怎么能够写呢？这个小声音在耳朵里响，有时还有一双小手到处摸索，找东西玩。

我无意强调，既然我愿意属于这个小女孩，到达那天晚上，她给我如此温柔的迎接。

我只是想告诉您，我的妻子多么高兴接到您的问好，以及通过我知道您的身体健康，她多谢您和罗丹太太的友善和美好回忆。我回来时将带上她工作的更详尽的消息，我觉得她正在勇气十足，延续在默东无比幸运进行过的创作。这个星期，她正在全力以赴。

我们现在休假几天，全用来准备这个小节日，小吕特带着期望的眼睛等候这一天到来。

24日晚上，我们将在一棵满布小灯光的树下团聚，我们充满谢意的生动回忆，将朝着您升起，在节日的宁静和快乐中请您坐上首席，正如在我们其他心灵节日那样，您总是位于中央，而且常常是节日的可敬创造者。

我希望您没有被书信所烦扰,请容我归来再处理。

我的妻子和我向罗丹太太致最热情的问候,克拉拉和您的里尔克向您致最虔诚的敬意。

里尔克

1905年12月21日

(请接受我从布鲁塞尔寄给罗丹太太和大师的贺节小物件。)

尽管10月第一轮巡回演讲令人失望,里尔克传播"罗丹福音"的热忱并没有降低。过了新年,回到默东,他又开始积极准备下一轮演讲会。不过,这一回除了罗丹外,他还加插自己的作品朗读。另外还有一个不同之处,替他组织的人是几位颇有社会地位的朋友。里尔克的文名在1905年有了新的突破,他不仅重版了《军旗手的爱与死之歌》,出版诗集《时辰祈祷书》,还在著名的政治文学综合杂志《新评论》(*Die Neue Rundschau*)发表了一年前在罗马写成的三首散文诗《俄耳甫斯·欧里狄克·赫尔墨斯》(*Orpheus, Eurydike, Hermes*)、《维纳斯的诞生》(*Geburt der Venus*)和《名妓墓》(*Hetären-Gräber*)。独特的诗风引起一片赞扬声,里尔克收到一张卡片,上面写着热情的褒语:"我们非常高兴在《新评论》上读到您的极为漂亮的诗歌,谢谢您。"签名者都是已成名的作家,包括当时的诗坛大旗手霍夫曼斯塔尔(Hugo von Hofmannsthal, 1874—1929)。由此可见,他已经被接受进入大诗人的殿堂。

里尔克在2月25日出发,先到埃伯菲尔德(Elberfeld),接待他的朋友在豪华的邸宅里举行盛大的欢迎会,又安排他到剧院公开演讲,参加者都是有文化素养的人士,气氛和上次迥然两样,里尔克感到终于遇到知音。到了柏林,组织者临时改变计划,原订的大型演讲会推后,改到魏玛举行,但是多出来的时间并不等于空闲,各式各样的邀请纷沓而至,观剧、午餐、晚宴,每次都要讲话或朗诵作品。接着到汉堡和不来梅,最后一次演讲之后,他感冒失声,被迫暂时停下来,返回沃尔普斯韦德乡下休息。嘴巴说不出话,正是用笔的好机会,他给罗丹写了一封信:

亲爱的大师朋友:

您旅行归来(我估计)已有一段时间,一定带回最愉快的回忆和良好的健康(为祝为祷)。

由于旅程匆匆,未奉音信,请原谅这段无声的时间,但它和大师息息相关,我穿城过市,面对永远聚精会神的听众,宣扬您的卓越榜样。

直到现在,我的演讲会到处受欢迎,这是最重要的。每次总有人对我的话十分入迷和信服,明白您令人仰慕的使命的必要性。每次总有人表示渴望再观看您的作品,以求下次更好领会。我以后会再谈。女士们知道您存在的好消息后,表现令人感动,少女们如梦初醒地赞美您,少男们像抢面包那样听我说话。

几天前,凯思勒伯爵要我把魏玛的演讲会推后八天,我同意了,因为我认为魏玛是一个重要地方,不应在这次巡回演讲中错过。我相信您一定赞同,何况这几天一场感冒令我嗓音几乎尽失,以另一种方式迫我利用这段时间康复。

今天好一点了,16日将往柏林举行第二场演讲,然后从那儿前赴魏玛。

但不巧得很,今天收到布拉格传来我父亲令人极为担心的消息,他得了重病,我可能无法避免回去看望他。由于这件不愉快事件,我无法预告准确的回程日期,还要请您延长我的假期,魏玛演讲推后已经超过期限,还要再多几天。

我一有可能便奉告准确的消息,希望我的缺勤没有给您带来困难。

我的妻子陪同我演讲,到过柏林、汉堡和不来梅,她要我向您致以最热烈的敬意,同时向罗丹夫人千般问好。

亲爱的大师朋友，请原谅，谨致绝对忠诚和无比的敬意。

我全心属于您。

里尔克
1906 年 3 月 13 日

代向罗丹夫人致敬和问候。

罗丹比里尔克早出发旅行，1905 年 2 月 20 日前往英国伦敦，3 月 9 日回巴黎。凯思勒伯爵（Harry Graf Kessler，1867—1937）是德国外交家、作家、出版家，当时是魏玛博物馆馆长，为里尔克的巡回演讲出了很多力。

就在这封信后第二天，里尔克接到父亲病故消息，在克拉拉陪伴下，3 月 15 日匆忙赶往布拉格，从那儿发了一封电报给罗丹：

痛失吾父，谨告。致意。里尔克

布拉格金色天使旅馆

罗丹立即复电慰问，电文没有留下副本，但里尔克在办完丧事后，3 月 23 日回到柏林发出的第二封电报曾提及：

多谢慰唁。布拉格丧事及柏林第二场演讲已毕。若顽恙许可，下周至奥登堡演讲，从那里速归。致永远的衷心敬意。里尔克

柏林，马尔堡格大街四号

罗丹第二天接电后立即答复：

不久再见。钱足够吗？您的朋友罗丹

这封电报言简意赅，充满人情味，关怀之情，满溢字面，不仅没有催归，而且第一次以"您的朋友罗丹"署名。

里尔克和他的父亲感情相当好，尽管丧父之痛未消，仍然按计划完成演讲会。他十分惦念默东，谢却一班新旧朋友的热情挽留，返回法国。出发前一天，3 月 26 日，以电报通知罗丹：

承友好关怀，至感。足够返回巴黎。不久再见。里尔克

■ 里尔克在默东（1905年）
（巴黎罗丹美术馆藏品）

里尔克回到默东，刚刚经历了一场旋风式的巡回演讲，现在朋友和听众看不见了，掌声没有了，重新开始单调的秘书生活。这种差距太大了，感情是一回事，现实又是一回事，心情难免若有所失。何况在此之前，他已经发现，秘书工作表面好像很容易，实际做起来和自己格格不入。他是写信能手，面对办公函件却有力无处用。每封信都要板着脸孔，一本正经，对于天马行空的诗人来说，好像双手被捆，勉强为之，味如嚼蜡。一个人做不符合自己性格和兴趣的工作，是一种精神折磨。最初时，他很愉快地去做，虽然上一年12月在给朋友荷里特舍的信中，已经忍不住使用了"讨厌的信件"这个词，但还沉浸在新生活的欣快波浪中：

　　现在，您会在罗丹家里找到我，在一间小村屋里，在一个花园中，在默东的山坡上，面对天空，圣克鲁市矗立在前面很远很远的

第八章
罗丹秘书

地方。窗子朝向塞纳河这一部分,由于塞佛尔桥穿过而自成一统。我的生活就在那里,有点像罗丹的秘书,用法文写一些讨厌的信。

然而,更重要的是,在围绕着他不断增加的作品中间,在他深厚安详的友谊保护下,我思考他的教导,众多的教导:生活,耐心,工作,永不拒绝欢乐。因为,这个人既有智慧又能干,懂得如何找到欢乐,如何交朋结友,一种难以形容的欢乐,像我们童年回忆那一种,但一直充实到最严肃的问题的边上。最微小的东西到了他那里,都在他跟前打开:捡来的栗子,碎石路上的小石子或贝壳,所有东西都像从沙漠回来,向他倾诉,似乎在那里冥想和斋戒过。我们没有别的任务,只须听他的声音。我们工作本身由此而来,必须用一双手来做,因为十分沉重。我常常不够力气,但罗丹能够举起任何东西,放到太空去。例子难以言表。

亲爱的朋友,我信仰年龄。工作与变老,生活就是这样等待我们。然后,有一天老了,虽然没有洞识万物,但对遥远的无法明言的东西,开始了解,开始意识,开始交流,一直远及星辰。我对自己说:生活多美丽,多珍贵!我听到这位长者奉献给它这么崇高的说话,或者这么多细语的沉默。

我们常常真的不知道,自己身陷困境,深可及膝,及腰或者及颈。但是当生活变得容易时,我们真正欢乐吗?我们这时不是感到几乎不知所措吗?我们的内心是深邃的,但如果没有东西强迫我们,永不会深入到底。然而,必须深入到底,所有东西都在那里。

晚上再见时,罗丹有时跟我说:"好好干!"即使我们谈的都是愉快的话题。这句话看来没有道理,可是他知道,一个人年轻的时候,多么需要这句话。

这个时期,罗丹的名气达到高峰,不仅艺术上得到承认,到处举行展览会,还成了公众人物,担任不少社会职务。在国内,他是雕刻家协会主席,又是官方的全国艺术委员会成员。在国外,他当选为英国雕刻家、画家和版画家国际协会的主席、德国柏林艺术研究院院士,德国耶纳大学、英国格拉斯哥大学，以及稍后的牛津大学向他颁发了荣誉博士学位。社会活动频繁，应酬信件随之水涨船高，有时还要准备讲稿或演说词，这一切都由里尔克来承担，压力愈来愈大。1906年1月8日他在家书中写道：

> 这是春天短暂的微笑，雷雨把它们投到这里或那里，这些微笑被骤雨打湿，但很快又发出光辉，变得明亮而热烈，以至远处有一块牧场，在最纯洁的蔚蓝色天空下闪烁。全部景象从我的窗口看到……

> 伦敦酒会延期，我们可以重写罗丹为展览会开幕式准备的信，他不满意这封信。我昨天花了整个下午在上面，今早为此六点钟起床，现在仍未完全就绪。罗丹的想法很出色，在他为这件事写下的一大包难以辨认的笔记里，有些片断发出感人的华光：艺术家应该返回上帝最早的经文（他这样称呼自然），还有其他东西，同样重要，同样强烈，同样平静（啊！要是他能知道我的《时辰祈祷书》是什么，他一定很高兴！）

> ……我的职责中有许许多多公文，在新花样中，这是给我预备的最妙的东西：拜年信，致撒克逊王，致梅克伦堡公爵，还有一连串同样高贵的信件……真奇怪，身为罗丹，也要向这些东西低头。谢天谢地，这些信交给一位专门抄写手去做，看样子要成百成百地发出去……

里尔克2月份的第二次巡回演讲，与罗丹去英国做客差不多在同一个时候，要准备的工作很多，两件事挤在一起，忙得他团团转，但他在2月15日写信给克拉拉时，仍然毫无怨言：

> ……眼下，大师有很多事情要做。我们还要再修改"演词"，他原先已以信件寄出过一篇，作为第一次展览会开幕之用，展览会在我回来的时候举行。现在他要在2月21日宴会上亲自演说，他有许多很好有用的想法，希望把其中最好的传播出去，我只需留神

每个想法是否彼此间安排得当，不得加插入任何东西，正因为如此，不容易做。还有一封又一封的信……

第二次巡回演讲的成功，让他发现自己的名气正在急剧上升，激使他更多考虑自己的文学前途。他从青年时代便立下志愿，要以文学为职业，要在文学史上留名。可是回到默东后，又陷入秘书工作的泥淖中，俗务纠身，没有时间做自己的工作，心情变得抑郁，需要找人诉说排解。他选择了银行家海特。他之所以不先找克拉拉，这是因为海特是这次巡回演讲的主要组织者，付出了很大力气，而且相识虽然不过两年，已经在经济上给他支持，成为非常亲密的朋友，终生不变。1907年里尔克出版《新诗集》第一卷，题献给海特夫妇，足证他如何重视这段友谊。

他在4月7日这封信中写道：

> 我全身充满了活力，来自这些难以置信的春天欢乐的日子，好像一座大楼上升了几层，穿过整个天空，鸟儿在歌唱，长春花在暗绿丛中已经睁开蓝眼睛观看，桂竹香的香气充满整个早晨，李子树正在开花。而我呢，什么都不缺，只是少了一点自由身，无法聆听自己的内心，考虑自己某些工作。
>
> 您明白吗？我每天都要考验自己的理智，才不会登上火车前往维亚雷吉奥，在那里，在利古里亚海边，《时辰祈祷书》第三卷诞生的地方，所有东西都融合到孤独的大海涛声里。我如此强烈感觉到，我现在能够做一些东西，必须做一些东西，一些以后可能永远不会这样来临的东西，但它们无法到这里来。
>
> 我被必须完成的书信压得透不过气来，我放弃了自己，因为不断警惕自己的职务，以至永远无法内心独处……老天爷，我必须向人诉说这一切，我向您诉说了，因为在您的旅途上，新的和不同的东西很快便堆积在这封信上，很快便会忘记……

当然，如果里尔克的秘书生活只限于拆信、写信和寄信，他可能真的早已逃之夭夭。但是在罗丹身边，生活永不寻常，导师不停歇地创作，新作品源源不断，还有多姿多彩的社会活动，亲身经历的事和人，很多都令人感兴趣。他刚回来，便逢上罗丹为英国作家萧伯纳（Bernard Shaw，1856—1950）造像。

英国不乏才能的雕刻家，这位大作家不辞舟车劳顿，远道而来，与当时英国的"罗丹热"有直接关系。罗丹迟至在1881年才第一次跨过英伦海峡，他不谙英语，人生路不熟。幸好有一位好朋友达卢（Jules Dalou，1838—1902），两人相识于初级美术学校，同样从事雕塑工作。达卢参加过巴黎公社，事后逃亡伦敦躲避风头，在那里工作了10年，与一位法国画家勒格罗（Alphonse Legros，1837—1911）成为好友。勒格罗26岁便认定在法国没有前途，前往伦敦闯世界，虽然不懂英语，但凭着真才实学，最后当上伦敦大学学院（University College London）美术教授，16年间，桃李满英伦，影响了整整一代英国新兴画家。罗丹得到达卢的介绍，顺利找到勒格罗，异国会面，一见如故。到了伦敦，罗丹才发现他的名声比人先到，加上勒格罗在英国美术界的地位，通过他很快便认识了一批英国友人。后来多次重临英国度假或参观画展，都在他们家里下榻。

■ 勒格罗：罗丹（素描）
（1882年）

■ 罗丹：勒格罗（铜像）
（1881—1882年）

第八章
罗丹秘书

1900年世界博览会，各国博物馆争购罗丹作品，英国不知由于财力不足，或是慎重保守，没有表示任何兴趣。倒是民间热心，博览会结束后，一批英国雕刻家及支持者发起募捐，买下罗丹的作品《施洗者圣约翰》(Saint Jean Baptiste)，送给专门收藏雕刻及装饰艺术品的伦敦维多利亚—艾伯特美术馆。为了庆祝这件盛事，组织者在著名的皇家咖啡厅举行庆祝会，邀请罗丹当主宾。于是，1902年5月，罗丹第一次"官式"访问伦敦。

出席者除了艺术界人物，还有内阁部长高官，总共200多人，冠冕满堂。宴会结束后，罗丹走出门外准备回酒店，却见门前聚集了百多位艺术学院美术系的学生，他们把马车团团围住，欢呼喝彩。然后干脆解开马匹，围着车厢，前拉后推，簇拥着在马路上游行。走过好一段路后，陪同罗丹的英国画家阿尔玛-塔德玛（Sir Lawrence Alma-Tadema，1836—1912）下车，邀请所有人进入一家小餐馆，即兴式举行第二次酒会。这场自发的欢迎第二天成了报刊的大新闻，罗丹名字进入英国的普通人家。他被这班青年学子的热情所感动，答应有机会再与他们会面。承诺在次年五月便兑现，他到伦敦朋友家度假，特别去学校会见他们，学生自己动手准备菜肴，为他举行了一次宴会。

这件盛事的回响还没有完全消散，另一件事又发生了。英国有一个雕刻、绘画及版画国际协会（International Society of Sculptors, Painters, and Gravers），1898年由一群新派艺术家创办，定期举行艺术展览，邀请欧洲和美国的艺术家参加，成为与皇家美术学院抗衡的民间组织，影响力很大。第一任主席是惠斯勒（James Abbott McNeill Whistler 1834—1903），在美国出生的唯美派画家，21岁到法国学画，26岁

■欢迎罗丹的宴会（伦敦王家咖啡厅，1902年）

定居英国，1903年7月去世。英国人物色继任人，属意罗丹。他们派出一个小型代表团到巴黎，罗丹爽快答应，协会于是在11月正式选举他为主席。

1904年1月，罗丹到伦敦接受任命，这是三年内第三次盛大欢迎。先是主持协会画展开幕，接着参加皇家咖啡厅宴会，然后艺术学院学生再次把他拥上马车，重演在伦敦街道上游行一幕。报刊以大篇幅报道，最后传出英王爱德华七世准备接见的消息。这件事没有实现，然而这只是好事多磨而已。四年后，1908年3月，爱德华七世移驾渡海，亲临默东，由罗丹陪同参观作品。在此之前，1903年11月，英国议会代表团应邀访法，日程表上有一项活动"参观卢浮宫或罗丹默东工作室"，两个地方相提并论，可见罗丹如何为英国人所推崇。

罗丹热在英国一直持续到1915年，这一年7月，他的作品《加莱义民》(*Les Bourgeois de Calais*) 在维多利亚塔公园揭幕，正对英国议会大厦。由于第一次世界大战已经爆发，没有举行官方仪式。但是这件作品本身及其树立地点，却极不寻常。《加莱义民》以英法百年战争的史实为主题，1346年9月，加莱市被英王爱德华三世重兵围攻，法军抵抗了差不多一年后，弹尽粮绝，守城官求降，提出不要祸及无辜的市民。英王被对手的顽强抵抗激怒，坚持必须无条件投降，准备严加惩罚。后经部下劝说，改变主意，要求交出六名士绅由他处置。守城官召集全城开会，最富有的六个士绅一个接一个站起来，自愿交给英国人。他们赤身露体，以绳系颈，带着城堡的钥匙，跟在守城官后面，走到英王前面。英王要把他们斩首，即使部下求情仍坚持己意。就在这时候，越海探夫的王后露面，哀求宽恕囚徒。英王态度软化，交给王后处置。王后派人把他们带进帐篷，穿上衣服，吃过饭，然后发给六个金币，护送出军营。只有守城官被留下，带回伦敦当人质，等候法国人送赎金来交换。

罗丹这件作品为加莱市创作，歌颂抵抗异敌的法国民族英雄，能够在昔日敌人的国土上树立起来，真有点不可思议。这首先因为罗丹的名气过人，而购买者是英国民间组织国家艺术收藏基金会（National Art

Collections Fund,现称艺术基金会,Art Fund),由一班慈善家和艺术家组成,只认艺术,不问政治。1911年以2400英镑买入这件作品,价钱很低廉,很可能由某位匿名收藏家先购入,然后转让给基金会。基金会把罗丹作品无偿赠送给国家,唯一条件是在公众地方树立起来。英国政府答应了,他们肯定不是看中作品洋溢的法国民族英雄主义,而是传说中英王爱德华三世的"仁爱胸怀"和王后的"慈悲心肠",尽管这两人没有在群雕中出现。加上正值第一次世界大战爆发前夕,英法同一阵线,这个雕像也像征了英法两国友谊。1956年,这座雕像迁至公园中心点,高台改为平台,以便观众近距离欣赏。

■罗丹:加莱义民(英国议会大门前,1915年)

在这股"罗丹热"中,萧伯纳夫妇在1906年趁罗丹来英国时结识了他,邀请到家里见面。谈话间,萧伯纳夫人提出请对方为丈夫造像。罗丹答道:"我对萧伯纳先生的声望一无所知,不过无论如何,我答应。"萧伯纳在旁看出罗丹有点勉强,他的猜测不无道理。他的夫人在罗丹返法后写信询问价钱,此时里尔克刚从第二次巡回演讲归来,以秘书身份复信:铜像1000英镑,大理石像800英镑,两者约合45000法郎。几乎同一时期,美国报业大亨普立兹也请罗丹造像,同样的两座像，总值才35000法郎，相差1万法郎，不能排除罗丹想以高价推却这桩生意。如果他这样想就错了，因为萧伯纳夫人是他的热心支持者，主意甚坚，立即汇出1000英镑到他的银行户口，声明无论雕像能否完工，绝不取回。她对罗丹说："我的丈夫说过，要是不请罗丹造像却看中另一个没有这样天才的人，后世人会笑我傻瓜！"

就这样，萧伯纳夫妇在复活节到达巴黎。工作地点原订在大学街，不巧罗丹得了感冒，改为默东。里尔克本身是作家，知道萧伯纳的文名，经常跑来旁观。4月19日，工作开始三天，他给克拉拉写了一封长信：

> 夏天即将来临，至少这里似乎来得很快。你想象一下，天文台路已经翠绿茂密，跟我从维亚雷吉奥归来时来回走过的那样。在卢森堡公园，树荫侵入高处平台，女孩子长裙的光亮减弱了，色调更丰，在盛开的栗树下，春天的光芒已经不再。……
>
> 还有，从昨天开始（经过好多好多艳阳天），日以继夜下着一场微雨，无声无息，蒙蒙密密，柔和细软，"好像从浇水壶洒下来那样"，我想说这句法文，因为听起来更阴暗，更饱满。在这场雨下，绿叶生长，萌发，挤拥，到处都在绽开，新鲜，娇嫩……（我想起罗马。）
>
> 特威德夫妇在这里住两天，跟上次那样，下榻在费尔南的房间。罗丹仍然抱恙（罗丹夫人尚未痊愈，脾气很坏），尽量避开巴黎。他在这里房子的大工作室里（放书那间），开始一个很漂亮的萧伯纳头像（英国爱尔兰作家，我们以前一起读过他的《风云人物》(*The Man of Destiny*)）。
>
> 萧伯纳每天和夫人一起来，我们常见面。头几天我在场，第一次看见罗丹如何入手工作。首先有一块搓过的粘土，随便的一团，放在一个肩膀样子的东西上。这团粘土由别人准备，没有支架，全靠用力揉捏才成团。罗丹开始工作时，把模特儿安置在很近的距离，大约半步远。他借助一个铁造的大两脚规，量度头顶到胡须尖端的距离，随即用小粘土团把这个比例确定在模型上。在工作过程

第八章
罗丹秘书

中,他再量度了两次:鼻子到颈后部,后面左耳到右耳。然后,他很快塑出眉弓的雏形,构成一个鼻子模样的东西,然后划一下嘴巴的位置,就像小孩子在雪人上做的那样。

他让模特儿站立,靠得很近,开始先造四个侧面,然后八个,然后十六个,大约每三分钟让模特儿转一次。先从正面和背面入手,接着两边侧面,好像把四张不同的垂直图画移到粘土团上,然后在这些轮廓之间,嵌入一个又一个半侧面。

昨天,他让萧伯纳坐在一张小童椅上(这位讽刺作家,这位爱嘲笑人但讨人喜欢的人,对这一切极为开心),然后用一根铁线把头颅从半身像割下来(萧伯纳看着这座已经很像他自己,甚至胜过本人的雕像这样被砍头,简直乐不可支)。罗丹在躺倒的头颅上工作,下面垫着两个楔子稍为支撑,从上面往下望,就跟看模特儿的角度差不多,因为后者坐得低,离开一步之遥。然后,头颅放回原来的地方,继续跟以前那样工作。开头时候,萧伯纳站立,有时贴近工作台,以至比头像高一点。现在,他只坐在旁边,跟头像一般高,互相平行。稍远处挂着一张深色布,令侧面总是清楚地显现出来。

■罗丹为萧伯纳造像 / [美]科伯恩摄

199

大师工作得很迅速,我觉得他把一个小时压缩成一分钟,一下又一下地捏捻,停顿时间很短。这时他不动声色汲入形体,填满自己。同时,人们感到他那快捷的动作,像猛禽那样,永远只制作涌进体内其中之一个表面,我们也就明白,他在模特儿摆造型之后还依靠记忆工作……

愿你快乐,充满勇气和深沉的自信。尽管幸福的日子永远不会重复两次同样的东西,如果有朝一日它让我们重新并肩工作,再给予我们像在罗马那次的机会,我们将会大步前进,更有能力,做出大量成果。祝星期天好……

特威德(John Tweed,1869—1933)是英国雕刻家,1890年代到法国学艺时认识罗丹,成为挚友,两人不时互访,在对方家里下榻。他来默东时,住在里尔克之前的罗丹秘书费尔南·拉雷尼(Fernand Lareynie)的房间。他积极推动英国所有与罗丹有关的活动,1917年罗丹去世,他无法亲身到默东凭吊,在英国圣玛加烈教堂为他举行追思弥撒。他本人艺术成就很高,有"英国罗丹"之称。

里尔克在信中没有提及是否和萧伯纳有过任何交谈,即使有也不会很深入,因为他的英文不熟练,而萧伯纳对法文一窍不通。罗丹工作时两人各说各话,加上手势和表情沟通,罗丹后来回忆道:"萧伯纳先生法文讲不好,但他说话那么强有力,教人非接受不可。"多年后,萧伯纳曾经多次为文谈到这场罗丹经历,他的幽默笔法跟里尔克记述的一样生动:

罗丹沉重缓慢地走路,像一个河神,正在花园里建筑一堵墙,每天赚那么三四个法郎……

如果胸像的鼻子太长,他切去一截,然后挤压尖端填补空隙,比起玻璃工人镶嵌窗玻璃,没有更多的情感或装模作样。

要是耳朵位置不对,切下来,啪的一声打到正确的位置。为了这种无情的毁形行为,他向我的太太赔不是(她其实很希望看到,已经极有生命的粘土流出血来），说这比另造新耳朵更快捷。

萧伯纳的出现令里尔克十分兴奋，我们清楚感受到他的愉快心情。他在 4 月 26 日写信给海特太太时，模仿英国作家的幽默口气：

> 您和海特先生知道萧伯纳的作品吗？这个人和生活妥善地相处，和生活融洽一致（这已是一件了不起的事）。他像王尔德或者惠斯勒那样，为自己的作品自豪，但没有他们的自命不凡。他自豪，像狗儿为主人自豪那样……

同一时间，他也给萧伯纳作品德文版的出版商费舍尔（Samuel Fischer, 1859—1934）寄了一封信：

> 几天前，罗丹开始为您的最卓越的作者之一造像，可以指望成为非常杰出的作品。
>
> 几乎从来没有一个造像能够像这座萧伯纳头像一样，得到像中人那么多协助。并非单是姿势摆得极好（他努力保持不动，毫无保留地把自己交托给雕刻家的双手），而是他也懂得如何收拢精神，如此高度集中到身体某一部分，这一切到了雕像，便是表现萧伯纳整个人，其本质无比强烈地由此跃出，一个又一个特征进入雕像。
>
> 萧伯纳这种个性及所有举止，令我希望阅读更多他的著作，我以前只读过《风云人物》。要是我说打算写点关于他的文章（尽管我不是非做不可），是否有足够理由寄几本书给我？
>
> 要是能寄他的一些作品，请相信我深以为谢。我也可以把某些内容传达给罗丹，他想更通晓萧伯纳的书，由于此处还没有法文翻译，目前唯一的来源便是我能告诉他的东西。
>
> 萧伯纳夫人以最讨人喜欢的方式，促成此次为丈夫造像。她事事操心，是一位娴静周到的贤淑妻子，对美好的东西热情兴奋，在丈夫身边打转，就如春风与山羊玩耍那样。这是附带说一下您这位

出色的作者的消息……

萧伯纳在巴黎的时候，正逢罗丹大型雕像《思想者》揭幕。这一天是4月21日，地点在先贤祠前面。对罗丹来说，这是一个大日子。他的作品第一次在巴黎的公共地点树立起来，能够有这一天，也是经历了曲折的过程。

《思想者》本是大型作品《地狱门》的一个组成人物，以《神曲》作者但丁作原型，后来独立成像。1902年放大成一米八高的大雕像，1904年在全国艺术家协会的沙龙展出，曾经引起一场激烈的争论。反对者认为此像其丑无比，"一头庞然大物的畜生，一头大猩猩，一个半兽半人怪物，愚蠢固执，正在想法报仇……"，但拥护者很快便压到这些叫嚷。他们乘势追击，由一直不遗余力支持罗丹的文艺刊物《艺术与生活》（Les Arts de la Vie）发起，向国人募捐铸造铜像，送给政府。根据罗丹意见，选择了先贤祠前面的空地安置。1905年，罗丹和他的支持者在那里树起一座石膏像，让市民预先欣赏。不料几天之后，被人乘夜敲碎。看守抓到破坏者，经警察审问后，发现这是一个社会底层的粗人，完全不懂艺术。他说雕像的动作模仿他吃卷心菜的样子，觉得被人嘲笑，一怒之下砸毁雕像。

这只是无伤大局的小风波，更大危险是政局在此期间出现波动，政府突然倒台，支持计划的内阁部长卸任，幸好接任者迪雅尔丹-博梅茨（Henri Dujardin-Beaumetz, 1852—1913）本身是画家，宣布计划不变，还亲自跑到大学街工作室，邀请罗丹参加官方的艺术指导委员会。这一切并未令他安心，因为有《地狱门》前车之鉴，手中有正式公文，有预付订金，最后仍然半途而废。眼看由国家负责的工地拖了一年，仍未开工，他开始担心，写信陈情：

副部长阁下：

一个月前，蒙阁下告知，《思想者》雕像安放在先贤祠内的工程将继续进行,直至完成。

这些工程仍未开始,谨请阁下继续完成这个决定,因为有关部门全部同意,只要几个星期便足够准备好场地。

此致敬意。

罗丹

1905年12月12日

■ 先贤祠《思想者》揭幕礼
　法兰西话剧院演员朗诵雨果诗歌《天星》

这封信由里尔克执笔,雕像能够建成,他也算出了一份力。到了揭幕那一天,他满怀喜悦去参加,一同前往的有萧伯纳夫人和当时在巴黎的保拉。萧伯纳没有去观看,但他的敏锐洞察力让他明白,《思想者》雕像已经脱离了具体人物但丁,成为一个普世价值的形象,正如开幕式上朗诵的雨果诗歌《天星》(Stella)那样,不是歌颂某一颗具体的星星,而是赞美一个象征,由"自由的天使,光明的巨人"差遣,唤醒沉睡的芸芸众生。

第二天早上起来,萧伯纳请同行的美裔摄影家朋友科伯恩(Alvin Langdon Coburn, 1882—1966),为他拍摄了一张模仿《思想者》姿势的人体照片,以自己的方式把这个历史事件记录下来。

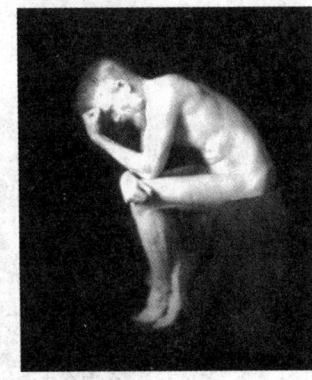

■ 萧伯纳巴黎造像 / ［美］科伯恩摄

萧伯纳在默东出入这段时间，是里尔克当秘书最开心的日子，风和日丽，他不知道一场可怕的风暴即将来临。萧伯纳在5月8日与罗丹最后一次会面，当天乘车回伦敦。一天之后，5月10日，风暴突然落到里尔克头上：

> 这是一个春天的早晨，像其他日子一样，在这个可爱的巴黎郊区里，在这个时辰的爽朗清凉中，薄雾浮动在山坡和塞纳河上，太阳一定正在穿透它的乳白色薄纱。邮件刚刚送到，雕刻家穿着睡袍，戴上夹鼻眼镜，像他通常喜欢做的那样，首先观看和掂量这大批信件，然后拆开。
>
> 其中一封信可能特别容易辨认，因为来自罗丹一位英国朋友，可是收件人却是里尔克。罗丹很不高兴，接着发起火来，好像他的门生犯了不讲信义的行为。他一直以来会不时突然发脾气，但这一次却暴跳如雷，什么也不听，也不看可怜巴巴的诗人狼狈得可能掉下来的眼泪，把他赶出大门……

第八章
罗丹秘书

这段文字来自纪念文集《里尔克与法国》（*Rilke et France*，1943年），文章作者格拉普（Georges Grappe，1879—1947）是一位有才华的文艺评论家，权威的罗丹专家，从1926年到1944年担任罗丹美术馆馆长。任内改革巴黎及默东两地博物馆，将其整顿成目前的格局。同一时间，他亲自整理及出版了馆藏的里尔克《致罗丹信》（*Lettres à Rodin*），着手编辑罗丹作品总目录。然而，第二次大战期间，他没能洁身自好，和维希政权缠夹不清。巴黎光复后，他是第一批被捕的"合作分子"（法奸），此后便在艺术界绝迹。

他想象的场景是根据馆藏信件及同时代人的回忆而来的。一些有机会从旁观察过罗丹日常生活的人，都说罗丹一早起来第一件事是处理信件，有时还让理发师同时替他修发和剪胡子。他一面看信，一面口授秘书回复，处理完成才开始其他工作。晚上工作完毕后，秘书的信件也准备好了，他便坐下来过目和签名。

里尔克面对如此戏剧性的事件，以晴天霹雳来形容尚嫌软弱，简直就是被上帝赶出伊甸园的亚当。他本是一个多愁善感的文弱书生，但同时也有强烈的自尊心，此时被激发起来，表现出过人的冷静。他当天便出去巴黎找地方落脚，很快找到了，但要等两天，5月12日才能入住。回到默东后便开始收拾细软，同时抽空写了一封信通知克拉拉，这是他在默东写成的最后一封信：

> 这个星期天，你只能满足于这封短信。我有很多事情要办，收拾行李，离开小屋，回到过去的自由世界，以及它的所有忧虑，它的所有可能性，重新完全拥有自己所有时间。我充满希望与喜悦。至于这是怎么发生的，几句话便能解释，但我不想写出来：应当发生的事，理所当然发生了。
>
> 我承受了一切，一直到最近，表现得冷静，忍耐，还能够再支持多一两个月。但是大师一定感到我在受苦，结局来得很快，甚至比他所期待的更快，因为他打算要去乡下过一段时间，完全关闭房

子和花园。

因此,我计划星期六搬到城里,我在卡塞特街(rue Cassette)(29号)小旅馆里租了一个房间,以前我们到过那里看望保拉的。虽然房间在她住的地方下面,在中二楼,但仍可隐约瞥见对面高墙伸出来的绿树。我租的房间按星期计,没有期限。我将住在那里,终于能够想一下自己,单独和自己的一切相处。我准备马上动手做完《军旗手的爱与死之歌》,整理好《图像集》(我至今找不到一刻自由的时间)。然后去一下卢浮宫、克吕尼博物馆,或者穿过卢森堡美丽阴暗的小径,走向雾沉沉的太阳……

不要担忧未来。道路有的,一定能找到,下几个星期好好计划。

■ 右方是卡塞特街29号(2011年)
左方是加尔默罗修道院圣约瑟教堂(Eglise Saint Joseph des Carmes)的后园

星期六,时间一到,他便离开这个那么熟悉、那么钟爱的天堂,回到曾经在他心上打上可怕烙印的巴黎凡间。走进小房间,放下行李,第一件事写信给罗丹:

大师:

我不能开始强加给我的无法预见的生活,而不先把一份以最真挚感情写成的简短事实陈述送到您手上。

第八章
罗丹秘书

蒂森先生的信寄给我本人，也寄给您的秘书，我一点也没有想过扣压下来，当天晚上便提过，第二天一早重提，并且建议把已写就几天的信，加上一段关于他的德文信的附言，寄给蒂森先生。要是我在此事上犯了错误，这是因为我认为这封信无关宏旨，因为建筑在错误的假设上，和假设一起变得毫无价值。

您的看法不同，尽管我仍然相信我的观点值得原谅，这封信并非如您猜疑，故意趁您不在时浑水摸鱼。

罗登斯坦先生的信是回信，答复我寄给他的一封纯粹私人信件，当时（我必须提醒您）您把我作为朋友，介绍给罗登斯坦先生。在您的朋友与我之间，通过交谈建立起一种小小的私人关系，我看不出接受它有任何不妥，何况我们有一些共同的亲密朋友。

不过，您不再愿意记得，当时是把我作为朋友邀请到家里来的，数周后要我担任的职务，最初不过是一种方法，为一位穷朋友谋得一些有利他的工作的安静时光。

正是这样，那天早上我们在小路上散步，讨论这个可能性，您提出建议，我当时高兴到极点：

"帮我一下，不会占很多时间，每天早上两个小时。"这是您的话。

而我呢，毫不犹豫要让您惊奇，七个月内，不是两个小时，而是几乎全部时间，全部力量（可惜我的力量有限）。我的写作早已置之脑后，然而我何等快乐，能够为您效劳，能够稍为减少扰乱您的可贵工作的操心事。

您本人呢，向我敞开个人生活，我跟随您的意愿，畏怯地进入里面，从来没有把这种永远难忘的优待作其他用途，只用来在内心深处鼓励自己。另外一个用途是合理而必需的，就是在您的眼睛底下，按照您的意愿完成您的事务。

要是我觉得应该深入了解您的意愿，以便他日能够真正协助，预先知道您的决定，这种想法也不应受责备，任何人想真心减轻您的负担,完满地完成托付给他的任务,都会产生这个想法。

然而,一旦把我的诚心努力,搬移到猜疑不信任的基础上,我的一切表现都对我不利。

现在,我像一个偷东西的仆人,突如其来被人从小屋赶出来。从前,您的友情把我舒适地安置在那里。您这间家庭住房,不是给您的秘书住的……我为此极为伤心。

但是我理解,理解您的生活机体很明智,遇到认为有害的东西,立刻驱逐,保持功能不受影响,就像眼睛排斥妨碍视线的物件那样。

我理解这一切,(您记得吗?)在我们愉悦的静观里,我常常多么理解您?我相信没有一个我的同龄人(法国或其他地方),能够像我那样有能力(以他的个性和工作)理解您,理解您的伟大生命,以及这样一心一意仰慕它。

(我的妻子在稍远地方,以另一种方式,对您抱有同样的感情。我很遗憾,您打发我走时,没有想及她,没有一句话,尽管她从来没有冒犯过您(她那么需要您的帮忙),为何要她分担我陷入的这种被贬黜的命运?)

大师,现在您变成我见不到的人了,就像圣灵升天那样,被带到属于您的天上去了。

我再也见不到您了,然而,像被留下来的悲哀孤独的使徒,我的生活从现在开始。这个生活将赞美您的崇高榜样,在您身上找到它的慰藉,它的道理和它的力量。

我们大家都同意,生活中有一种内在的正义,缓慢地实现,但一定会实现。我把一切希望寄托在这种正义上面,终有一天,它会纠正您强加给一个再无办法也无权利向您表明心迹的人的错误。

里尔克
1906年5月12日

里尔克肝肠寸断,满纸辛酸泪,但对罗丹的崇拜丝毫无损,对未来充满信心。在这封信的附言中,他告诉罗丹不会向其他人泄露这件事,他这样写,当然也希望罗丹这样做,这是日后两人能够重归于好不可缺少的前提:

> 附:我将告诉家人和朋友(尤其我的好朋友爱伦·凯,她过几天来巴黎),我为了集中全力进行写作而离开您。
>
> (三包行李留在房内,已写上必要的标示。要是有一天妨碍您,请以慢邮寄往不来梅附近的沃尔普斯韦德(我妻子的地址)。否则,我知道落脚地方后写信再告[可能要几个月])。
>
> 向罗丹夫人致意,万分感谢她一直对我的关怀。
>
> 里尔克

所有传记或回忆录都说里尔克是一个感情冲动的诗人,可是在这件大事前面,他却条理分明。上面的信写好后,还附上另一封信,完成他作为秘书的最后一个任务:

> 前接吩咐向苏洛阿加查询西班牙通函一事,刚得到答复,附上。再次道别,当时情况不容我这样做。一如既往地全心属于您。
>
> 里尔克

"西班牙通函"是西班牙学院派画家当时对新派发起的一次攻击。在此之前,1905年6月3日至12日,罗丹由苏洛阿加陪同下访问和参观西班牙,会见当地艺术家。学院派知道他的影响力,因此寄信给他,争取他的支持。苏洛阿加接到里尔克查询信后,复信说:"请告罗丹先生,我建议他不要以任何方式接受西班牙画家的要求。这些人全部是浮夸的学院派,反对'新派'"。

里尔克这封"抗议信"是理解两人误会的最重要文献,导火线牵涉到两个人。第一个叫蒂森(August Thyssen,1842—1926),德国工业家,长袖善舞,一手把家族生意发展成德国数一数二的钢铁及机械大集团,2000年与另一巨头克虏伯合并为蒂森克虏伯集团(ThyssenKrupp AG)。他像同时代的富人那样,热衷于艺术品收藏。在罗丹美术馆文献中,他的第一封信日期是1905年12月,刚好在里尔克成为罗丹秘书后不久。他订购三座大理石雕像,总值5.5万法郎,这是一张大订单。三件作品分别于1906年至1908年交货。收到后再下新订单,同样是大理石像,数量四件,总值9.5万法郎。这七件大理石作品现存六件,成为单一拥有罗丹大理石作品的著名收藏,蜚声艺术界,世称"蒂森藏品"。

十分明显,蒂森是大客人,他的信件理所当然受到重视。里尔克认为那天收到的信"无关宏旨",由于原件已佚失,无从知道内容。但是从其他现存信件可以发现,蒂森富可敌国,却不是一个容易对付的客人。他以大买家自居,不时节外生枝,不懂艺术,却提出一连串技术性问题,又要求罗丹为他造像。到了后期,罗丹干脆不再书面作答,而是"这么多问题,我想当面跟你说,而不是写信。我知道阁下常来巴黎。下次路过时,请移步敝处,我将高兴地会面和高声回答问题。"(1911年2月12日信)

■ 德国工业家蒂森

罗丹早已不是吴下阿蒙,何况大客人不止蒂森一个,他不会像小商人那样诚恐诚惶。这样下去早晚会发生摩擦,果然,第二次订单最后两件作品寄发前,罗丹请蒂森把余款6万法郎汇来,对方反过来要求先收货后汇款。两人僵持了一个月,罗丹不回信,蒂森被迫让步:"阁下没有回信,我相信阁下不愿意先寄货后收款,我感到很遗憾,不知道阁下是否应该这样做。鉴于过往的愉快来往,我打算交付一张三个月期的汇票,由巴黎拉菲特街26号阿尔弗雷德—甘斯公司兑现……阁下所为令我感触良多,引以为憾,请原谅下星期五来巴黎时无法会面。"(1911年11月27日信)被迫先交款,仍要三个月才兑现,此人真懂得制造麻烦。如果从这点着眼,里尔克的确出于好意,他看出蒂森的性格,以为主动处理他的信件,能够减少罗丹无谓的烦扰。

信中第二个人的名字是罗登斯坦（William Rothenstein，1872—1945），英国肖像画家，曾受教勒格罗门下，后来到巴黎朱利安美术院学习四年，结识了一批法国新派艺术家，学成后返国。1897年，他跟随勒格罗来巴黎，见到罗丹。虽然两人分属两辈，罗丹对他却很热情，让他为自己画速写，又邀请到默东做客，这可能是看在勒格罗情谊份上，但却征服了罗登斯坦，令他成为忠心的支持者。1898年，罗登斯坦与一班朋友成立画廊，热心向英国公众介绍当代艺术。1900年，画廊展出了罗丹的素描作品和几尊小雕像。这一年刚好是罗丹在国际上名声鹊起的时期，画展在英国吸引了很多观众，也是在这一年10月，他介绍在英国居住的美国收藏家华伦（Edward Perry Warren，1860—1928），订购了罗丹大理石雕像《吻》。在此之前，罗丹作品的英国收藏者只限于艺术家、作家或知识界人士，他们或者路过巴黎直接购买，或者请勒格罗代劳，一般都是小件作品，价格不高。华伦的出现，标志传统的收藏家加入支持罗丹的队伍。雕像订价2万法郎，另加大理石料费5000，这是一个很高的价钱。华伦本来专门收藏古希腊雕像，从不沾手当代艺术，但罗丹例外，因为"这是米开朗基罗之后的最伟大雕刻家"。华伦去世后，雕像转辗在不同地方展出。1953年，最后借展的泰特美术馆买下这座雕像，成为镇馆之宝之一。无巧不成书，促成这件事的美术馆馆长，正是罗登斯坦的儿子。

■ 罗登斯坦：罗丹在工作室（素描，1897年）

■ 罗登斯坦：自画像（油画）

就在华伦订购《吻》同一时期，罗登斯坦和勒格罗联同另两位艺术家朋友，发起公众募捐，向罗丹订制《施洗者圣约翰》铜像，捐给国家。罗丹表示感谢，提出只收回铸造及运费4000法郎。这个建议得到传媒支持，由《星期六评论》（Saturday Review）杂志出面组织，结果比预料好，总共筹集得6500法郎，全数交给罗丹。就这样，这座雕像成为英国官方美术馆收藏的第一件罗丹作品，长达十多年的英国罗丹热便是从这时开始。

当我们知道罗丹和这两个人的交往后，便能明白在他的"账簿"上，他们占有重要的地位。他奋斗了一辈子，很晚才出人头地，如果真的有人想浑水摸鱼，从中取利，他作出猛烈反应是很合理的。然而，里尔克不是小人。在蒂森这事上面，唯一错误是早上收到来信，到了晚上才提及，以及以德文通信，至于和罗登斯坦的关系，更是一点错误也找不到。

罗登斯坦比里尔克大三岁，都是年轻人，都是默东常客，两人谈得来并不出奇。1930年代，罗登斯坦发表了《回忆录》（Men and Memories: Recollections of William Rothenstein），抄录了里尔克给他的一封法文信：

> 罗丹先生沉浸于工作，吩咐我向您多谢如此热情友好的来信，我乐于遵命，何况我尚未向您充分表示，我多么高兴在我们伟大朋友家里见到您。
>
> 大师和我一直希望，您回英国前再来一次默东。您本来应该来一起分享几天安静的日子，罗丹会很高兴让您看萧伯纳的胸像，这座像已经完美地进展，充满生气和个性。要是萧伯纳先生不是一个非凡的模特儿，这是做不到的。他摆姿势所用的力量和诚恳，跟造就他的作家荣誉一样。
>
> 萧伯纳先生和夫人每天都来默东，因为罗丹尽量避开巴黎的工作室，那里目前又冷又潮湿。
>
> 上星期六，很遗憾您没能出席《思想者》揭幕礼。大师很满意这个节日，差不多家庭式的，没有太多喧闹。《思想者》在它永远

第八章
罗丹秘书

矗立的地方居高端坐，先贤祠的大门在背后打开，好像在一团高深莫测的漆黑中，他在思考其中深浅。

罗丹感谢您对默东及其春天的回忆，我不必多言，他多么高兴您喜欢和满意"头像"。对他来说，这是一种真正的奖赏，知道这些作品在朋友家里，被这种永恒的爱所围绕，对他的作品表示的爱属于他所有……

信写于1906年4月26日，在已公开的罗登斯坦档案中，这是唯一的一封里尔克来信，和事件发生的日期很接近。但是，如果说这便是里尔克所说的"纯粹私人信件"，似乎不吻合，这分明是罗丹吩咐写的信。每行每字都在称赞罗丹，即使另有私人信件，很难想像会说罗丹的坏话。至于趁机做私帮生意，对一个不食人间烟火的诗人来说，更加无法想象。他显然蒙受冤枉。

但站在罗丹方面，他的愤怒又是可以理解的，里尔克未预先告诉他便以私人名义发信，而罗登斯坦给里尔克直接回信，似乎两人一起把他蒙在鼓里。除了不开心外，也可能担心里尔克担任秘书日久，逐渐不把他放在眼里，侵犯了他的主人权力。

这明显是一场误会，祸根一开头就种下来，里尔克身份不明，既是秘书又是朋友。说是秘书，却不是普通秘书，开头时只要求每天工作两小时；说是朋友，又不是纯粹帮忙的朋友，除了住食，每月有200法郎的报酬。本来他们互相欣赏，相处愉快，只要平心静气交流，误会就会烟消云散。问题在于罗丹的火暴性格，令这场冲突一发不可收拾，砸碎了一场令人羡慕的友谊。罗丹虽是主动者，心里同样难受，第二天写信给知心朋友诺斯蒂茨夫人（Hélène de Nostitz, 1878—1944），一副垂头丧气的样子："你的信来得很及时，让我重燃勇气，我的精神被无尽无了的搏斗弄得疲倦不堪……"（1906年5月11日信）

两人分手后，里尔克履行诺言，不向任何人透露真相，连克拉拉在内。他在5月19日给爱伦·凯的信最清楚表达当时的心态：

你即将到来，我很高兴。当然，为了不让你失望，必须放弃罗丹，至少不要想见到我和他在一起。我不在他身边已经六天了。我是根据他的要求离开的，相当意外。我为他效劳到最后一刻，用尽全力。不过也不能长此以往，因为到头来没有自己的时间，完全没有。只不过，我很难离开他，一方面不能把他抛弃在这些纸堆中，另一方面也由于我的处境前途未卜。不过，现在他先走第一步，我不会责怪自己，而且应该承认这是最好的事情。

我早已迫不及待渴望做自己的事情，——现在终于轮到了，只不过外界和生活条件将采取某一种形式。事情无论如何要继续下去，像直到现在那样。

我暂时不能说明离开罗丹的其他详情。我只能告诉你，因为你必须知道，我不能陪你去见罗丹，要是见到他，请不要提及我。你或者可以和维尔哈仑一起去。真可惜，几个月来，我一直私心庆幸这件事：带领你到他的作品中，以及进入我住的小屋，但事与愿违。

不过，请不要由此得出结论，我对罗丹已经失去敬慕和热爱，我和他的内心关系毫无变化，只不过目前不能公开表示而已。我应该让时间来调节，恢复我的感情的权利。

罗丹方面，同样没有向任何人提及此事，更没有在人前说过里尔克的不是。世事就是这样难以捉摸，但也有其因果规律，两位朋友虽然出人意外分开了，却更加思念对方。

第九章

比伦公馆

里尔克与罗丹
Rilke et Rodin

  和罗丹相处的几个月的日子,里尔克不仅在精神上得到很大满足,生活上也不必为柴米油盐和房租操心,可说是进入社会后最写意的日子。大概命中注定,上天认为小溪没有暴雨难成大河,于是平地起风雷,把他强行从罗丹身旁拉开,一把推回令人窒息的巴黎。他匆匆找到的落脚点原是保拉居住过的公寓大楼,此时她已经搬离,在不远的曼尼大街租下一套房间,面积更宽广,因为需要一间画室工作。

  在罗丹屋檐下,里尔克觉得没有自己的空间,没有自己的时间,脑袋翻腾着一个又一个写作计划,却无法着手,心情十分压抑。离开罗丹后,开始一个全新的生活,重新拥有全部个人空间,全部个人时间,这种海阔天高的自由感觉,把束缚已久的诗潮解放出来,他进入了一个罕有的创作高潮。两个月之内,完成了《新诗集》大部分诗歌,重新修订了《军旗手的爱与死之歌》和《图像集》。还接待了从瑞典来的好朋友爱伦·凯,花了很多时间陪她参观,前后三个星期。同一时候,他还有时间坐下来当模特儿,让保拉为自己画肖像。可惜保拉的婚姻出现暗涌已有一段时间,她渴望独立生活,成为一个真正的艺术家,不久前提出离婚。她的丈夫亡羊补牢,匆忙从德国赶来,里尔克不方便露面,于是这张肖像画便搁下来,最终没有完成。尽管如此,这张画成了她最著

■保拉:自画像(油画,1905年)

名的作品之一，这段巴黎日子是她的短促艺术生命的顶峰。

1906年7月底，里尔克到比利时和克拉拉会合，一家三口度暑假，然后像往常那样分道而行。12月，里尔克到意大利卡普里岛（Capri）朋友别墅居住，直到次年五月。他的作品一般在圣诞节前后出版，这年也不例外，他在意大利收到《军旗手的爱与死之歌》及《图像集》的新版本。也不知是否巧合，不久之后，大诗人霍夫曼斯塔尔来信，

■保拉：里尔克肖像
（油画，1905年，未完成）

邀他为新创刊的文学杂志《晨》（*Der Morgen*）撰稿。这本纯文学杂志定位很高，名家群集，约稿信说只有几位诗人有资格发表，里尔克名列第一，可见他在德国诗坛地位愈来愈重要了。他寄去刚完成的两首诗，霍夫曼斯塔尔立即采用刊出。

卡普里岛的生活是愉快的，这里是著名的度假地点，左邻右里不是王公华胄，便是富豪名人，当时的苏联特权作家高尔基也在那里有一座别墅，里尔克知道后，通过俄罗斯朋友写了一封介绍信，见过一次面，但话不投机，再无来往。里尔克的居停主人是一个女贵族，酷爱文学，对他招呼无微不至。虽然人来人往，但每天都有一些文化素养高深的朋友围绕身边，精神生活和物质生活同样丰富。可是曾经沧海难为水，巴黎令他魂牵梦萦。尽管在这里写成一些诗歌，仍然无法不想念巴黎的孤寂生活。5月一到，他趁着克拉拉旅行埃及归来路过，毫不犹豫离开了这个金丝银线织成的温柔窝。

1907年5月31日，他回到离开了十个月的巴黎，再次感到巴黎已经成为故乡，好像游子回家，一切那么熟悉，那么亲切，心灵顿然安宁下来，充满信心投入文学创作中。酝酿多年的咏物诗，在这时已踏入成熟阶段，他继续收成。咏物诗是罗丹影响的直接结果，他的名言"永远

在自然面前工作",里尔克听过一遍又一遍。事实上,罗丹本人严格遵循这个原则,在构思《巴尔扎克》纪念像时,不满足于按照历史照片来塑像,而是长途跋涉,跑到巴尔扎克家乡去找寻模特儿和实物。找到的模特儿是一个理发匠,在当地有"小巴尔扎克"之称;找到的物是一件修士道袍,当年巴尔扎克穿着来写作的,于是最后完成的雕像是一个身披道袍的巴尔扎克。

在罗丹的言传身教下,里尔克抛弃了在密室中等待灵感的做法,努力变成一个诗歌雕刻家,跑到现实世界去,仔细观察周围的具体事物,然后回到书桌前,一笔又一笔敲打文字大理石,雕琢出一个个眉目清晰的个体,再注入心中的"宇宙",令它们各有自己的世界,从而获得超越现实的艺术生命。这种缜密仔细的创作方法,和里尔克不拘一格的性格显然不吻合,但他的过人文学才能掩盖了这个矛盾。咏物诗《新诗集》一些篇章进入了世界诗库殿堂,其中以《豹》最为人所熟悉,巴黎植物公园也因为诗篇的副题而进入诗歌王国。这个公园名气很大,面积却有限,位于第五区塞纳河边。它的前身是王家药物园,始建于十七世纪路易十三治下,后来慢慢变为动植物研究中心。十八世纪,著名生物学家布封(Georges Louis Leclerc, comte de Buffon, 1707—1788)担任馆长近半个世纪,令此园遐迩闻名。园内处处繁花绿茵,古树参天,园中一隅辟作小型动物园,《豹》的原型就生活在这个地方。1906年7月20日,里尔克离开罗丹不久,写信给克拉拉:

> 补充今早:今早的信匆忙了一点,这是由于我有一张"艺术家准许证",可以在早上向公众(何等的公众呀!)开放前参观植物公园,因此八至十一时之间,我能够独自一人与动物相处,只碰到几个享受同样特殊待遇的画家。
>
> 我今早禁不住要去。

■ 动物画家在巴黎植物公园的小动物园
（原刊《插图报》（L' llustration）1902年8月7日）

    法国政府特别优待艺术家和作家，像卢浮宫这些有名的博物馆，常常可以看到画家在临摹，即使无名小卒，只要申请时能证明具有一定的专业水平，很少被拒绝。里尔克充分利用了这个特权，经常往植物公园跑。一年后，1907年6月13日，他在补写和修订第一批结集的咏物诗时，在家书中描写如何观察动物：

    昨天，我在植物公园度过整个上午，面对羚羊，多卡瞪羚。两头一起，另一头雌性单独分开。它们躺卧着，距离数步，正在反刍草料，闲适观望。它们的眼神酷似肖像画的女士，缄默无言地凝视着你，一副终极的姿态。一匹马嘶叫，其中一只羚羊竖起耳朵，我看到羚角和耳朵的一道光环，在纤细的脑袋上面。哈亚特疗养院的羚羊的耳朵有没有这种灰色（和毛色相比，就如锡器比黄金），耳内有柔和深色的枝权纹？

    我只看到一头站起来一会，很快又躺下，但在它的腿伸长和尝试之时，看到它们的美妙动作（就像步枪发射时跳跃）。我无法离开，太美了，感到就像面对你的精美照片，只不过变化为这个形状……

哈亚特疗养院（Al Hayat）位于埃及开罗附近，克拉拉旅行时曾在那里住过。他后来写成《瞪羚》一诗，把信中描述的腿部美妙动作，融入诗句里头。这段创作高潮不限于诗作，他还补充完成了《罗丹论》第二部分。6月27日还在做这个工作，7月14日法国国庆节便向克拉拉宣告大功告成，前后不过两个星期：

> 我刚刚完成关于罗丹的写作，或者说我相信如此。比起预算少了20页左右，出版商可能不肯收稿。如果这样，我又要重头再来一次。无论如何，终于完成一件事。
>
> 全靠你体贴的关心，也全靠不断加深的离群索居，我周围好像一个黑房。

《罗丹论》第二部分是应出版商要求增加的，也用于即将开始的第三次巡回演讲会。他履行自己的诺言，继续以"使徒"身份宣扬再"升天了"的罗丹，但这一次，除了罗丹外，还同时介绍和朗读自己的作品。他事前作了一次演习，找来六个青年人，在一位朋友画室中试讲了一次。10月30日是出发之日，像过去那样，他只知道往何处去，不能肯定何时回来，甚至不知道是否返回起点，因此退租了房间。

演讲及朗诵从布拉格开始，中经布雷斯劳，最后是维也纳，这里的听众反应最热烈，除了掌声和握手外，很多人在会后拥到酒店，争着和他交谈，即使几句也好。这些热闹场面令里尔克十分开心，命运也在此时向他微笑，到布拉格后三天，巴黎的一封信辗转送到他下榻的酒店，签名人"罗丹"！

分手之后，他继续视罗丹为导师，凡是相关的事情，都分外关注。1907年6月下旬，他两次写信给克拉拉，追问德国艺术批评家迈尔-格雷费（Julius Meier-Graefe，1867—1935）访问她的详情，因为他风闻这位批评家在新书《印象派画家》（*Impressionisten*）提到访问克拉拉，谈及罗丹时提出一个看法：大师不停工作，只不过是已有作品的伸延，并非发展。这是贬评，里尔克大为紧张。他的忠心耿耿，由此可见。

至于罗丹这方面，同样无法忘记里尔克这个与众不同的门生。分手

第九章 比伦公馆

后不过三个月,1906年8月,他在给诺斯蒂茨夫人的信中已经承认错误,"因为我性子急,和里尔克闹翻了。"他等了一年多,才遇到第一个补救机会。提供这个机会的人不是别人,正是里尔克本人。这一年10月底,罗丹收到维也纳书商黑勒(Hugo Heller,1870—1923)的来信:

> 里尔克先生将于11月初在我的艺术沙龙举行"罗丹艺术"演讲会,他告诉我阁下有150张左右的绘画杰作正在贝尔南—热纳画廊展出。他向我赞扬这个展览会之美,因此我希望能说服阁下抛开与外国人进行画做交易的戒心,准许我在维也纳举行这些画的展览。

■ 黑勒书店(1903年)
(农业市场三号,左方第一座)

贝尔南—热纳画廊(Bernheim-Jeune)是巴黎著名的画廊,在罗丹年代举行过一系列前卫派画家展览,成为鼓吹现代艺术中心。该画廊存在至今,位于巴黎第八区圣奥诺雷街。

罗丹收到信后,毫不犹豫答应了。不仅因为信中提到里尔克的推荐,而且这是一个完美的借口,让他可以直接写信给里尔克,恢复双方联络而不失面子。信很快到达里尔克手中,这是他从分手便开始等待的事情，现在成为事实，第二天在去布雷斯劳火车上，他写信给克拉拉，兴奋心情跃然纸上：

你相信我来布拉格看塞尚画展吗？你相信，我去参加演讲会，在口袋里与你的信在一起，有一封罗丹的信吗？（昨天晚上五时左右）

是的，任何事情都会发生，都会发生，只要全心全意等待。先说罗丹来信，开头"亲爱的里尔克先生"，结尾"问好"，还有专门向你致意和热情的回忆。全信由谢尔尼代书，笔调客气，只有罗丹一人签名。内容关于在维也纳举行的一个绘画展览会，在黑勒先生那里，我正要去这位出版商那里演讲和停留，他问我此人是否可靠。

我高兴！高兴！最近十分棘手，无法和罗丹联系一些具体事情。这次维也纳的展览要做，《艺术与艺术家》（*Kunst und Künstler*）杂志想刊登一些绘画，而我能做的事情，是承认自己无能为力。这种实际联系一旦重新建立，我可以有求必应，于我来说，这是那么自然。

你明白我很高兴。我立即回了信，只说事实，说清楚所有堆积的问题。他刚请人（他这样写道），为他翻译了我的新罗丹论片断，刊登在《艺术与艺术家》那篇（10月号，我随身带着）……

里尔克太兴奋了，把代书的罗丹秘书的名字抄错为谢尔尼（Cherny），正确名字应该是舍吕（René Chéruy）。他一连用了几个"高兴"，激动得不能再等待，利用演讲会前一小截时间，写成给罗丹的回信：

亲爱的大师：

顷接转来布拉格的大函。今晚有一场演讲会，我赶快立即回信。

我自己也打探过黑勒先生的情况，才答应到他那里演讲。我们的大诗人霍夫曼斯塔尔对他赞不绝口。根据他人所言，我相信黑勒先生值得信任。这是一位书商，很有教养，甚至学识渊博，能够在很短时间内为他的沙龙组织到一小群精英观众（目前正在展出李伯曼的铜版画），我们最好的诗人都与他有来往。人家跟我说，他组织的一切都带着高贵而单纯的特点，远不像做生意。我至今与他只有书信联络，但十分满意，因此，我相信可以推荐给您。无论对他或对维也纳，您的信任将是最珍贵的东西。

我相信您的绘画在维也纳展出，对所有艺术家，对维也纳公众，将是一件大事，被允许欣赏这些至高无上瑰宝的公众都是足够先进的。要是我能在黑勒先生的演讲会（11月13日举行）上宣布，很快就有一个展览会，我会多么高兴！

我现在尤其要说的是根据柬埔寨舞娘绘制的画。这些最娇嫩的花儿，开放在您的宏大创作的福地上，永远保存在那里，就像植物在花草博物馆，经过精心干燥后，最后定形下来，本质上保存了它们的生命节奏，虽然脆弱，却是永恒。离开巴黎前最后几个星期，我几乎每天早上都到贝尔南—热纳画廊去，一种惊美的喜悦跟随我一直到这里，拓展了我的心灵。

大约10天前，著名艺术杂志《艺术与艺术家》的主编舍夫勒（Karl Scheffler）先生写信给我，他的杂志想请您准许刊登六到八张女舞者的画。我不敢给您写信，不得不很遗憾答复舍夫勒先生，无法在您那里为此事出力，尽管我十分关心。现在您允许我写信，所以提出此事，推荐考虑。我答应过舍夫勒先生，要是取到图片，我将替他写一些介绍文字。我曾向杂志编辑部建议，找凯思勒伯爵居间跟您接触，因为不久前我们在巴黎见过面，知道他与您有来往。

柏林方面可能已经就此写信，如果这样，我不必再插手。无论如何，我原来准备奉告的。

我最近在同一杂志发表了一篇关于您的作品的文章，只是一篇研究的一部分，准备加入以前的小书中，几个星期后将以新形式出版，到时奉上一册。

这段时间总在旅途上。下一个比较确定的地址从11月1日开始有效：奥地利，维也纳一区，农业市场三号，黑勒先生转交。

请向罗丹夫人转达敬意。全心听候吩咐。

里尔克
1907年11月3日

我将写信给妻子，她一定会为您的亲切美好回忆而高兴。

里尔克发表的文章是《罗丹论》的延续，后来与其他演说稿合并写成1907年12月新版《罗丹论》的第二部分，题为《一篇演说词》。他在这封信里谈及黑勒的口气很慎重，因为这位书商虽然入行已久，但他的私人公司却是新创立，只有一年历史。里尔克没有看错人，这位书商后来成为著名的出版家，和心理分析大师弗洛伊德的关系尤其密切，不仅为他出版著作，还热衷研究他的理论，出版过心理分析杂志。

能够和里尔克恢复通信，同样令罗丹欢欣，他收信后立即亲自回信：

亲爱的里尔克：

所有建议都很好，我全部赞成，任凭自由处理。

我请人翻译了您的著作，我觉得真理斐然，雄辩不在笔画中，而在真理里，在它的广度里，在这种只有操劳过的人才能明白的单纯里。伟大的真理。

罗丹太太和我谢谢您，请转达我们的友好问候给里尔克夫人。向您致意，亲爱的朋友。

罗丹
1907年11月8日

信写好，名签好，日期署上，但他意犹未尽，接着写下去：

我也要谈谈普绪喀图画，我寄了一批到维也纳，还有一些在这里和其他地方。我想起您，可以衍化为一个传奇故事，这么美丽，我用来画了很多张画，把我带到一切以外。这是一个如此有趣味的故事，一个女性和她走进生活的故事。

第九章 比伦公馆

我的图画有点像十八世纪法国画,但永远带着近乎希腊形式的底子。

我寄出的柬埔寨女郎数量可能不足够,但可以说,她们一个个都是普绪喀。因为尽管我热切希望,但未能进入这种如此深刻和美妙的舞蹈里,我的表达方式有点十八世纪的。

不过,这种融合有其妩媚之处,柬埔寨女郎的美超出我们所能,超出我能够捕捉到的美。

到巴黎时来看我,看东西,看东西。我们两人都需要诗歌的真理,需要友情。

罗丹

附言:布兰德斯先生给我来信,提及您。

■罗丹:普绪喀之一(1900年代)

普绪喀(Psyché)是希腊神话人物,人类灵魂的化身,爱神厄洛斯(Eros)的妻子。她的形象在西方艺术中很常见,罗丹很钟爱这个人物,先后以此创造过四个雕像,绘画的数量更多了。

信的附言提到布兰德斯(Georges Brandès,1842—1927),一位丹麦哲学家及艺术批评家,里尔克在哥本哈根见过他。两年后,他到巴黎拜访罗丹,里尔克再次和他会面。

这封信分为两部分，两个相同的日期，两个签名。如果我们知道罗丹不擅文字，写信总是像打电报那样，便明白他心中积存了好多话，要向里尔克倾吐。当他说"我们两人都需要诗歌的真理，需要友情"的时候，简直是从神坛走下来，自愿和里尔克握手，平起平坐了。这封信的赎罪味道形于文字，里尔克不会看不到，因此他回信时，以往日的子弟口吻，毕恭毕敬向大师报告别后经历和感受，好像从未分手过：

亲爱的罗丹大师：

收到美函，至谢。可惜不在巴黎，未能立即往访！我非常需要您和您的友情。我很骄傲在写作中有相当进步，懂得分享您寻找真理的灿烂而单纯的愿望。我自己也在寻找，全心全意，全力投入，不求生活其他奖赏，只求朝着这个至高的目标，缓步而真诚地前进。

我在巴黎一直躲在房内工作，直到十月底，几乎没有见过人。但最痛苦的缺憾，是不能有时到默东去，从您的大作中汲取力量，聆听您的经验之谈。

不过我总算工作得不错，我将会把新出版的书奉上。

我眼下在维也纳，十分忙碌。很奇怪我一个熟人都没有，却有很多人来见我。没有哪半个小时不被某一个来访者所打断，好不容易才避免太多的邀请，我怕疲劳（经过一段绝对孤独时期之后）。

因此，我写的这封临时复信，便是在两个来访之间草成的。

我觉得黑勒先生很友善，值得完全信任。他很高兴能展出您的图画，他日思夜想这件事情。展览会的日期和我的演讲会未能完全一致，因为黑勒先生坚持要细心准备，争取时间邀请内阁部长，以及他认为对艺术活动感兴趣的几位亲王。

他昨天收到寄发通知，我十分希望能在这里等到寄达，看到您替维也纳挑选的图画。

在贝尔南—热纳画廊，《舞娘》的画幅尤其吸引我，但也没有错过欣赏属于《普绪喀》故事的美妙图画。我将很高兴看到更多，更多。我远距离接触过同一个主题，最近写了一些小文章，谈到葡萄牙的修女（十七世纪）、都丝、诺瓦耶夫人……我进步未足，不敢更深入，但总有一天要做的。

敬爱的大师，您深入柬埔寨舞蹈的奥秘，其实比您所认为的更深刻。您的手法穿越十八世纪和希腊，接触到东方的终极舞姿，令人想起圣经有关心灵动作的描写，这些动作把重量从天真驯服的至福身体移除，我觉得这些图画是一种最深刻的启示。

再次衷心感谢。请向罗丹夫人转达忠诚的敬意。此致赞美和友情。

里尔克

1907年11月11日

地址：由黑勒先生转交。或者更简单寄我下榻的酒店：奥地利，维也纳一区，马查特荷夫旅馆

信中提到的葡萄牙修女，本书下面还会详细谈及。其他两人，都丝（Eleonora Duse 1859—1924）是意大利红明星，诺瓦耶夫人（Anna de Noailles，1876—1933）是当时最著名的法国女诗人。

11月13日，里尔克在维也纳举行最后一场演讲会，介绍罗丹艺术，地点在农业协会的大堂。两天后写信给罗丹报告演讲会情况，就像当年以秘书身份巡回演讲那样：

亲爱的罗丹大师：

我从未经历过11月13日演讲会这样令人喜悦的场面。听众都是一时之选，人数不多，全神贯注听我讲话。大厅一直有照明，因此能够观察到听众的个人印象。我很高兴看到有些脸孔神色活跃，有些初入佳境，有些内心正在活动。温柔美丽的女性，大批的青年人。到最后是完全的肃静，只有肃静，好像刚刚敲响的祈祷钟声那样空灵。

我一开始就宣布，演讲之后答复发问，因为我晓得，内在注意力一旦被激发，突然出现疑问，想向演说者提出来，人们至少应该知道，等到演讲完毕能够提出来，这样他们便一直安静地听。但是，有人告诉我，听众太聚精会神了，太信服了，结果一条问题也提不出来。我看到没有人敢打破这种双方和谐的局面，于是自己发问，假设我是听众，至今没有机会看过多少您的作品，是否仍然能够在我的解释中想象您的作品，是否现在需要看您的作品。犹豫一阵之后，一个在大厅后座的年轻人站起来，他说自信能够代表所有听众，肯定自己学到很多东西，感觉到有强烈的需要感谢。他说得很纯真，很令人感动，说完后欢声四起。大家从四面八方向我走来——一只只手伸过来握手——我真希望您能看到这个人同此心的欢乐场面。只有那些新闻记者，被残酷的职业变得铁石心肠，无法相信赞美，有本事不为所动。这一点不会令您惊奇。但是这里的精英人士和青年人，像其他地方一样属于您。我把他们千千万万的敬意，放进我的敬意中，致送给亲爱的大师。

衷心属于您。

里尔克

1907年11月16日

巡回演讲结束后，里尔克接受友人邀请，去了一趟威尼斯。年底前返回德国，到克拉拉和吕特身边过圣诞节，恢复了中断一年的拜年信传统，这一次不愁没有内容，《罗丹论》修订本和《新诗集》第一册刚刚出版，一起和信件寄给罗丹：

亲爱的罗丹大师：

我知道我不该向您说新的一年，因为您每天都开始全部的未来。但是，这几个星期，我未能找到如此期待的时间写信，我以这几句话致送我们热烈的祝愿，祝您身体健康，祝您伟大的创作优秀

第九章
比伦公馆

卓越。同时向罗丹夫人致送我们尊敬而诚挚的祝愿。

我多么希望来跟您握手，而不是匆忙草书这几行字！回到巴黎后，这将是我要做的第一件事，也是我的最大欢乐。要是一月初能回去，我会很高兴。不过，可能要等到四月，才能重新安顿到我努力工作过的孤寂小房间里。随信呈上一些工作成果。有关您的大作的书增加了第二部分，总括了演讲词和最近在《艺术和艺术家》杂志发表的文章，您已经知道这本杂志了。此外，我那本新诗集，有几首诗老实地根据自然写成。我希望有人从中辨认出来，您的大作和榜样如何促成我的决定性进步。假如有一天，人家把我列入那些相当好地跟随自然的人中间，这是因为我真心当您的学生，听从教训，坚定不移。

上月我在维也纳，可惜无法等到您寄出的画作。黑勒先生事后只寄来一封短柬，对展览会相当满意。我本想知道得更多，但时逢圣诞，不要期望从一位书商得到消息，这时的工作以倍增加。我至少希望他已经寄上详细的报告，我要求过他细心做好。此外，我想起这小群经过挑选的听众，他们这样真心地向我的演讲喝彩，我相信画展不会不对这个城市的艺术需求产生最深刻的影响。这个城市有点肤浅，尽管拥有古老的帝国文化，不过却是诚恳和质朴的。

我可能不久路过德莱斯顿，希望有机会向诺斯蒂茨夫人致意。

11月份，我还到过威尼斯，会见了两位威尼斯朋友，她们是您和您的大作的仰慕者。您时常在我们的思想和心里，我们在所有美丽东西前面谈起您。

我的妻子正在雕刻一个小人体像，我觉得不错。她想念您，向您致谢忱和敬意，并且要我向罗丹夫人转达诚恳的问候。我自己也向罗丹夫人表示强烈而尊敬的思念。全心属于您，永远的友情。

里尔克

1907年12月30日

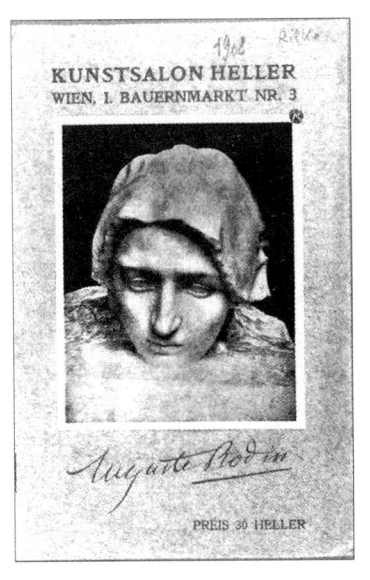

■ 黑勒沙龙罗丹作品展览目录（1908年）

这封信值得文学评论家注意，里尔克强调指出，他的《新诗集》一部分篇章是"跟随自然"的直接结果，可以说，咏物诗是把罗丹教导的视觉美术原则应用到诗歌的产物，是一种诗歌雕塑。罗丹收到信后，立即提笔回信：

亲爱的朋友：

非常高兴收到各次来信，最新诗集，以及关于我的雕塑的新作。我知道这本书以前发表过部分的内容，第二部分将请人翻译，我将很高兴阅读。我们已经到达这个程度，从这里开始无往不利，离开了十九世纪模式的范围。这个模式以一个神奇的字眼代替工作，一个替无能者和懒惰者幸运地找到的字：理想。这是一个所有可笑的矫揉造作者的口令。当一个人一辈子工作，他对理想有自己的看法，但很单纯，不会装模作样。

自然需要我们简单地、连续地观察和吸收，这也是一些对话，等您到默东来，我们再重新开始。您可以现在来，也可以随您意思迟些来，小屋空着。

我的妻子和我祝您和里尔克夫人、小女孩新年好，我猜她仍然很听话。

亲切致意。

罗丹

1908年1月6日

虽然两人都渴望早日重逢，重拾以往的友好来往。可是里尔克过完节便病倒，得了重感冒，尽管克拉拉从旁悉心照料，但他仍然卧床足足一个月。1908年2月初，他拖着孱弱的身体，到意大利卡普里岛朋友家

第九章 比伦公馆

休养，等到身体有点起色才写信给罗丹：

亲爱的罗丹：

自收上信后，我度过何等的光阴，您的信令我无比欢欣。试想一下：我们某一天将恢复畅谈，有那么多话题可以重新开始，享受一下小屋的殷勤招待，享受周围勤奋良好气氛——对于我，这是一种乐土的生活。我本想立刻赶来，却连信也无法写，因为在德国病倒了。今年那儿的冬天有害健康，不怀好意，气势汹汹。最后我逃到卡普里岛，接受在那里等待我的友好招待，向太阳寻求一些力量。我希望不久康复，在春天还未过去太多之前返回巴黎。第一件事是到您的身边。我相信您一如既往地工作，和开始重新朝气蓬勃的花园和睦一致。

我衷心想念您，重读了一遍普绪喀的故事。我因此常常想起小花魂，您令它们从古代花瓶上涌现出来。

附上维也纳报纸一篇剪报，谈论我的书。我寄给您，因为一位高明的评论家，第一次从我的著作里正确地辨认出，您的大作和榜样影响了我所做的一切，为了慢慢实现一种率直的、没有谎言的艺术。这是一件庞大的工作，永远无休无止。

请向罗丹夫人致意。亲爱的大师朋友，永远全心属于您。

里尔克
1908 年 3 月 8 日

附言：稍后寄上一篇小文章，我曾试图在一群德国听众前面，论证诺瓦耶夫人的英雄式女性纯艺术。

这封信远未能满足罗丹，他急切等待会面，却只闻楼梯响，不见人下来，心中正在焦急，里尔克却发来一个电报：

听说有一个《劳动塔》（*La Tour du travail*）的国际委员会，如果属实，衷心地千次万次祝贺。

里尔克
1908年3月20日

卡普里岛迪斯科波里别墅

《劳动塔》是罗丹晚年的一个大计划，最初是一位杂志主编朋友的主意，打算用于1900年展览会，但因为时间不足，没有真正动手便搁置。展览会结束后旧事重提，罗丹提出一个野心勃勃的方案，雕像采用大楼形式，高度130米，相当于当时的艾菲尔铁塔一半，从下到上布满雕塑。但是直到罗丹去世进展不大，留下来的实物除了塔的雏形和几个人物，只有一组独立成像的人物《祝福》（Bénédictions）。里尔克发电报时，正是传媒谈论最多的时期，在法国和比利时，有人发起组织支持委员会，准备筹募款项，这便是电报中所说的"国际委员会"。

■罗丹：劳动塔（石膏稿）

可能计划离现实还很远，罗丹没有直接回答，但更激发他对里尔克的思念，再次提笔写信：

亲爱的朋友：

> 春天快到了，您也来默东住回您的房间吧，重新开始我们的友好交流，我们会合得来的。
>
> 罗丹
> 1908 年 3 月 28 日

这封信像电报那么短，半命令半请求，里尔克不会无视罗丹的迫切心情，加上已有计划离开意大利，于是向罗丹预告行程：

亲爱的大师朋友：

谢谢您的春天召唤，它大为帮助我终于作出决定。

我大约 4 月底回去，就在巴黎落脚，一个数月前便安排好的安静角落，为了一个人单独生活，与一本要完成的书做伴。

但我首先来默东——至少住几天——急切地住回心爱的小屋。要是真的不打扰您和罗丹夫人，以后常回去，因为我打算在巴黎停留一段长时间。

再者，我们无所不至地交谈，远胜我能够写的笔谈。

您改天或者有兴趣请人翻译一下随信附上的文章，著名诗人霍夫曼斯塔尔先生谈巴尔扎克雕像。我觉得文章很美很真，我以红笔标示的段落，论及您在这座庞大的雕像中，给予这位元素型、几乎史前时代的人物的决定性创造。

亲爱的罗丹，致友好敬意，余下的很快连同我的心一起带上。

里尔克
1908 年 4 月 7 日

附言：向罗丹夫人诚挚致意，我想念花园和所有美好的东西，焦急地盼望再见。

这当然不是罗丹等待的回答。里尔克愿意返回默东小屋短住而不长居，理由是多方面的，出版商正在催促他完成《新诗别集》和《马尔特手记》，默东每天人来人往，不是一个可以静思写作的地方。另一方面，他和罗丹的紧密关系已失去以前的重要性，这几年，他在文坛闯出一角天地，不必整天为前途担忧；两本咏物诗集已届完成，他的创作进入了另一种境界，罗丹的艺术教导不再适合他新的文学方向。虽然两人重归于好，但要完全抹掉当年难堪一幕的阴影，必须尽快改变从前的师徒关系，正常化为地位平等的朋友，这样的友谊才更稳定和持久，两人拉开距离成了必经之途。

里尔克在 1908 年 5 月 1 日回到巴黎，住进康帕涅—普雷米街 17 号。街道位于艺术家聚居的蒙巴拿斯区，不少著名的画家和作家曾在这条街居住过，其中有诗人阿拉贡，雕刻家杜尚，达达派查拉，美国摄影家曼·雷等。这条街的法文名字 rue Campagne-Première 原意是"战役—第一场"，据说是率领起义民众进攻巴士底狱的一个中士，在法国大革命中晋升至少将，为了纪念他的第一场战役而起的街名。17 号不是公寓大楼，而是一条封闭小巷，内有七幢小房子，里尔克住处已不可考。这是相熟的德国女画家福尔默勒（Mathilde Vollmoelle，1876—1943）空出来的住宅和画室，连家具也不用操心。

■康帕涅–普雷米街17号（2011年）
这是一条封闭小巷，内有七幢小房子

独立居住是里尔克和罗丹建立新关系的第一个举动，第二个是迟迟不在默东露面，罗丹得悉他到了巴黎，派人送来一张名片：

小屋等候支配。问好。

寥寥几个字，迫切心情明晰可见。里尔克动身前虽已在信中说明另地居住，但也说过"首先来默东——至少住几天"，所以罗丹用"小屋"来提醒他的承诺，私底下期望小屋的魅力令他回心转意，长期逗留下来。可是里尔克不为所动，婉言拒绝：

亲爱的大师朋友：

您的一张小名片绕了一个大圈子，现在到达我这里。小屋子等待我——唉！——可是回巴黎比原先所想晚了，我无心之间失去了很多时间，必须把自己和工作关在一起，独自一人。您比任何人都能理解，我这种孤独倾向日渐明显，比任何时候更强烈，因为有几个月时间忙于会见许多人——很少工作。

我本想上星期天和您畅谈，可惜未遇上。恳请订一个方便时间见面，一起谈天。

只有在此之后我才能开始工作，开始完全孤独的生活。首先只有一个念头：再见到您的广大无边的思想，我的榜样。

完全属于您。

里尔克
1908 年 5 月 12 日

附言：我的妻子也来了巴黎居住和工作，最初几天我帮她安置。她向您致敬和问好。

罗丹的名片和里尔克的复信现存罗丹美术馆。名片没有日期，有人以铅笔加上"5 月 4 日"几个字，经过专家细辨，证实属于里尔克笔迹。就是说，名片写于他到达巴黎第三天，可是等到 12 日才回信，中间相距 8 天。可能真的是"小名片绕了一个大圈子"，也可能"上星期天……没有找到您"，但也不能排除另一个可能，他不急于回复，撒了一个小谎。罗丹没有深究，收到回信即日便送来第二张名片，邀他第二天就来见面：

亲爱的朋友：

如有可能，请明天下午来默东。问好。

如此说来，他们的重逢在12日之后。里尔克可能与克拉拉一起赴约，他们虽然聚少离多，即使人在巴黎也分居两处，但对外始终以夫妻身份出现。里尔克是穷光蛋，经济上对克拉拉毫无帮助，但在事业上一直支持她，很努力向罗丹推荐，希望得到提携。这一次他毫无困难得到罗丹同意，让她到工作室工作，他为此写了一封感谢信：

敬爱的大师朋友：

感谢您对我的妻子的亲切关怀。她刚跟我说，您允许她到大学街工作室工作。她多么快乐！她很高兴。我相信在这种情况下，她在巴黎的日子将有长足的进步，她的力量和勇气将面目一新。

衷心感谢。

很高兴得知罗丹夫人的健康大为改善，请在她面前多多提及我。

全心属于您，亲爱的罗丹。

里尔克
1908年5月

罗丹的工作室很有名，在那儿工作是当真正的助手，参与制作订单或创作。很多人慕名而来，自动请缨，不求报酬，只希望能够得到大师的指点。罗丹并非来者不拒，相反的，很少人能得偿所愿。克拉拉能进去，多少因为罗丹想讨好里尔克，希望两人关系更好，更多见面。可是情况刚好相反，过了一段时间，里尔克大概感到应该写信解释一下：

亲爱的罗丹大师：

这段时间没有见面，不要以为我不惦念，刚好相反。但是我关闭在房间里，好像果核关闭在水果里，只有吃饭才外出。甚至我的妻子每星期只来探我一次，匆匆一聚。

> 我的书应该8月底完成,可是还有很多东西要做,因为有一个多月时间工作得很差劲,几乎没有成果。
>
> 现在我再鼓起勇气,必须毫不放松继续下去,直至完成任务。
>
> 此祝夏安,衷心希望永远快乐,像我工作顺利那样快乐。
>
> > 我属于您
> > > 敬爱的大师朋友
> > > > 全心全意
> > > > > 您的
> > > > > > 里尔克
> > > > > > 1908年7月20日
>
> 请在罗丹夫人面前替我致意。

这封信的问候语拆为数行,以梯级形式写成,这是第一次出现,表现了他的心情舒畅愉快。这种形式后来屡屡使用,1910年后才慢慢停顿。到了1913年5月,他突然再使用这种形式,然而,那是给罗丹最后的一封信。

这封信没有提到想见面,罗丹却当看不到,收信后抓住机会邀请他到默东晚餐:

> 亲爱的朋友:
>
> 很高兴收到来信,尤其高兴您干得起劲。下几个星期天,抽一天来默东晚餐(除了下一个星期天26日)。我会很高兴见面,跟您交谈,让您看些古代艺术品。向夫人致意。
>
> 亲爱的朋友,稍后见,问好。
>
> > > > > > 罗丹
> > > > > > 1908年7月22日

里尔克不如罗丹着急,慢条斯理挑选了最远的日期:

> 敬爱的大师朋友:
>
> 谢谢亲切鼓励的说话,谢谢友好的召唤,我十分高兴。

如您所言,下星期天不算,再下一个星期天刚好月初,总是有些事情和书信缠身,所以打算挑第三个星期天,8月9日来默东。

来前几天,将打听那个星期天您有无别的安排。要是能在您身边度过这一天,这将是一个节日,一个大好日子。

很多话要谈,心中渴望看到美好的东西。

亲爱的罗丹,永远深深地属于您。

里尔克
1908年7月23日

谨向尊夫人致敬意。

罗丹却等不了那么久,再次写信要求里尔克提前约会。里尔克拗不过,在提议的两个日期中挑选了后面那个。这是一个星期三,罗丹一般星期天休息,其余日子都有工作或应酬,这次破例放下手中的粘土,和一个当过他秘书的年轻人清谈,可见里尔克对他有一种魅力:

亲爱的罗丹:

太好了,这样我能更早见到您。我已经计划好明天星期天的工作,下星期三(29日)到府上,因为这一天适合您。如果没有别的更喜欢的钟点,我早上十时半至十一时到达。

希望您提及的感冒没有令您不适,最近几天太阳完全回来了,希望很快痊愈。

亲爱的大师朋友,星期三见。请接受我的问候和一如既往的敬意。

里尔克
1908年7月25日

里尔克一定察看出罗丹不再以大师身份和他打交道,这封信第一次简单地把罗丹称呼为"亲爱的罗丹"。

这段日子,罗丹需要里尔克更甚于里尔克需要他,有时甚至不再等待,干脆跑去找他,还带来礼物,于是便有里尔克下面一封信:

亲爱的罗丹:

第九章
比伦公馆

  我很遗憾没有见到您。我去了卢浮宫，星期天常去那里。但今天早上出发时迟疑了一下，现在才晓得应该听从这种微弱而隐蔽的声音，它可能是一种您要路过的内心预感。人永远不够留神。

  您留下的礼物真美！衷心感谢您和罗丹夫人这个奇妙的篮子，散发出8月美丽田园的风味。它在我面前，像一幅夏尔丹杰作，简单而令人信服。我那么爱食水果，美美吃了一顿，但没有因此而得到安慰，相反的，您的好意增加了我未能接待的遗憾。

  我相信，我也祝愿，您旅行归来身体安康，精神焕发。

  至于我，正在收拾行李箱，日内离开这个工作室，暂时住到我妻子的工作室去，她上星期动身去了汉诺威附近的乡下，在那儿完成上一个冬天开始的工作。我自己很想随后去，到她的朋友家里住一个星期。我尚未决定，但是书写完了，神经有点紧张，感觉疲倦，因此换一下空气想来也是好事情，之后再精神奕奕开始秋天和冬天。

  我打定主意后再奉告。要是留在巴黎，我很快来拜会，如果出发也一样，因为只去一个星期。

  请恕行笔匆匆，在行李箱和疲倦之间很不舒服。深深再谢，敬爱的大师朋友。

里尔克
星期天（1908 年 8 月）

  请向罗丹夫人致敬及致谢。

里尔克的道谢艺术很到家，夏尔丹（Jean-Baptiste Siméon Chardin，1699—1779）是法国古典派画家，擅长静物画。

克拉拉的工作室在巴黎第七区瓦雷纳街（rue de Varenne）77号，房子有一个名字：比伦公馆（Hôtel Biron）。1752 年，建筑学教授布隆岱尔（Jean-François Blondel，1681—1756）出版了四卷本《法国建筑》（*Architecture françoise*），收录巴黎"最可观"（les plus considérables）的教堂、王宫、府第和大型建筑物的图样，这座房子名列其中。只要看一下平面图，便可以发现主楼只占整体很小的面积，其余辟作大院和法式花园，气派迫人。

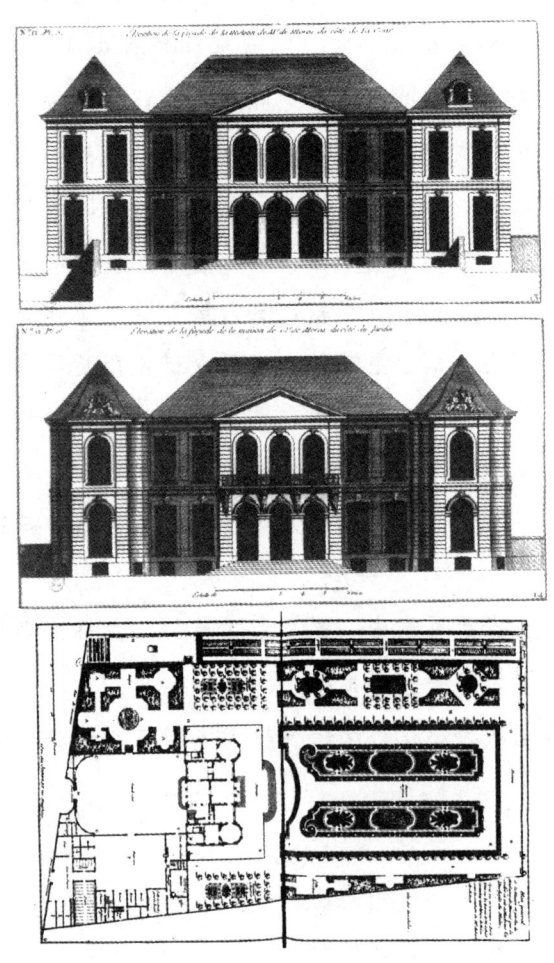

■ 比伦公馆建筑图（原载《法国建筑》，1752年）
（上）正面（中）背面（下）平面图（左起大门，前院，主楼和后花园）

主人是一个长袖善舞的金融投机家，房子始建于1728年，一度被誉为"巴黎最漂亮的房子"。虽然美轮美奂，却没有给主人带来好运气，建成后仅仅享受了一年便去世。几经转手，房子落到海军大将比伦公爵手上（Louis Antoine de Gontaut-Biron, duc de Biron, 1701—1788），他在这里举行过很多盛大的游园会，令这座华厦成为巴黎豪华和权势象征的地点，他的名字也与这座建筑物永远连结在一起。公爵享了35年福，他的福气却由后代来付账，法国大革命期间，妻子和继承人侄儿被送上断头台。

■ 海军大将比伦公爵（1792年）
［法］鲁日（Georges Rouget, 1783—1869）绘
（巴黎军事博物馆藏品）

1820年，耶稣圣心会（Société du Sacré-Cœur de Jésus）购下大宅，这是一个以教育为目标的宗教团体，有点像著名的耶稣会。大宅改建为女子学校，原有的华丽装饰一扫而光，但建筑物美丽的外观毫不受影响。如此平安无事直到十九世纪末，法国左派掀起运动，要求破除拿破仑和梵蒂冈签订的1801年"政教条约"（Concordat），最后成功通过法律，实行政教分家。天主教变成"私人团体"（association privée），神职人员不再由政府发放薪金，但政府尊重公民信仰，保证宗教自由。这个变化把国家与天主教的"脐带"割断，阵痛无可避免。具体执行时发生很多冲突，最棘手的问题是教会财产的归属（教堂、不动产、动产等），法律规定在此之前的财产全部属国家所有，初看似乎像充公，政府是唯一获利者，但事后证明并非如此。因为不动产主要由教堂组成，动产是教堂的家具、装饰和法器，政府没有用途，回过头来交给教会管理，实际上物归原主，而且主人少了一个烦恼，不必再负担庞大的维修

费用。

至于非宗教崇拜用途的不动产,命运迥然不同,政府老实不客气没收,另派用场。在此之前,耶稣圣心会的修女已经被放逐出国到梵蒂冈,比伦公馆空无一人,于是顺理成章在1905年落入政府手中。这个时期,政府一下子多了大批教会的建筑物,又不好长期空置,于是指派比伦公馆暂作廉租屋,供给年轻艺术家和作家居住。就在里尔克住进去那个时期,画家马提斯在那里开班教画糊口,美国舞蹈家邓肯(Isadora Duncan, 1878—1927)租了一个长廊作练舞之用,邻居有一位年轻的诗人科克托(Jean Cocteau, 1889—1963),后来成为法国名作家。

这里到底曾经是贵族的深院大宅,气势远胜普通民居,三公顷的大花园,市区罕有。里尔克一住进去,便有似曾相识的亲切感,因为他有不少富人朋友,常常邀请他到古堡或庄园,他很喜欢这种高贵的环境。加上比伦公馆空置数年,成为公产后缺乏维修,墙壁破烂没人修理,花园完全荒废,很符合他的浪漫口味,住进当天便赶快写信告诉罗丹:

敬爱的大师朋友:

您应该看看这座漂亮的房子和大厅,我今早住进来的。三个大排窗奇迹般面向一个荒芜的花园,有时看到天真的兔子跳过栅栏,好像一幅老式壁毡。

如果最近进城,我将很高兴与您共晋午餐。请挑选一个合适的日子,钟点和地方。

衷心想念,握手。请相信我永远全属于您。

里尔克
1908年8月最后一天

里尔克有点夸张,克拉拉租下的圆形房间只有两个窗,大楼中央大堂才有三个排窗,可能这是他的愿望吧。

第九章
比伦公馆

■ 比伦公馆正面（1910年代）
（原载科基奥：《罗丹在比伦公馆和默东》，1917年）

■ 比伦公馆后面及花园局部（1910年代）／［法］德吕埃摄
（原载《艺术与艺术家》1920年第二期）

罗丹正愁见不到里尔克，接到来信立即吩咐秘书回复：

先生：

　　罗丹先生向阁下和夫人致意。同时告诉阁下明天星期三到瓦雷纳街77号您的家里午膳。

　　此致敬意。

莫里斯·布德
1908年9月1日

这次见面少不了长谈，两天后，里尔克写了一封长信给罗丹。他们之间的书信一般都像清水般明白易懂，偶然有些隐晦字句，也不难找到解释。这一次却一反常态，令人摸不着头脑：

亲爱的罗丹：

我正在思考昨天的谈话，接续下去，想得很远。

我相信终有一天找到这个问题唯一的思想结晶。我本性中有一种天生的需要，深入了解爱情的遗传性弊害，以求能够赞颂爱情的神圣风险，（按我的信仰）风险对两性和所有人都是一样的。

但是，每个人在自己的位置上都有道理，只要像您那样在自己的位置上光芒四射。所以，您生来就是胜利者，因为拥有一千零一种力量。而我只有一种，唯有和它一起自我关闭起来（像果核那样）。

随信寄上茱迪·戈蒂埃的波斯小说。您将一如既往，直达书中的美人，唤醒她们，看到她们的第一个笑容。

亲爱的大师朋友，衷心问好。

里尔克

1908 年 9 月 4 日

附言：您在书里会找到一小截北欧灌木枝，我的妻子刚寄来的。这小块刺绣不是很精致吗？可能由一块波斯布料剪下来的呢！

这封信让罗丹美术馆前馆长格拉普苦思了十多年。他在编辑里尔克《致罗丹信》时留意到这封信，十多年后，在一篇纪念文章中提出自己的见解：

是否太冒险提出这样的解释：这一天，两位朋友之间一定进行了一次彻底的解释，这是 1906 年分手之后从未有过的机会。他们之前已和好如初，不再提起默东痛苦的一幕，但暗里仍存在一些难堪，双方都有。这一天，他们的谈话使用高雅的措辞——是的，真像柏拉图对话——让罗丹和里尔克以暗示方式，消除昔日的误会。

他对自己的推断虽然很有信心，但仍不敢肯定："在里尔克书信中，这片断的措辞不寻常，令我们十分遗憾没有其他这类众多谈话的回忆记述……"他的苦恼是很可理解的，他没有提及这封信另一个谜："我正在思考昨天的谈话",信写于4日,午饭却是2日吃的,中间的3日他们又见面了吗?

这个谜还没有解开,秘书代笔的罗丹复信又提出另一个谜:

先生:

罗丹先生十分感谢大函及茱迪·戈蒂埃的书。他将前往看望您,以及拿取送给他的小雕像。

此致敬意。

罗丹(秘书莫里斯·布德代笔)
1908年9月5日

赠书不是谜。作者茱迪·戈蒂埃(Judith Gautier,1879—1917)是著名诗人泰奥菲勒·戈蒂埃(Théophile Gautier,1845—1872)的女儿,早年以东方情调作品享誉文坛。1867年的成名作《白玉诗书》(*Le Livre de Jade*)选译唐宋诗词,自由发挥为优美的散文诗,曾被转译为多种外语,影响了整个西方。她一生写作不辍,是一位多产作家,1910年当选为龚古尔文学院第一位女院士。里尔克赠书题为《依斯肯德,波斯故事》(*Iskender, histoire persane*)。依斯肯德是阿历山大大帝的波斯名字,该小说以他到波斯寻找"长生花"的传说为背景。

■ 罗丹在比伦公馆的房间之一(1910年代)
(原载科基奥:《罗丹在比伦公馆和默东》)

至于另一件礼物"小雕像",和上信留下的谜团一样,如果只凭两人的来往信件,无法回答。幸好这些苦恼不必很长时间便消失,因为里尔克家书陆续公开,在这一年9月3日的一封信中可以找到完满的答案:

  我刚搬进来,罗丹便让人通知要来。昨天早晨他来了,敞开胸怀跟我谈话,没有牢骚,没有偏见。我留神不让他误导我,同时对他表现友好,像一直以来那样。要是他现在有求于我们,即使只有我们以前有求于他的千分之一,都将是最昂贵的东西!

  可能你的感受不同,这无所谓。对我来说,这几乎是一个奇迹,这条如此遥远的道路,我一直追随,直到被人曲解,它迷失在伤心和彷徨中,如今不仅找回,而且打完一个大圆圈,因为他现在表现出有重大的内心需要。

  我们坐在你那间高天花板的房子里,他站起来摆好头像,转动它,又一次很开心。我向他朗读贝多芬写给贝蒂娜的信:"我没有朋友,我必须和我自己单独生活,但是我知道,在我的艺术里,上帝接近我比其他人更近,我毫无畏惧接触他,我每次都认出他,理解他,因此我也毫不畏惧自己的音乐,它不会有噩运,谁理解它,都会摆脱其他人经受的苦难。"

  他很喜欢这段话,以前便知道。当时巴尔扎克雕像展出,有人把全篇寄给他。他比任何人更明白,我们昨天发现的东西,他老早便经历过了,甚至已经生儿育女。

  我现在也看清楚他的命运,可能源自家族。我向他谈起北方人,那里的女人不挽留男人,那里可以有没有欺诈的爱情:他听着,听着,不能相信这一切存在,但愿意体验一下。在最孤独而又最灿烂的道路上,女性是伪装,是圈套,是陷阱。他似乎认定这是宿命。

  诚然,他也认为人之情欲应该充分发挥和转化,变得无论何时何地,都一样强烈,温柔而迷人。所有东西,凡是超越性爱,达到肉欲最完美的境界,都会转化为心灵的东西,只能在上帝身上才能

第九章
比伦公馆

与之同眠。然而,对他来说,女性仍然不在此列,而在此之下。她们像物件那样,不会转化为更高的要求。她们希望得到满足,她们得到满足。因此,她们好像男人的一种食物,一种不时流进他们体内的饮料:酒。罗丹相信酒。于是我向他谈起修女,谈起这儿和那儿出现的转化至福,女性也有超越满足的要求。

他不相信,很遗憾,他举出很多女圣徒支持他的说法,证明她们利用耶稣当作姘夫:一种阳刚的温柔代用品,一个天下间最体贴的情人,还能找得到的情人。

我再次以我的修女反驳,向他指出,她如何在几封信束里超越她的爱人,而且清楚知道。我肯定告诉他,要是沙米伊侯爵这头畜牲对最后那封信让步,返回来,她一点也不会看到,就像一个人在塔顶看不到一只苍蝇那样。我毫不动摇,在谈修女时寸步不让。

这便是昨天和今天谈话的局面,一个棋盘上的阵势,你可以通过这些描述来想象。我很高兴,能够意想不到谈到这些题目,可能它们一直以来拦在路上。

一定是这个时辰到了,罗丹在自己庞大的总数中发现计算错误。这证明了世界有其秩序。他可能因为暂时出现困难,被这种反复出现的危险的阴险面目所纠缠,正好在这时候,有一个人回到他的身旁,这个人很需要以自己最明智的知识,去理解和归纳这种危险。

罗丹像一个古代神明,囿于固有的习俗,甚至有些对我们来说已经没有价值,但仍要用于他的精神崇拜及其构建。我改变不了他。但是声音在他身旁说出来,进入他的现实世界,不再出来。这已经很重要。

我们今天又例外一起午餐,理由如下:罗丹要成为你的华厦的邻居。他租下低层全部房间,以及地下右翼,包括中央方形那一间,我本来想租的房间。这些房间是他想找而一直没有找到的,以至他开始在其他地方动手建造。他打算在里面放置很多物品,有时来看看，通过宏伟的窗门欣赏园子，在这个地方，没有人会找到他，或者想到他可能在这里。

我对这一切感到很开心，昨天又出了一次门，买回那座好看的圣克利斯多夫木雕像，它很像罗丹。我今天送给他，作为吉祥征兆，我跟他说："这是罗丹，拿着他的作品，愈来愈重，但是他拿得起世界。"（可爱的小孩坐得笔直，左手抱着一个地球，下面是一个高大的老人在走路，步态优美，有平面①。这是一件十六世纪优秀作品。）他很喜欢这件物品，同样也喜欢我的解释，像小孩那样开心，急着要拿它。对他来说，这是吉祥的兆头。

然而，我还未讲到最后一件意想不到的事：我也一样，继续与你为邻。我租下左角的房间，在古尔维茨小姐楼下。圆形的建筑有两个房间，直通平台。对我来说租金太贵了，比预计开销多出500法郎，但我愿意工作，不再去旅行，不停地工作，总有办法找回500法郎。对吗？我以为最好不要再推后，不要等待楼上福尔默勒的困难成熟。

就这样，我有一个自己的地方，冬天开始时便搬进去。杜瓦尔先生正在准备罗丹的地方，有很多工夫要做，所以我要轮候，不过目前在你的房间，我住得很排场。作出这些决定后，我觉得轻松舒服，以后任何事都没有问题。行动比做体操好。再者，这里下雨了，秋天的天气，好像10月已经来到，但现在随它方便，只要上帝恒定不变。再见……谢谢对我的思念，它一定在这些事情中起了作用。

第一个谜解开了，格拉普的推测不正确，他们没有回头再谈当年的误会。连续两天一起午餐及长谈，内容充满哲学意味，这是因为他们真的讨论哲学命题。罗丹这时正在步向70岁的暮年，进入一个人总结一生的阶段，丰富的人生留下一些无法解开的疑团，而年龄的增加又提出

---

① 即模塑。

新的问题,例如死亡,他需要一位知心朋友一起讨论。

齐美尔在《忆罗丹》一文中,提及里尔克转述的这段时期另一次长谈,话题正是死亡:

> 一位与罗丹很接近的德国诗人告诉我,罗丹在战前不久到巴黎他住所探望了他。这位诗人说,罗丹当时情绪很激动,不容劝说,他尴尬地、结结巴巴地承认,说他今天第一次想到了死亡。然而他谈论死时却十分幼稚,几乎像是孩子般的,好像是在谈论一些不可理解的东西一样。为什么人必须得离开这一切呢?他是那么一种类型的人,他感到世界上的一切都看得见,摸得着,并不感到自己也在人中间。因此,他只能在作品中暴露他自己。在现实生活中他则处于完全孤立的境地,他与人们的关系,一方面是自我欣赏,或者有时是残暴的。另一方面就是纯表面的和形式的。①

无独有偶,罗曼·罗兰在1943年一篇回忆文章中,也记录了里尔克告诉他的另一次与罗丹的谈话:

> 有一天,罗丹来找里尔克,神色不安:"我不知出了什么事……您能否解释一下?……我去第戎参观大教堂……可是提不起兴趣。这是这辈子第一次发生的事情,在一件美丽的东西前面……这是怎么回事?"

里尔克是和罗丹讨论这些形而上话题的适当人选,他多年来一直在思考人生问题。当他发现轮到自己能够帮助罗丹时,角色的颠倒令他很高兴。

至于第二个谜——礼物,这是一件荷兰古艺术品。圣克里斯多夫(Saint Christophe)原为民间传说的巨人,中世纪成为天主教人物,最早记载在十三世纪的《金色传说》(*Legenda sanctorum Aurea*)里。他

---

① 译文引自周涯鸿、陆莎、沈宇青、刘玉声等译:《桥与门 齐美尔随笔集》(三联书店上海分店,1991年)

渴望侍奉基督，听从隐士劝言以行善来修道，守候在水流湍急的河边，帮助渡河的人。一天夜里，他肩负一位小孩过河，小孩的重量异乎寻常，累得他差点倒下。到了彼岸，他对孩子说："哎，小家伙，你陷我于险地，你在我的肩膀上那么沉，即使背上整个世界，也没有那么重！"小孩答道："克利斯多夫，不必奇怪，你的肩上不止有整个世界，还有创造世界的主。我是基督，你们的主。"

罗丹是天主教徒，不会不知道这个故事。里尔克的解说虽然有点讨好之嫌，但赞扬话谁不爱听，加上雕像相当精致，人物造型与罗丹相似，他高兴地接受下来。此后一直小心收藏，不轻易示人。直到1955年慕尼黑罗丹展览会，这尊高度58厘米的木雕才第一次出现在观众面前。

■ 圣克利斯多夫背圣子渡河像
（荷兰古木雕，15世纪）

信中提及的修女，要上溯到1669年，法国出版了一本《葡萄牙信柬》（*Lettres Portugaises*），里面收入五封情书。写信人名叫玛丽安娜·阿尔科福拉多（Marianna Alcoforado，1640—1723），葡萄牙修女。收信人是一位法国贵族军官，法王路易十四派来帮助对抗西班牙的威胁。写信人在信柬中自述一年间的感情经历，从一见钟情，到狂热爱恋，到最后发现被抛弃而绝望。书的主题是古往今来文人墨客讴歌的爱情，描写的是普世的人性，因为文字优美奔放，一出版便受到热烈欢迎，第一年重印了五次。但是也有人质疑此书伪托，此后数百年，争论不休。里尔克没有怀疑，对他来说，黑就是黑，写信人就是玛丽安娜，白就是白，收信人就是沙米伊侯爵（Noël Bouton, marquis de Chamilly, 1636—1715）。他对玛丽安娜的爱情评价甚高，难怪在法国国家图书馆看到此书后，尽管坊间已有德文翻译，还是决定重译。书在1907年译好，1913年出版。

多年来，里尔克在巴黎一直栖身在带家具的公寓，如果在旅途，不是旅馆，便是朋友招待，从来没有为家居布置伤过脑筋。这一回面对一个几乎全空的房间，清洁打扫不难解决，杜瓦尔是公馆的市政府管理员，可以代劳，但添置必需的家具要真金白银，教他大为伤神。他不善理财，又不是锱铢必较的吝啬人，不时会陷入阮囊羞涩的境地，于是想到向罗丹求助：

敬爱的大师朋友：

我一面简单地布置我那边的房间，在我们地下那层，一面担心一下子铺张过度。我知道可以向您坦率说出自己的忧虑，因此有一个想法，请问（在我继续这方面的找寻之前）是否有一张普通的桌子（大型或中型），可以借给我作书桌之用？只用一段时间，我将逐步补全。

如果有一张用不上的桌子，我可以叫人上去取，我不希望我的请求对您造成任何不便。

要是没有，只须直接跟我说"没有"。

我们的市政府管理员很卖力，不必催促。他像史前人那般健壮，已经消失的猛龙也可能被他吓倒。

我的大厅总是很美丽，为我安排一些意想不到的美妙东西。

前几晚，我不敢点灯，因为不想冒犯月神，她带着光华的队列进入我的房间。

随信寄上一本书，内容丰富，独具个性，谈论十八世纪的威尼斯。翻阅一下或者会喜欢，因为您刚跟圣西门交谈。

亲爱的大师朋友，不久再见，致友好问候和敬意。

里尔克
1908 年 9 月 12 日

根据《致罗丹信》编者考证，有关威尼斯的书是瑞士作家莫尼埃（Philippe Monnier, 1864—1911）的作品，他在 1907 年发表了《十八世纪的威尼斯》（*Venise au XVIIIe*）。至于圣西门公爵（Duc de Saint-Simon, 1675—1755），是路易十四时代的王室贵族，晚年撰写的《回忆录》（*Mémoires*）记录了凡尔赛宫廷实况。

罗丹收信后，立即答复。根据邮戳，信是从凡尔赛发出的，这是他假日常去的地方。这天刚好是星期天，一定是他吩咐随行秘书直接从那里回信。

先生：

罗丹先生告诉您，他有一张变黑了的白木大书桌可供使用，大约 1.6 米乘 1 米，连同书架。这件家具没有款式，但实用。如果要的话，罗丹先生等候来取，或差人送上。

他推荐您阅读昨天星期六《费加罗报》增刊，有一段日本节日的可爱描述。

此致敬意。

秘书　莫里斯·布德
1908 年 9 月 13 日

信在星期一早上到达里尔克的手里，他准备叫人去取，先写信通知罗丹：

第九章
比伦公馆

敬爱的大师朋友：

　　星期一上午，我开始新的一个星期，再没有比您的友好来信更好的开端了。对您的好意深以为谢。我觉得您提到的桌子正好合用：这将是一片肥沃广阔的平原，我在上面安放手稿，像村庄那样。

　　我带着无比的谢意接受。

　　我猜这张桌子在默东，我跟这里的杜瓦尔先生说一声，让他稍后去取。他来的时候，预先通知。

　　我设法找《费加罗报》的文章来看，谢谢特意提醒。

　　亲爱的大师朋友，全属于您。

里尔克
1908 年 9 月 14 日

　　附言：我多高兴有一张来自您那里的桌子！那天发信后，我多次责备自己打扰您。但现在我很高兴，再谢。

信刚寄出，桌子却到达了，解决了一个大难题，于是他高高兴兴补写另一封信：

亲爱的罗丹：

　　只有在为乖孩子写的神仙故事里，才有这样子和这么迅速实现的愿望。桌子到达了，再也梦想不到那么好，十全十美。

　　您永远行动，像古代天神那样，喜欢行动，热衷行动。

　　　衷心感谢

　　　　我属于您

　　　　　全心全意

　　　　　　里尔克

　　　　　　1908 年 9 月 14 日

里尔克习惯居无定所，什么打算都是临时的。最初租用比伦公馆说

"暂时",借这张桌子也一样说"只用一段时间"。但和比伦公馆一样,这张桌子到了他房间以后,便没有再离开。桌面很宽大,可以放很多书籍纸张,正合他的需要。这一年11月11日,凯思勒伯爵路过巴黎,替他拍了几张照片,其中书桌前工作是最著名照片之一。偌大房间,高大的天花板,四周墙壁没有任何装饰,真的"家徒四壁",唯一的奢侈品便是这张古老的橡木桌子,孤零零摆在中央。

■里尔克在比伦公馆(1908年11月11日)/
[德]凯思勒摄
(德国文学档案馆藏品)

■里尔克在比伦公馆(1908年11月11日)/
[德]凯思勒摄
(德国文学档案馆藏品)

第十章

最后的华尔兹

十九世纪末,德国经济向荣,国内出现一股热潮,要把德国建成"文化中心"。很多企业家出钱出力,收购艺术品,建立私人美术馆。这个热潮后来发展到地方政府,拨款给公立美术馆增加藏品。在当代艺术家中,罗丹是一个重要的收藏目标。里尔克一直不遗余力宣传罗丹,两人关系密切,引来一些外国出版商、美术馆、收藏家,希望通过他认识罗丹。搬进比伦公馆最初的日子,一家德国杂志委托他筹组一期罗丹专号,他立即转告罗丹:

亲爱的罗丹:

慕尼黑的艺术杂志《大众艺术》(*Kunst für Alle*),在1905年出版过两期您的专号,文章作者是波恩教授克莱门先生,我相信您认识他的。这本杂志的社长最近通知我,打算为您的作品再组织一次同样的专题。他请我转达这个想法,我向您推荐,希望能答应。

1905年第一次出版时,您曾挑选一批照片借给杂志社。社长舍瓦兹(J. Schwartz)先生希望这次获得同样的优待。我能否告诉他可以指望呢?他需要30来张照片,出版完结即奉回。

至于挑选,我将很高兴在今年冬天与您一起进行,一点也不急。这是我提出的合作条件,必须有充裕的时间。文章由克莱门教授或者我执笔(要是我开始的工作容许的话,这是我的愿望)。

不过,这一切都是后话。目前请先通过秘书告诉我,这个计划有无可能得到您的欢心?杂志社在图片方面能否指望您的促成

第十章
最后的华尔兹

帮忙？

（我手头有1905年的出版物，如果想再看一次，随时奉上，不必费神在档案堆里找了。）

我利用这个意外机会，再次致以友谊的敬意，并祝秋安。

亲爱的大师朋友，我属于您。

里尔克

1908年9月17日

罗丹让秘书回信，请里尔克全权处理，至于谁写介绍文章，他选择了里尔克。克莱门教授（Paul Clemen, 1866—1947）是德国著名的艺术家和历史学家，但无论如何没有里尔克近水楼台的优势：

先生：

罗丹先生通知您，他完全同意《大众艺术》打算刊登的新插图文章。

他将为这篇文章提供30来张未发表过的照片。

他希望您撰写文章，因为克莱门教授已经够忙了，正在写一本关于罗丹和他的作品的书。

请把这个答复转达给《大众艺术》社长。

今年冬天，罗丹先生将很高兴和您讨论这个新计划。

此致敬意。

莫里斯·布德

1908年9月19日

里尔克以传播"罗丹福音"为己命，罗丹要他写文章，焉有不写之理：

亲爱的罗丹：

谢谢您吩咐人写给我的信。我立即把您的友好赞同转告给《大众艺术》社长，他将会很高兴。

事实上，我希望能抽空写这篇文章，热切希望。要是留给我充足时间，我会写。这正是我向杂志社长提出的，并且向他保证，在这种情况下，我极其愉快做这件事。错过一个谈论您作品的机会，将是一个真正的损失。人家以为什么都说完了，其实还有很多东西要谈。

敬爱的大师朋友，握手，忠实地属于您。

里尔克

1908年9月20日

附言：我很高兴读完描述日本节日的精美短文。我感到我们与众不同的文化和人家相比，如何地虚假和没有根基。人家亲切地接触大自然，即使离开也是为了更多情地返回其中。

日本节日的短文，是罗丹一个星期前推荐的《费加罗报》文章。罗丹对日本感兴趣不是为了猎奇，而是与创作有关。

与中国艺术相比，法国人很晚才认识日本艺术，可以说要等到十九世纪六十年代明治维新，日本向世界开放，参加在巴黎和伦敦举行的世界博览会，法国人才发现真正的日本艺术。日本的浮世绘对法国文艺界影响相当大，由于风格独特，表现手法与西方迥异，东方情调浓得化不开，令法国人倾倒。1872年，一位收藏家在一篇文章中创造了一个新词"日本风"（japonisme）来形容这个潮流。我们现在参观十九世纪法国画家或作家故居，常常会见到墙上挂着屋主人当年收藏的日本版画，雨果、莫奈的住宅就有。

罗丹早年奉古希腊和古罗马艺术为圭臬，临近1900年时开始把眼睛转向东方，创作绘画时引进日本版画的一些元素，把自己的绘画定义为"在古希腊与日本之间变化的速写"。1906年马赛举办殖民地博览会，他认识了来欧洲闯世界的日本舞伎花子（Hanako，1868—1945），次年在巴黎观看了她的舞蹈表演，对终场的武士式自刎表情大为惊叹，为她塑造了一批绘画和雕塑。罗丹博物馆藏有花子送给罗丹的一张表演剧照，右下角以英文写着："送给罗丹先生，无限挚爱，花子"。

■（左）花子题赠罗丹的照片
（中）罗丹：花子（石膏）
（右）罗丹：花子（素描）

《大众艺术》的罗丹专号进展得很顺利，里尔克作为中间人，负责转达双方的意见，前后一个星期便确定好计划：

亲爱的大师朋友：

《大众艺术》的社长迅速给我回话，向您致以敬意，并且表示很高兴能够指望您的慷慨帮忙。

他同时约定由我执笔写文章，确定了交稿的最后期限，差不多还有一年时间。因此有可能一早就构思这件心爱的工作，等到内在压力达到足够的强度，必须让它出生时，我便能完成。

另一方面，我要请您原谅，这几天要用到我们的市政府管理员。因为必须尽早安置好新房子，腾出妻子的工作室，她10月份前可能要回来。

杜瓦尔先生告诉我，您的房子有几间已经准备就绪，他帮我安置后立即回头继续工作，也就是说过几天。

亲爱的大师朋友，我完全属于您。

里尔克

1908年9月24日

一直以来，里尔克承诺罗丹的事情，一定会尽心去做好。但这次不知为了什么理由，两年后，1910年10月15日《大众艺术》罗丹专号出版时，介绍文字的作者不是里尔克，而是德国艺术评论家格鲁多夫（Otto Grautoff，1876—1937）。不过，专辑的图片是里尔克搜集的。

摄影术和罗丹几乎是同龄人，到罗丹成名时，摄影已经通过制版印刷技术进入杂志和书籍，他明白这种新艺术的重要性。从1880年开始，他向摄影师打开自己的工作室，为自己的作品拍照。社会上以摄影为职业的人不少，但摄影器材和技术仍在新生阶段，拍人像照已经很吃力，拍艺术作品更没有把握。何况雕刻特别难处理，石膏像全身雪白，铜像乌黑一团，要拍出多层次细致的照片，十分困难。当时的习惯是石膏像衬以黑布作背景，铜像用白布，所得照片很生硬，细节全失。

罗丹不满意，刚好他认识一位年轻人，名叫德吕埃（Eugène Druet，1868—1917），贫寒家庭出身，靠个人奋斗在阿尔玛广场开了一家小咖啡店，名叫"游艇俱乐部"（Yacht Club）。这里邻近大学街和塞纳河码头，罗丹常常到他的咖啡店歇脚，慢慢成为朋友。德吕埃对摄影情有独钟，当时的人星期天多以钓鱼或打猎消闲，他却用来摄影。罗丹知道后，从1896年起请他拍摄作品，开始时效果不佳，两人讨论改进，到后来找到一套方法，能够真实显示作品的真髓。这个工作是义务性质，没有报酬，德吕埃肯这样做，因为他像里尔克那样，崇拜罗丹，乐意为他服务。

罗丹记在心上，1900年世界博览会筹备个人展览时和他签订合约，让他拍摄作品照片，展览时挂在墙上，与作品互相呼应，销售所得的百分之十归他所有，另加展览入场券收入的百分之一点五，按月算账。展览结束后，罗丹寄给他的最后一张支票是4500多法郎，这是一个大数目。他还满足德吕埃的请求，准许他在未来三年内继续独家售卖这些照片，如果罗丹自己需要，不再免费供给，按照批发价收费。

罗丹出名，连带德吕埃也出了名。作家布里松（Adolphe Brisson，1860—1925）在1900年写了一连串万国博览会的报道文章，其中一篇题为《在罗丹的小饭馆老板那里》，记述了罗丹、德吕埃和他一起度过的一天。文章先在《时报》（*Le Temps*）发表，1901年收入集子《博览会场面与典型》（*Scènes et Types de l'Exposition*），出版商请人画了一张插图，最前面提着照相机箱子那个人便是德吕埃。

第十章
最后的华尔兹

■ 罗丹、德吕埃与布里松从渡船上下来
（原载布里松：《博览会场面与典型》，1901年）

不久后，现代艺术家画廊为他的照片举行展览。德吕埃被视为一位具有艺术成就的摄影家，不仅梵高、塞尚这些艺术家找他拍摄作品，当时红透半边天的俄国芭蕾舞男明星尼金斯基（Vaslav Nijinsky，1890—1950）也请他拍造型照。1903年，他在罗丹鼓励下开设画廊，为艺术家办展览和买卖作品，借助罗丹的光环，成为颇有名气的艺术品商人。他继续忠心于罗丹，继续为他拍照，直到1917年去世。画廊后来由妻子接手经营，直到1935年关闭。

由于罗丹的关系，里尔克也常到他的咖啡店，喝过他亲手泡制的咖啡。向他购买照片本应手到擒来，想不到碰了一个软钉子，向罗丹求助。但他很快弄清楚原因，赶快写信解释：

亲爱的罗丹：

请不必费神写信给德吕埃，不值得如此劳师动众。我因为听到那个职员的话才打扰您，以为需要特别准许才能购买照片。我只要知道它们像其他照片那样出售便行。万分感谢，不久再见。

我属于您。

里尔克
星期五

附言:这几天我还未开始工作,如果把手稿送来,我有时间聚精会神去读。还有什么事情能够更好引导我把精神集中到自己的工作上!多亏您,我可以更直接地进入,我相信如此。

附言提到手稿,罗丹的文化程度只有几年的小学教育,不可能是舞文弄墨的好手。然而他对艺术有深刻的见解,愿意与人分享,因此百忙中仍然不时写些文章,交给艺术杂志发表。罗丹找里尔克看稿,一方面因为里尔克是作家,修饰文字轻而易举。另一方面,他们经常磋磨艺术问题,熟悉对方观点,以前有过修改演讲词的合作经验。里尔克做这个工作十分认真,以至专家在罗丹的文字中找到他的文风痕迹,甚至有人认为《法兰西大教堂》这一段不可能不是出自他的手笔:

> 银莲这只眼睛,发炎,流血。我没有见过其他花这样令人心碎。眼前这一朵已达暮年;满布细密的皱纹,花瓣似乎脱开了,花朵即将坠落。我用来放花的那只波斯瓶,蓝、白、米色,可以做相称的坟墓。——这朵花的姐妹们,盛开着,描画出美丽的玫瑰花饰。

1903年《罗丹论》第一版出版后,里尔克曾经从意大利写信给罗丹,告诉他一个英国出版商即将出版该书英文版。现在第二版出来了,又有人要翻译。这一回是瑞典人:

亲爱的大师朋友:

我的一位同行,一个年轻的瑞典人贝克斯特伦(Arvid Baeckström)和他的朋友,今天下午可能来敲您的大学街工作室门。

第十章
最后的华尔兹

　　您晓得，我下过决心永远不要让更多人打扰您。这次破例，请允许这个有天分的单纯的青年人，参观您的工作室里的大作。并非只是由于他热爱您（在您的美丽东西前面，他甚至无法表达自己的感情，因为他的法文很弱），而是因为贝克斯特伦要把我写的罗丹的书译成瑞典文。如果在吸引他担任这个任务的信念之上，能够有机会添加一个对您的多产气氛的至高回忆，我认为他能够更好完成这件挂在心上的工作。

　　我昨天把名片交给贝克斯特伦先生，介绍到您那里，但我赶快抢在前头，以这封更清楚的信来代替名片，因为当时写得匆忙，很潦草。

　　要是这次拜访不合时宜，请不必客气，向这个年轻人关上门好了，只怪我举止不当，我保证永不再犯。

　　全心属于您，亲爱的朋友，

里尔克
1908 年 9 月 26 日

这位瑞典年轻人真不简单，不懂法文却不远千里跑来巴黎找原作者。参观罗丹工作室的念头可能来自里尔克，作为鼓励。但是时间太急迫了，罗丹没有及时看到信，两位瑞典人无功而还。第二天，罗丹吩咐秘书答复：

亲爱的朋友：

　　您的两位朋友昨天来过，因为太晚，无法如愿让他们参观工作室。

　　能否星期一（明天）中午 11 时 45 分，亲自和这两位先生来一趟。我听候你们的支配，直到 12 时 45 分，到时我要离开。

　　等您前来，亲爱的朋友，致意。

罗丹
1908 年 9 月 27 日

星期一是工作日，里尔克知道这是例外，所以听从吩咐，亲自陪同瑞典人去，顺便谈及其他东西。回来后写了一封道谢信：

敬爱的大师朋友：

　　这段时间，人家按我的指示，把一些木板安装在未来工作间的一扇门后面。因此我有了一个书架，足够用了。我再次多谢您愿意借家具给我，在这种情况下，我很抱歉无法享用。

　　我回来后感到很愉快，在您创作的大理石雕像前面经过，我度过了宽广而明亮的一刻。我感谢您。

　　明天见，亲爱的大师朋友。

里尔克
1908 年 9 月 28 日

信的结尾说"明天见"，那不是约会，而是罗丹租下比伦公馆后，除了布置好起居房间，还陆续从默东转移了一批作品和古代艺术品收藏到这里，打算作为巴黎的主要活动地点，这段时间几乎每天必到。里尔克住在旁边，两人见面机会增加，有时一起午餐。主动者不再限于里尔克，罗丹有空也会来找他：

亲爱的罗丹：

　　您走后半小时我便回来了！我跟您提过的这个来访打乱了我的习惯，整个星期不够准时。然而明天星期四我没有约会，希望您也没有。我不特别守候，但明天 10 月 1 日待在家里，像往常那样留到 12 点半。如果您喜欢来，会见到我，我将高兴共进小小的素食午餐，按照田园圣母院的规矩。

　　没有见到您，很不开心，我不知道是否有任何东西能代替这美好时刻的一瞬。

　　全心属于您。

里尔克
1908 年 9 月 30 日

附言：我坐在桌子前，面对打开的窗户，天气晴朗而宁静，我像树木那样享受。

在罗丹书信档案中，有这段时期的两封信，关于日常小事的，可以看出他们的关系已经达到互相完全信任，可以主动替对方处理钱财的事情：

亲爱的大师朋友：

不，我没有把书拿走，我放在第二间工作室一进门右边的家具上面（以黄纸包裹）。在那儿应该找到包裹。

明天见。

里尔克
1908 年 10 月 27 日

亲爱的大师朋友：

今晚我不在的时候，有人送来一封信给您。看门人不在场，他的妻子收了信，同时收下送信人带来的 65 法郎，说是您刚才买东西的找头。她收了钱，可能做错了，因为没有您的特别吩咐。不过我希望附上的信件对此解释清楚，不会令您不快。

我以为不附上这 65 法郎更简单，我代为保管，过几天来时才交还。

亲爱的大师朋友，不久再见。全心属于您。

里尔克
1908 年 10 月 29 日

10 月是秋季沙龙（Salon d'Automne）举行的日子。在法国艺术史上，这是第三个非官方沙龙。第一个是 1863 年的"落选作品沙龙"，只开过一次便销声匿迹。第二个是 1884 年的"独立艺术家沙龙"（Salon des Artistes Indépendants），由新派画家发起，口号是"没有评判，没有奖金"，任何人都可以参加，一直存在至今。

■ 第一届秋季沙龙海报（1903年）
（秋季沙龙藏品）

秋季沙龙创建于1903年，发起人包括罗丹的好朋友卡里埃，宗旨是推动当代艺术，但不排斥其他派别，兼容并蓄，作为古典派与现代派之间的桥梁。

1908年的秋季沙龙按时举行，里尔克跑去参观。沙龙除了展出在生画家作品，还举办回顾展，总共四个已故画家，前三位是法国人：蒙特切尼（Adolphe Monticelli，1824—1886），马赛画家，画风影响过梵高；布雷斯丹（Rodolphe Bresdin，1822—1885），石版画先驱，以怪异、异国情调为特点；希夫拉尔（François Chifflart，1825—1901），"罗马大奖"得奖者，以雨果作品插图著称。余下第四位是西班牙的格雷科，文艺复兴时期画家，正是他的一张作品令里尔克激动得写信给罗丹：

亲爱的罗丹：

我刚从画展归来，在格雷科的《托莱多》（Tolède）前面度过一个钟头。我觉得这张风景画愈来愈令人惊奇。我要向您描述看到什么。是这样的：

一场雷雨暴发，突然落到一个城市后面。城市在山坡上，陡直地向它的大教堂上升，再往高处是古堡，正方形，厚实。一道破布条状的光线犁过土地，翻转它，劈碎它，在树林后面，照出这里一块、那里一块的浅绿色草场，好像失眠的时光。一条狭窄的河流，无波无浪，从一大堆冈峦流出来，以墨黑的蓝色严重威胁着灌木丛的绿色火焰。心惊胆跳的城市,蓦地站起来,仿佛要戳破周遭的恐慌。

一定有过这样的梦。

可能我弄错了,有点激赏这张画。您看过后,请告诉我。

全心属于您。敬爱的大师朋友

里尔克

1908 年 10 月 16 日

托莱多是西班牙中部古城。4 年之后,1912 年,里尔克第一次踏足西班牙,为了格雷科这张画,特意把这个地方列为首站,停留了差不多一个月。

罗丹收信后没有跟他谈格雷科,后来才告诉里尔克他不喜欢这个画家。里尔克争辩说,格雷科画中的天空,其他同时代画家没有人画过。罗丹说:"朋友,天空没有意思!……"

罗丹的回信不谈格雷科,只是通知他有一个绘画个展正在马里扎布大街的德万比画廊(Galerie Devambez)举行。因为他此时已无必要参加一年一度的沙龙展出,随时随地都能举办个展,只要开口,不愁找不到愿意合作的画廊。里尔克接到消息,立即前往观看:

■ [西]格雷科: 托莱多(油画,1597)
(纽约大都会艺术博物馆藏品)

敬爱的大师朋友:

谢谢昨天的名片。收到后半小时,我到达马里扎布大街,站在图画前面。这些图画似乎很熟识,却每次都暗地里以一种原始力量出其不意攻击人。

在您的大作中,一切都那么合乎情理!您创造出来的雕刻地球，快速地运转，把这些绕着您旋转的星球投掷到极限边缘。这个天空的科学，跟您的雕刻地球的科学同样地广阔。

在这个激荡颤动的苍穹里，我找到一些熟悉的星座：柬埔寨女郎熠熠群星，带来一个如此温暖的春天；到处有些令人无法忘记的星辰，发出倾国倾城的火焰；普绪喀故事这条哀艳银河，在这里那里浮现断片。

更远处，我看到其他星辰涌现，等待我们去发现，等待我们去喜爱，在科学天体图上还完全没有标示过。

所有这些存在的东西，在永恒一刹里变得无限明确，（似乎）在音乐和几何之间保持着一种天体的平衡，那里还有一种混沌要标示节奏（因为空间无边无际）。

全属于您，亲爱的大师朋友。

里尔克

1908年10月21日

观后感写得很有意境，几乎是一首诗歌，可是跟画展的实际情况相悖，因为展出的作品再一次引起激烈争论，评论家唇来舌往，充满火药味。1890年前后，罗丹在雕塑的地位已经稳固，把创作范围扩大到绘画。当时巴黎的模特儿供应点在红灯区比加尔广场（Place Pigalle），罗丹每天早上到那儿挑选，有时一个，有时两三个。他使用模特儿的方法和其他画家大异其趣，带回工作室后，不要求摆固定姿势，而是自由走动，自由动作，他从旁加以引导。速写方法同样别出心裁，眼睛紧盯模特儿，不看画纸，握笔的手听从眼睛指挥，在纸上飞快划动，把瞬间姿势记录下来。以至有时画笔划到画板外，掉到地上。他的好友、作家米尔博（Octove Mirbeau, 1848—1917）称之为"盲写画"（Dessins sans voir）。罗丹解释说："我的目的是试验我的手，对眼睛看到的东西感觉到什么程度。"这种方法速度极快，名副其实的速写，画成的作品超过7千张。

开始时，罗丹按照雕塑方法，根据速写草图重画，加以修饰，才成为最后作品。这些绘画在1886年第一次公开展出，立即引人注意，因为风格独特，笔画简练到极点，不追求形似，人物却活灵活现，完全没有学院派的拘谨僵化。其中几张人物的姿势十分豪放，或臀部高耸，或双腿张开，但经过加工，虽然引来不少议论，仍未招致卫道士的抨击。

到了1907年，他准备了大批绘画参加秋季沙龙，但到最后一刻取消。人们以为看不到他的作品了，忽然巴黎大街贴出海报，马德兰大道的贝尔南—热纳画廊为他举行绘画个展，数量303张。看过的人这时才明白，罗丹放弃沙龙事出有因，其中一批速写姿势惊人地大胆，没有经过重画，毫无修饰，前所未见，以当时的社会通识来衡量，可以划进色情作品之列，主办者不得不放弃。罗丹向来不乏反对者，这次他们抓紧机会讥笑谩骂："无耻到连猴子看了也脸红！"一向支持他的评论家朋友，不敢过于冒犯普通人的道德价值观，婉转地向他进言。专栏作家亚历山大（Arsène Alexandre，1859—1937）在《费加罗报》为文，介绍他的速写方法后说："无论如何，没有一位艺术家能够像罗丹那样让人进入他的隐私，他是否应该让这一切原原本本进入他梦幻的沸腾中呢？"言下之意，如果只是私藏，个人欣赏，无伤大雅，打算拿出来示人就不应该画了。

里尔克当时人在巴黎，尚未和罗丹重归于好，也去看了。他在10月15日的家书中，写下观感：

> 现在，在这一切以外，想象一下罗丹的绘画。本来准备秋季沙龙展出，目录有一整页全部预告，但是原本用来展出的大厅，一早便塞满了蹩脚的作品。
>
> 今天我在大马路上，看到它们在贝尔南—热纳画廊里，150多张。你可以想象，我立即抛开一切跑去画廊。那些画果然在那里，很多熟识的，我曾经帮手镶画框，装进以低廉价格大批买回来的白金色画框中。
>
> 不过，我真的熟识吗？似乎很多东西在这段时间已经改变了

（塞尚？时间？）。两个月前写的东西几乎再没有价值，当时在某种程度上还有点道理的。但是像往常一样，当我东差西误写艺术文章时，不过是一种个人临时的看法，而非根据画作本身客观地推断出来的事实。阐释它们，能否阐释它们，我现在感到为难，正如以前感到前景远大那样。我宁可它们无须阐释，更有节制，更为客观，简化到只剩下本体。

我以新的方式欣赏其中一些画，另一些则排除出去，我觉得它们的光华是在阐释反射中闪耀，一直到我发现一些未见过的画。大约有十来张新画，散布在其他画中间，全是罗丹为了更从容欣赏，追随西索瓦国王的舞蹈女郎演出时期的作品（你记得吗？我们当时看过有关报道）。

她们在那里，这些苗条的舞娘，像羚羊变形，一双纤细长臂，恍如穿过肩膀成为一体，胸部平薄而丰满（像佛像充盈的扁平），像一整块金属，反复锤打直到手腕，从那里出现双手，表演时好像活动而独立的演员。这是何等的手！这是佛的手，懂得安眠，它们停止下来，静止不动，手指贴手指张开，按在膝盖上，停留千年万载，掌心朝上，或者弯曲手腕竖起来，祈求永恒的静谧。想象一下这些手醒来的时候！手指分叉，张开，像光线四射，或者互相间弯曲，像含生草那样。这些在长臂末端的手指，时而快乐，时而陶醉，时而不安：它们在曼舞。整个躯体用来支持这种终极舞蹈的平衡，在空气中，在身体本身的空气中，在东方背景的金色里。

罗丹再一次能够以近乎精细的方式，利用最微小的偶然细节：一张透明描图薄纸，棕色的，一旦打开来，可以看到成千上百变化多端的折纹，令人想起波斯文字。整体的色调是一种釉质玫红色，或者饱和的蓝色，像名贵的微型艺术精品。然而，跟他一向的绘画那样，有一些原始的东西。令人想起标本花朵，想起标本树叶，自然姿态得以保存，随着干化逐渐明确，最后固定下来。干花。当然，我刚这样想，立即便从他写得很好的文字里看到这个词："人类之花"。

他没有把寻觅的工夫留给我们，这差不多是一种遗憾：真是那样。不过，我重新理解这个词，一字不差，心里不免感触，像很多时候那样。

■ 柬埔寨皇家歌舞团
（马赛殖民地博览会，1906年）

西索瓦（Preah Bat Sisowath，1840—1927）是柬埔寨国王，1904—1927年在位。1906年马赛殖民地博览会，他派来一个舞蹈团参加，并且在法国作巡回演出。

两次绘画展，两封信，里尔克都着重谈论柬埔寨舞娘，避免论及引起争论的绘画。可见这些作品真的大大超前了时代，无法为同时代人所接受，连罗丹的崇拜者也避忌。即使大师本人，最后也明白无法和社会这个庞然巨物对抗，在这次德万比画廊展览之后，再没有公开展示过这类速写。即便如此，后来仍带给他烦恼。他在生命最后几年与政府协商，捐献全部作品给国家，以改建比伦公馆为罗丹美术馆作为交换条件。反对者千方百计阻挠，甚至卑鄙到进行人身攻击，质疑罗丹人格堕落，声称他的作品不值得收藏。这些绘画再次被挖出来攻击，说它们猥亵淫乱，不配在这个以前是崇拜天主的神圣地方张挂。

支持者引用罗丹的话辩解:"这是个人艺术探索,只供个人使用的草稿,不会离开我的箱子。"罗丹去世后,盘点者发现有几箱绘画,上面写着"秘密美术馆"(Musée secret)或"私人藏品"(Collection privée)的字样,里面便是这些速写画,数量大约1000多张。

时移势迁,1995年,巴黎奥塞美术馆石破天惊展出油画《世界之源》(L'Origine du monde),这张女性人体局部大特写是名画家古尔贝(Gustave Courbet,1819—1877)的作品,公众一直不知道它的存在。由一位土耳其外交官在1860年订购,比罗丹速写早三四十年。其大胆程度连订购的主人也不敢公开示人,挂在浴室里偷偷欣赏。后来转换了几位主人,在1955年落到心理学家拉康(Jacques Lacan,1901—1981)手上,放在乡下房子里。这位弗洛伊德的传人,从不避讳性,却也不敢挂出来,他的同母异父哥哥马松(André Masson,1896—1987)是超现实主义画家,应他的请求画了一张抽象风景画《类人风景》(*Paysage anthropomorphe*),覆盖上面,只有几个知情人晓得,风景画上面的花草树木,其实是原画人体的模拟。

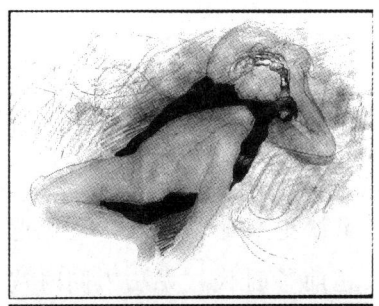

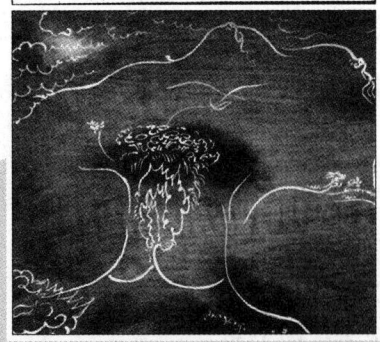

■(上)罗丹:人体(素描)
(下)马松:类人风景(油画,1955年)

第十章
最后的华尔兹

在此之前,虽然不时有人重提罗丹的人体速写,但要等到《世界之源》亮相,罗丹才获得真正平反,与古尔贝比起来,罗丹的作品实在不值得大惊小怪。在此之后,有关著作和展览层出不穷,热闹了好些年。罗丹没有错,里尔克也没有错,因为说到头,罗丹最受欢迎的速写不是这些大胆作品,仍然是令人一看便入迷的"人类之花"——柬埔寨舞娘。

1908年冬天《新诗别集》出版,把里尔克和罗丹的友谊推至高峰。第一册样书11月到达,里尔克自己不保留,立即送给罗丹:

亲爱的大师朋友:

  我刚收到第一册新书《新诗别集》,本想亲自奉上。但您可能在忙,不想打扰。

  但另一方面,我又很心急把书送到您手上,因为书上骄傲而谦卑地印着您的名字。

  能够写上您的名字,我觉得是一个正确而长久的荣耀!谢谢您。

    一心一意

      属于您

        亲爱的罗丹

          您的

            里尔克

              1908年11月8日

里尔克把《新诗别集》题献给罗丹,扉页上的献辞以法文写成:

A mon grand Ami Auguste Rodin

(送给我的大师朋友奥古斯特·罗丹)

他还嫌不够,在献辞下方空白处,亲笔加上另一段献辞:

我尽力去做的最好成果,被禁锢在一种不是您的语言里。送上这本书,您完全读不懂。我在书中写上您荣耀的名字,承认我受到的苦干实干的教育，归功于您的巨大榜样。

里尔克

巴黎（在瓦雷纳街我们漂亮的华厦）1908年11月

■ 里尔克题献给罗丹的《新诗别集》
（巴黎罗丹美术馆藏）

出乎意料，罗丹没有立即复信，过了三个星期后才吩咐秘书写了一封短柬道谢。里尔克见他久未在比伦公馆露面，以为他病倒了，尽管罗丹粗壮健硕，到底年事已高，病起来后果难料，他十分担心，于是写了一封信，特别请求罗丹亲自回答：

亲爱的大师朋友：

谢谢您吩咐人写给我的短柬。希望很快能加上健康完全康复的消息，更希望能够由您本人告诉我（这样更令人信服）。我很久没有见到您，但说真的，我现在的时间观念很不完整。我比任何时候都更投入工作，里面有时漆黑得像海底一样，上面水流的压力十分强大。幸亏在这深处，有些萤光闪烁的思想发出小小光亮。有时来得很及时，正赶上开始泄气的时候。尽管一闪而过，但让我在瞬息之间，瞥见自己被一些真实美丽的东西所围绕，这是以前几乎没有见过的，很少探索过的。

我一边想念您，一边继续工作。

全心地属于您。

> 里尔克
> 1908 年 11 月 29 日

罗丹没有让他失望,第二天便亲笔复信:

亲爱的里尔克:

谢谢各次来信,您的信总是有一种真实的图画,避免它们像其他信那样平常。

您处于的时期,孤独是最大幸福。

谢谢您。

> 您的朋友罗丹
> 1908 年 11 月 30 日

向夫人致意。

罗丹称里尔克的"孤独是最大幸福",可说深知其人。事实也真的如此,里尔克八月份完成《新诗别集》后,照例进入一个创作低潮。幸好搬进比伦公馆,有一个崭新安静的创作环境。安顿下来后,开始与世隔绝,全力撰写《马尔特手记》,这是他这个时期最重要的作品,也是绵长创作道路的一个转折点。他经历了一个少有的亢奋创作高潮。12 月底写信给出版商报喜:"《马尔特手记》进展迅速,顺利,扎实。"这时离圣诞节只有一个星期,他停下来歇一口气,第一件想起的事情便是罗丹的健康:

亲爱的大师朋友:

您还没有告诉我您是否完全康复。我希望痊愈已久。要是过节前得到肯定消息,我将很高兴。

我可否亲自证实一下,到您那儿片刻,握您的手?我听说您在那儿。

全属于您。

> 里尔克
> 圣诞节前星期一

信中所说的"那儿"不是布里扬山庄,而是默东另一座房子,在山坡下方,名叫"泉水"(La Goulette),附近有一道"修士泉"(La Goulette aux Moines),故得此名。罗丹1903年购入,作为工场和仓库,但在第一次世界大战期间毁于德军炮火。

■ 毁于战火的"泉水"(1918年)
（巴黎罗丹美术馆藏品）

他一个人跑到那里独居,并非健康出现问题,而是要躲避一个女人。事情从1904年开始,他接到一个自称舒瓦瑟尔侯爵(Marquis Choiseul)的人来信,请教关于一件十七世纪的雕塑作品,大概是想向他推销,因为人人都知道他收藏艺术品。侯爵的妻子叫克莱尔·古德尔(Claire Coudert,1864—1919),一个法裔美国人,祖父是拿破仑手下军官,波旁王朝复辟后逃往美国。克莱尔在美国出生,1891年结婚,与丈夫返回法国居住。没有人知道她何时瞒着丈夫认识了罗丹,但美术馆的书信档案有她的一封信,写于1907年3月,已经署名"你的小娇妻"(Ta petite femme)。

第十章 最后的华尔兹

1908年夏天，罗丹连续收到侯爵来信，说发现妻子私情，不能忍受，不惜一切要"恢复宁静的生活"，甚至下流到写信给伯蕾告密。罗丹身边不乏女性，不会在乎多一个少一个，加上他当时情绪低落，于是避居他处，希望这个女人知难而退，这便是里尔克有一段时间见不到罗丹来比伦公馆的缘故。可是舒瓦瑟尔夫人锲而不舍，多次派女仆送信及带话，求见一面。罗丹心一软，两人旧情复炽，12月底跑到第戎度圣诞节去了，里尔克可能没有如愿见到罗丹。圣诞节后是新年，他像往年一样写信拜年：

亲爱的朋友：

关于新年，我差不多想避开这个街头巷尾流行的贺词，而是多谈一点自己的工作。我记得有一天跟您说过，我愈来愈掌握应用耐心了，您用持之以恒的榜样教会我这种耐心，它和日常生活不相称，后者似乎令我们匆忙，把我们牵扯到超出能力以外的事情去。

事实上，我现在感到如果没有耐心，一切努力都徒然。写作诗歌，总要借助外部事物的节奏，甚至被其卷走，因为抒情的韵律就是自然的韵律：水流、天风、黑夜。但是给予散文节奏，则必须自我深化，找出血液的无名多重节奏。散文要像大教堂那样建筑，在那里，一个人真的没有名字，没有野心，没有救助：在脚手架上只有良心做伴。

您想一下，在这种散文里，我现在懂得创作男人和女人、小孩和老人。我尤其提及女性，细心造出她们周围的东西，留下一道空白，可能就是一个空位，但温柔地充分绕以线条，因而变得鲜艳而明亮，几乎像您的大理石雕像。

我向其他人要详细解释，但您是我唯一的亲密朋友，能够理解我的意思。

您的喜悦和我的只有程度之分，您的喜悦早已美满，接受过磨炼烙印。

因此，我肯定不会弄错祝愿，实际上，只有几个祝愿是重要的，而我相信，我们对此看法完全一致。

  我属于您

   亲爱的罗丹

    全心全意

     您的

      里尔克

    1908 年 12 月 29 日

  附言：吊灯和整体很协调，在新年礼物桌上，糖果盒是中心，美观的蓝色仍是十九世纪式的。

里尔克在信中谈散文创作，因为这段时间写作《马尔特手记》有所突破，口气十分自信。然而，他只在文学的王国能有这种信心，面对人间的烟火，却常常不知所措。新年刚过，便遇到不够钱支付期票的窘境，幸好罗丹就在身边：

亲爱的罗丹：

  我正想重新投入长期工作，消失到里面，却遇到困难攻击，威胁我已经一个星期了。本希望能渡过难关，但不巧得很，今早签出的期票，正碰上这艰难一刻。我应否记起夏天在默东，您主动跟我说过那几句话呢？

  我没有想过会有求于这些话，但今秋安置房间把我拖得远了一点，影响至今犹在。我的书（为此我足不出户）完成后，一切会更好。还有，那天有一个女人及时赶到，在我的手掌看出我将成为体面的有钱人。唉，亲爱的大师朋友，这是我能够给您的唯一保证，除了另一个更可靠的保证：我属于您。

                里尔克

             1909 年 1 月 15 日

  附言：我还想跟您谈这个女人，她说了一些相当离奇的东西。

  如果真的愿意帮忙，这将是本月尾，刚签出的期票金额约 400 法郎。

第十章
最后的华尔兹

他没有解释这400法郎的用途,这笔钱不能说少,罗丹租下的四个特大房间,每月租金也才400多法郎。里尔克没有固定入息,用钱却很爽快。他在书信中不止一次提到去餐馆吃饭、买花、买礼品等等,都是穷书生的奢侈开销。他的出版商被他理财无方弄得很头痛,幸好他的作品销量增加,又签下新书合约,出版商愿意预支部分稿费。只不过他常常这头收钱,那头花光,出版商不可能有求必应。这时候,他便转向富有的朋友发警报,他们一面责怪他不量入为出,一面慷慨解囊相助。至于罗丹,虽然关系特殊,但里尔克从来没有想过向他求助,这是唯一的一次。要罗丹拿400法郎出来,完全不成问题。但是这一次里尔克运气不错,十多天后,期限还没有到,汇款及时赶到了:

敬爱的大师朋友:

您今早刚离开,我便收到出版商一封信,出人意外地让我摆脱目前的困境。我赶快通知您,不必再劳烦了。我深深责怪自己,拿自己的小事情来麻烦您,甚至后悔,因为我有点迷信,担心陷进一种形势,多多少少像从前那样,最终令我远离您。而且我的工作自顾不暇,甚至不能指望以微小的服务,来回报您的大恩,何况为您服务是很自然的事情。

再次深深感谢。

里尔克

新年后,克拉拉从德国返回巴黎,住在比伦公馆。罗丹邀请里尔克会见一位共同的朋友,连带把她也请来:

亲爱的大师朋友:

十分感谢您想到我。我和妻子将十分高兴见到布兰德斯先生,我们有数年没有见面了。

我暂时放下工作,到府上向他问好,我很高兴,因为能够同时握到您的手。

　　我全属于您，亲爱的大师朋友。

里尔克
1909 年 1 月 18 日

　　里尔克会面后给罗丹写了一封信，寥寥数笔便描绘出一个生动的布兰德斯先生形象，其功力有如罗丹的速写画：

亲爱的大师朋友：

　　我想象您昨天跟布兰德斯先生度过愉快的一天。他在精神权威的举止下面，保持着一种天真烂漫的好奇心。

　　我有很多他的回忆。在哥本哈根的时候，差不多每天都遇到他早晨散步。他要我们陪着走，不必开口，他深知没有人比他讲得更好。您看到他在哥本哈根这条主要大街上的样子很有趣，好像身处太小的住宅，任何东西都可以拿来斥责首都有限的规模。

　　他刚刮过胡子，总会在嘴巴周围傲慢的皱纹里流点血，为了他的不识好歹的祖国。

　　他认识最罕见和最离奇的人物，兴致勃勃向我们讲述。并非在我们面前演出他们的会见，只是模仿他自己，却能让人看到对话者，令人难忘。有时候，交通因他而中断。他站在人行道上，令我们不得不围着他，像真正的观众那样。他谁都不管，讲起欧洲某一位大人物，按他的意见，这值得让这个平淡无奇的城市暂时停顿下来。

　　这段时间，我慢慢学会很喜欢他。在他非常明显的虚荣心深处，有一种纯粹和勤勉的热情，懂得避免幻想破灭。在热烈自我欣赏同时，他更能欣赏他人，在我们这个虚伪时期，这是讨厌的批评家所不为的事情。在同时代人中，他可能是唯一把天才用于批评，其他人目前只把报复和坏脾气放进去。

　　亲爱的朋友，请允许我补充一句生意话。我接到维也纳黑勒先生来信，这是一位博学精深的书商，我在他那里（一年多前）举行过您的作品演讲会。他受一位名收藏家所托，这位收藏家拥有您的全部铜版画，除了雨果侧面像，他想要一张漂亮有签名的。

他要我帮忙和出主意，一心一意要替他的客人找到这张看来很罕有的版画。他打算付出300法郎，有希望得到这张铜版画吗？我能否叫黑勒先生直接提出而不会麻烦您呢？昨天没有时间问候您的健康状况，但脸色很好，希望不是表象，愿您完好地拥有工作这种结实至上的青春。

我全属于您，亲爱的罗丹大师。

里尔克
1909年2月1日

这一年复活节前夕，里尔克的好朋友海特来到巴黎。这位银行家出身名门望族，家境富裕，富有文化教养，热心收藏当代艺术作品，朋友中很多是文化人。他对里尔克另眼相看，不仅邀请他到自己的庄园居住，而且关心他的财政情况，不时写信教他理财。每当里尔克陷于窘境时，他几乎有求必应，而且出手阔绰，总是超出要求。这趟到巴黎，里尔克当然不会忘记介绍他认识罗丹来还人情债：

■［德］克林格尔：布兰德斯（1902年）
雕像作者克林格尔曾是克拉拉的老师

亲爱的大师朋友：

我的朋友海特先生路过巴黎，他是漂亮的大理石像《兄妹》（*Frère et Sœur*）的主人。

这次很高兴能介绍给您，他很久就希望亲自致意。海特先生、他的妹妹和我自己，在瓦雷纳街这里吃过午饭后，设法去拜访你一会。要是不在，便到大学街，因为这是您的星期六。

全属于您。

里尔克
1909年2月3日

■ 德国银行家海特

由于时间紧迫，早上写信，下午便要会面，他担心罗丹没有路过比伦公馆，收不到信，所以多写一封，急送默东：

亲爱的大师朋友：

由于今天是星期六，我相信不会太打扰，下午将领路过巴黎的朋友海特先生（您知道他的名字，他拥有精美的大理石像《兄妹》）和他的妹妹宝宁（Bonin）小姐来见您。他很久便想向您致意，如果能在您那儿看到一些珍贵而美丽的作品，他会很高兴。

午饭后，我们先去敲瓦雷纳街的门，要是不在，我们设法稍后到大学街找您。

我同时写了一封内容相同的短柬，请杜瓦尔先生放在这里房子的书桌上。

亲爱的大师朋友，再见。希望这个美丽春天给予您辉煌的大自然朋友的一切，也同样给予您。

衷心属于您。

里尔克
复活节前星期六

复活节来临意味着春天的开始，经过四五个月的寒冷阴湿的日子，大自然万物苏醒，到处充满生机，花草树木的嫩绿散发出一种神奇的光彩。罗丹邀请里尔克到默东花园散步谈心，但他推辞了。自从一鼓作气完成《马尔特手记》的初稿后，他陷入习惯性低潮。为了重新进入写作状态，他强迫自己留在书桌前，尽量隔绝外界干扰：

亲爱的罗丹：

昨天忘记奉还笔记，几个星期以来，我从中得到滋润和喜悦。

第十章
最后的华尔兹

谢谢。

至于另一种喜悦，和您在花园散步，——唉！——我担心只能很少，很少享受了。

我无法说清这回重新执笔如何艰难，因为停笔那么久，写作不理睬我了。我必须放弃一切假期，一步一步，坚持不懈，重新赢取写作的挑剔而小心眼的宠爱。

还是跟去年一样，一场真正的孤独和固执的治疗才能拯救我。

再见，敬爱的大师朋友，全属于您。

里尔克
星期一

闭门苦写，不等于一步不出房门，比伦公馆有一个很大的后花园，虽然荒凉，但可以走动。另外还有楼下的罗丹起居间，挂着很多画，里尔克不时去看一下。他对罗丹的绘画评价很高，三月底特别带克拉拉去看过，当时罗丹不在，里尔克写信告诉他：

敬爱的朋友：

昨天，我在您的美丽图画中度过舒适的一个小时，回来后没有向您道谢，因为不想打扰，而且我觉得很疲倦，很快便睡觉。

当我在小工作室时，我的妻子从院子经过，我忍不住唤她过来，让她欣赏这些无与伦比的柬埔寨女郎，我很喜爱这些画，而她从来没有看过。

请原谅我自作主张，我把妻子的谢意加在我的上面，她从这美不胜收的时刻得到无限的愉快。

我全心属于您。

里尔克
星期一

罗丹很欣赏里尔克的评价，对他们擅自看画不但没有责怪，而且亲手写了回信，要他们常来看：

里尔克与罗丹
Rilke et Rodin

亲爱的朋友：

我很高兴里尔克夫人和您看到我的图画，因为我用尽心血替美国画了这些画。你们可以随时再来看，如我不在，向守门人拿钥匙。

向您这位如此优秀的人致意。

罗丹
1909年3月30日

■ 比伦公馆楼下起居间（1902年）墙上挂满罗丹的绘画

美国人的订单，这就不得不扯到舒瓦瑟尔夫人了。这位女性十分活跃，当她和罗丹的恋情公开后，便自封为他的经理人，没有正式头衔，却以罗丹名义去接订单。由于在美国出生和长大，认识一些美国收藏家，很快便有收获。她天生长袖善舞，有本事卖得比以前高很多的价钱，不是百分之五或百分之十，而是以倍计算，罗丹乐得接受。

到了6月，克拉拉准备返回德国，退租了房间。但在出发前，她像往常那样，希望再见罗丹一面，给她的巴黎作品作最后指导，所以请里尔克写信：

第十章
最后的华尔兹

亲爱的大师朋友：

短游归来，收到您吩咐布罗兹寄来的非常精彩的胸像照片。谢谢，您知道我何等快乐，把照片放进我们那天为下次出版的书挑选的图片中。

亲爱的朋友，我同时转达我妻子的一个大期望。她准备返回德国，在这时刻，她感到一种迫切而真诚的需要，向您展示几件作品，上次您到过她那里后新造的。

星期五上午，模型师父要来搬走泥模，要是星期四给她一点时间，她会感激不尽。我知道她离开巴黎时，心灵朝向未来开放，带着一个得到您的认可和鼓励的簇新回忆，没有人能够比得上您，给她如此振奋精神和决定性的鼓励。

如果不太打扰，可否明天下午我们一起到我妻子那儿？两点钟开始，我在家等候，要是您没有其他决定。

我全心属于您，亲爱的大师朋友。

里尔克
1909年6月2日

布罗兹（Jacques Ernest Bulloz，1858—1942）是罗丹最重要的摄影师之一，不仅摄影，而且以各种方式出版（例如明信片）。

里尔克的信没有收到预期效果，罗丹没有来，克拉拉一定很失望。在同时代众多女性雕刻家中，她是相当出色的一位。但是罗丹似乎不这样想，他接受她到工作室来，并非完全因为她的艺术才能，更多是向两位朋友示好，这是后来再次发生误会的主因。不过当时重逢"蜜月"未完结，大家都不把这件事放在心上。

里尔克的创作低潮继续延长，《马尔特手记》虽然已开头，但用了几个月时间仍未能全部完成。这是一个永恒的旅人，对他来说，在巴黎逗留了一年无疑等于一个世纪，到了秋天，他一个人跑到德国黑森林去休养，回程顺便游览普罗旺斯。人在外面，心却惦念罗丹的雨果纪念像

揭幕礼：

亲爱的罗丹大师：

您晓得我不是一个报纸迷，这几天一直担心错过下次的揭幕礼。

为防万一，我写这封祝贺短柬，并表示歉意。为您举行的美好而崇高的节日如此罕有，我这一天却远离巴黎，令我很难过。

我永远记得《思想者》的胜利时刻，我和您在一起。这一次我缺席，可是真的很想在场看到这一刻，在群众前面，终于出现权威而神圣的姿态，来自您的创造中心，永远穿越世界。又是一个诗人的姿态，内心的姿态，您为这个姿态找到无法忘记的证据，任何世纪都不能否定。

新生的年轻一代不仅热爱您身上无人可比的雕刻家，也热爱这位信仰诗人的虔诚信徒，他到处留下赞颂诗人的巨匠痕迹。

亲爱的大师朋友，我向您伸手，致以愉快的敬意，一如既往。

里尔克
星期天

请向侯爵夫人转达我的敬意。

像所有罗丹的国家订单一样，雨果纪念像也是一波三折。1885年，雨果去世，举行国葬，直接送进先贤祠。1889年，法国政府决定在那里为他建立纪念像，交由罗丹设计。1890年，第二稿被评审委员会否决，但没有取消订单。1891年罗丹创作了学院派风格的《雨果颂》，同时继续构思原有的纪念像。1895年完成第三稿，改以裸体表现雨果。1897年在全国美术沙龙展出第四稿，雨果身边出现著名的造像"悲剧缪思"和"无臂的冥思"。该稿于1901年雕成大理石像，但不包括两个缪思在内，放置在王宫公园（Jardin du Palais royal）里，1909年补上基座后正式揭幕，1933年移进罗丹美术馆保存。

巴黎公众地方另有一座雨果纪念像，由雕刻家巴里阿斯（Louis-Ernest Barrias，1841—1905）成像于1902年，树立在雨果广场。第二次世界大战期间，维希政权把这个高达 11 米的铜像拆毁熔化。战后巴黎市政府决定重建，但选择了罗丹的第四稿，1964 年完工，树立在雨果大道小公园。

里尔克惦念的揭幕礼是 1909 年王宫公园那一次，写于阿维依的信果然迟到了，10 月 3 日寄出，仪式已在 9 月 30 日举行了，罗丹仍然盼咐秘书复信：

亲爱的朋友：

衷心感谢亲热来信。雨果纪念像揭幕礼已在上星期四举行，很遗憾您不在场。

亲爱的朋友，再谢，问好。

罗丹

1909 年 10 月 5 日

■ 罗丹参加王宫花园雨果纪念像（大理石）揭幕仪式后留影
（原载《周报插图增刊》（*La Revue Hebdomadaire*）1909年10月9日）

里尔克在信中向舒瓦瑟尔夫人请安，其实他和罗丹很多亲近朋友一样，对这位女性没有好感，敬而远之，可是除非断绝和罗丹关系，否则无法避免这个人。在这封信后 10 天，他曾写信给凯思勒伯爵，提及不满他们的交往。这两个人的情人关系开始已经两三年,为何现在才引起他的反感?

1909年春天,罗丹以金钱交换了舒瓦瑟尔丈夫的默许,两人半公开同居。罗丹过去有过好几个情人,几乎都是出于对他的艺术崇拜而献身,感情高于物质。舒瓦瑟尔夫人不同,她和艺术没有任何关系,只是一心要把罗丹据为己有,整天贴在他的身边,好像影子那样。罗丹的朋友初期容忍这种情况,一方面,这是人家的私事,另一方面,他们看到这位女性的出现,让罗丹走出一个情绪低谷。

她的性格和伯蕾刚好相反,快乐开朗、善于交际、精明能干,对内照顾罗丹的生活起居,布置房子,买衣服,剪头发,讲故事,逗他开心;对外陪他出席宴会仪式,还跟他到外地参观大教堂,为《法国大教堂》收集资料。

罗丹也好像一下子年轻了好多,给朋友写信或谈话,再没有发出惯常的埋怨声音。她把罗丹一切对外事务包揽过来,除了和收藏家、出版社商谈,还和美术馆、政府机关打交道,会见内阁部长、美国大使,不必罗丹在场。她特别熟悉美国人的心理,推销有方,让罗丹的收入迅速增加。

这个时期,罗丹已经停止了雕塑创作,却完成了一座舒瓦瑟尔夫人胸像。最独特的是像中人的微笑,是以前作品中见不到的,有人戏称这是一座"幸福的雕像"(Image de bonheur)。

■ 罗丹:舒瓦瑟尔夫人
(大理石,1911年)

可是到了后来,这个影子遮掩了主体,她不仅以罗丹夫人自居,不承认伯蕾是罗丹的伴侣,说她不过是过气的模特儿和仆人,又向朋友吹嘘:"从前罗丹每年赚不到1.2万美元,现在可赚8万。"她宣称,在拆建比伦公馆事件中,她出钱请三个记者在报上写文章,引起舆论强烈反应,政府被迫改变初衷,罗丹才能在那里安度最后岁月,这是她的

第十章 最后的华尔兹

功劳。到后来,她愈管愈多,下命令给看门人,任何人没有字条不准进门,老朋友也不能例外。1910年11月15日,罗丹70寿辰,在先贤祠《思想者》前面举行纪念仪式,由她主持。但是好友除了一人,全部没有出席。再下来,书信也受干扰,知情者为了保险,同一封信发出三次,分别寄往默东、比伦公馆和大学街工作室。

里尔克与罗丹关系特殊,又是邻居,她不敢过分干涉,这反而带来意想不到的烦恼。罗丹买了一部新出品的留声机,放在比伦公馆的客厅,让舒瓦瑟尔夫人听音乐,他常常请人把里尔克叫来一起欣赏。可是翻来覆去只得几张美国唱片,罗丹和她百听不厌,里尔克却如同受刑。

■ 罗丹与舒瓦瑟尔夫人在比伦公馆走廊
[法]曼努埃尔(Henri Manuel, 1874—1947)摄

1912年7月,事情急转直下,罗丹发现失去一箱画,惊动到省督。舒瓦瑟尔夫人诬指女秘书马丁(Marcelle Martin)偷窃,她当时正在为《法兰西大教堂》撰稿。女秘书设法向罗丹鸣冤,和他在默东的仓库见面,提出舒瓦瑟尔夫人监守自盗的证据。罗丹当场精神崩溃,倚着雕像抱头呜咽。同一时期,他的挚友比冈秘密拜访罗丹,作了一次长谈。罗丹立即和舒瓦瑟尔夫人绝交,让一位铜铸师傅去向她取回比伦公馆的钥匙,为了避免骚扰,自己两次远离巴黎,躲到比利时和法国北部去,直到她搬到布列塔尼朋友家才回来。

这件事轰动了法国,也轰动了美国,《纽约时报》在头版作了报导。社会上传言四起,甚至有人说舒瓦瑟尔夫人企图以砒霜毒死罗丹,误毒了一位客人。此时里尔克正在意大利,回来后也听到这个传言:

> 我该搁笔了。罗丹刻下病中，不过有好转，可怕的C夫人已不存在。
> 很不幸，结局的原因很可悲。
> 我原本希望解决来自内心，这样更加使人信服，更加真实。巴黎这个城市充满奇想：家家户户都认为，这个美国女人用印第安人毒药，为罗丹喝的牛奶调味！谢天谢地，她不在了！

信中完全没有提及绘画失窃，可能里尔克不看重物质金钱，不以为这是一件大事。倒是他对事件的解决动力来自外部事件感到失望，因为他愿意罗丹继续是年轻艺术家眼中的"伟人"，而非"两腿打颤"的人。

1909年底，罗丹告诉里尔克，要送一张画给他。这是大师的第一件礼物，作为罗丹绘画的热爱者，本应急着去取，他没有这样做，因为出版商催交《马尔特手记》，他焦急起来，闭门赶工，不愿意中断工作去取，新年前两天写信给罗丹表示歉意：

> 亲爱的大师朋友：
> 我不能忘记，连一瞬间也不能忘记，我将拥有您的一张图画，不是经常可以指望有这样的喜悦。
> 但这个星期没有时间去取留给我的那张画，我正在围攻几个负隅顽抗的难题，它们死守在工作的塔楼里。可能要连攻几天，因为我已失去很多兵力，再无法找到援兵，只剩下一小部分，奋不顾身，直到战死才离开我。因此，我打算下星期登门拜访，安静地享受黄昏惬意的深处。
> 全心属于您。
>
> 里尔克
> 1909年12月28日
>
> 请向侯爵夫人致敬。

里尔克不心急，可能因为已经见过礼物，这是罗丹任他挑选的。但是大师馈赠毕竟不平凡，他没有等到"下星期"，而是趁着周末便去取

第十章 最后的华尔兹

回来。这是一张柬埔寨舞娘素描,他最激赏的"人类之花"。罗丹在左上角题赠:

A mon grand Ami Rilke(送给我的挚友里尔克)

这和里尔克送给他的《新诗别集》题辞几乎一模一样。从1913年起,他把这幅画用来作为《罗丹论》插图之一。第二天他写了一封感谢信:

亲爱的罗丹:

在我家里,迁居和出发的烦恼事开始浮现了,我无法按原来所想写长信。

老天爷!我得到这张漂亮而神气的画,多么幸福!要做多少好事才勉强配得上!您知道我挑选和等待的时候何等喜悦,现在属于我了,从一开始就感到拥有这张画超越我所有期望。这张画用之不完,教人感恩不尽。过几天登门再谢,并且安静地畅谈。

亲爱的大师朋友,全心属于您。

里尔克
1910 年 1 月 3 日

■ 罗丹送给里尔克的新年礼物《柬埔寨舞娘》(1909年)
(原载里尔克:《罗丹论》1913年版)

里尔克致罗丹的信函很少这么短的，何况是感谢函，这是因为他正面临双重困扰。首先是《马尔特手记》迟迟未能完成，为了打开困局，他向出版商提出一个建议，在巴黎请一个德文打字员协助记录。出版商觉得主意不错，但把地点改到莱比锡，为他准备一个安静的环境，派一位秘书记录他的口述，然后就地修改定稿。

里尔克同意了这个建议，但不断推迟，直到推无可推，才决定1月出发，事先安排几个在德国的朗诵会，以求减轻费用。但还有更大的苦恼，此行一去，不知何时重返巴黎，他必须暂时中断租约，以免白交租。以前离开一个地方，只要收拾好行李箱便可以动身，租住的房间都是带家具的。这次却要找地方贮存，对一个指不沾泥的书生来说，实在是一件苦差事。但是事到临头，无论如何也要解决。

正在左忙右忙之际，还要应付来巴黎的朋友。要是普通朋友也罢，偏偏来者是罗曼妮里小姐（Adelmina Romanelli），从意大利来过节，这是他曾经热烈追求过的威尼斯小姐。虽然出发在即，他还是想让她会见罗丹：

亲爱的大师朋友：

　　昨天想拜访您，及向侯爵夫人致意，但最后一刻因事未能实现。现在提议明天星期五，大约五时半左右，安静地见您半个小时。

　　至于今天呢，既然那天一开始您便令我那么开心，我得到鼓励，所以要求另一个能给我的大喜悦。

　　我经常提及的威尼斯朋友，那位女大音乐家，出人意外地来到巴黎。我以前有过一个想法，租一部钢琴，在这里，在我家里，为您演奏一个小时音乐。您想一下，我会如何骄傲和高兴。

　　可惜这个梦想未能实现，我的朋友不久前丧父，之后没有弹过琴——而我呢，为了出发而忙不过来。但是罗曼妮里小姐今天下午四时半后在我这里，我将很高兴能在家里接待您片刻，把她介绍给

第十章
最后的华尔兹

您。这是一个热情的灵魂,娇小而通透的身体,像花朵那样敏感,像镜子那样深邃,映出一个满布星辰的天空。我们刚在您那幅画前面度过难忘的时光。这是她能够欣赏到的第一张画,她理解其中神圣的强烈程度。

要是您认识她,可能有一天允许她到您那里看些图画和雕刻。她需要得到抚慰,因为受过很多痛苦,而您的作品能够做到,像温柔而强大的上帝那样。再见,亲爱的罗丹大师。

里尔克
星期四

这次会面未能如愿,但星期五之约则按期进行。两天后,1月8日,里尔克离开巴黎,次日到达德国,住在海特先生家里,写给罗丹的第一封信便是补充见面时忘记的事情:

亲爱的大师朋友:

我刚抵达第一站,便寄上这封短柬。一方面有这个需要,另一方面星期五谈话时,忘记两件事。

我想问一下,大书桌能否继续借给我?我承认很喜欢这张桌子,早上坐到前面时常常想:嘿,这是罗丹的桌子,我必须比任何时候都工作得更好。事实上,我在其他任何地方,从来没有工作得那么持之有恒和信心十足。您完全不需要用吗?我吩咐人把桌子和其他家具存放到仓库,为此在住的屋子租了一个房间。不过,如果另有用途,只需向守门人说一声,把桌子搬到应该去的地方。我的包装工人听候吩咐。

这是桌子的事情,很抱歉没有当面说到。不过遗憾归遗憾,谈其他事情我还是很高兴的。

另一方面,上星期五忘记从口袋拿出小纸条,上面记着圆厅的尺寸,这是给公爵夫人的。要是夫人因为我的忘记而少打一场胜仗,就该怪我。下面附上尺寸,希望提供几个打胜仗的士兵。

昨夜在火车上度过,人很疲倦,暂此搁笔,因为再过几个钟头,我要向一群听众演讲,人家向我担保人数众多。我歇一会,但首先握您的手,亲爱的大师朋友,致友好敬意。

里尔克

1910年1月9日

我的圆厅:

宽度(米):7.10

长度(米):8.35

(门的深度不算在内)

■ 里尔克坐在罗丹桌子前工作(比伦公馆,1908年11月11日)
[德]凯思勒摄(德国文学档案馆藏品)

在德国,里尔克首先完成了几场演讲会,其中一场在耶纳举行,罗丹的好友诺斯蒂茨夫人和丈夫专程从魏玛赶来捧场:

敬爱的罗丹:

我昨晚在耶纳,应一群大学生之邀,朗诵了我写的书的一些片断。我不想离开这个世代书香的小城——本地大学的著名博士包括您在内——而没有写这封友好的短柬,因为在致意之外,还要加上一些十分亲切而珍贵的回忆。

诺斯蒂茨先生和夫人从魏玛来参加演讲会,会后共度了半小

第十章 最后的华尔兹

时,直到火车开出。

亲爱的朋友,您想一下,我们想念您!

诺斯蒂茨夫人希望春天到巴黎。她很高兴从我口中获悉,我离开时您的身体健康强壮,享受着您所理解和永远坚信的真正生活。

我今早回到莱比锡,继续口授书稿,很高兴看到正在完成中。除了中午前后一个小时散步,其他时间全部用来进行心中记挂的工作。

我的出版人基彭贝格博士,最近印行了一本巴尔扎克作品德文版,很漂亮,想寄上一套,我鼓励他这样做。书印得很精心,相信您愿意放到书橱里。

亲爱的大师朋友,再见,祝身体永远健康。全心属于您。

里尔克

1910年1月22日

附言:请向舒瓦瑟尔公爵夫人转达敬意。

基彭贝格(Anton Kippenberg,1874—1950)是德国出版家。1905年起担任岛屿出版社经理,里尔克重要著作都由他印行。后来曾到巴黎,与里尔克一起会见罗丹。

前面几次提到诺斯蒂茨夫人,现在是时候交代一下了。1900年,她的父亲是德国驻法大使,在阿尔玛展览会上认识罗丹。随后两年,两次邀请罗丹到意大利的别墅度假,在那里,她陪同罗丹散步谈话。两人年龄相差近40年,却谈得十分投契,很快成为知心朋友。1904年,她下嫁外交官阿尔弗雷德·诺斯蒂茨(Alfred von Nostitz),在德国定居,继续和罗丹保持密切联系,专门在家里保留一个房间,让他可以随时来住。

罗丹写过很多信给她,向她倾诉心事,所用字句有时像诗歌那样抒情。又为她造像,前后花了六七年工夫,当她和丈夫来默东时,下榻的地方正是里尔克当秘书时住过的小屋。

■罗丹:《诺斯蒂茨夫人》(大理石)

里尔克很早便知道这位罗丹好友,前两年旅行德国时,曾计划找她,但没有成事。这是第一次见面,两人一见如故,诺斯蒂茨夫人有很好的文学素养,一下子便看出里尔克的作品鹤出白云,回家后给他写了一封长信,同时邀请他来做客,两人从此成为好朋友。

在这封信的附言里,里尔克使用"公爵"作为舒瓦瑟尔夫人的衔头,比先前的"伯爵"高了两级。这不是笔误。1909年,舒瓦瑟尔先生得到一位美国亲属的遗产,罗丹资助他买船票到美国办理继承手续。他分到钱后,虚荣心又起,买了这个最高级的贵族头衔。

第十一章

永别罗丹

里尔克到莱比锡的主要目的是完成《马尔特手记》，随身带去满满一箱手稿，谁看了都会头痛。可是他在秘书协助下，马不停蹄工作了十多天，只为演讲中断过两天，到了1910年1月27日，居然全书整理完成，如有神助。

随后他和克拉拉会合，到柏林及其他地方访友观剧，参加沙龙聚会。活动过后，两人像以往一样各奔前程，里尔克目的地是意大利，先到罗马，然后杜伊诺古堡，最后威尼斯，5月12日返回巴黎，重新在比伦公馆租了一套房间。这一次在院子左边大楼的四楼，有书房，睡房和可充厨房的小间，环境很好，可能位于高层，要走很多级楼梯，租金比以前那间更便宜。

离开巴黎近半年，他想再见罗丹，但未见到他在比伦公馆露面，只好写信约会：

亲爱的罗丹：

归来数天，试过几次想向您问好，但没有成功。我突然有一个强烈的愿望，希望重临默东。明天星期六10点钟，我能在那儿见到您吗？如果不行，给我约定一个时间，在我这里，在您那里。我需要握您的手。全心属于您。

里尔克
星期五

随后一段时间，他的低潮老毛病又来了，东游西荡，无精打采，更不要说写作。这时候，德国埃伯菲尔德一位收藏家到了巴黎，打算购买一件罗丹作品，请里尔克做介绍人。能够为罗丹服务，他当然很乐意：

第十一章
永别罗丹

■ 罗丹：走路的人（比伦公馆院子，约1910年）
［法］德吕埃摄

敬爱的罗丹：

我刚接到埃伯菲尔德那位先生的答复，他想购买您的一件大作给该城美术馆。

他很高兴明天能来，因此按您所允，明天星期六四时，我把魏切豪斯博士（Robert Wichelhaus，1863—1943）和夫人带到府上。他们在巴黎的地址是爱丽榭大酒店。我不知道在此之后是否陪你们到大学街，我要去做泥浆治疗，以求尽快摆脱讨厌的毛病。明天见，亲爱的大师朋友。（您的鲜花在我面前，生气盎然。）

全属于您。

里尔克
星期五

收藏家回德国后大约一个月，在 6 月 27 日写信给罗丹，说选中了在比伦公馆看到的《走路的人》（*l'Homme qui marche*），因为这是送给市美术馆的礼物，要求减价。罗丹爽快地把价钱降到 4000 法郎，即时包装付运，收藏家同样爽快，收货当日便付清货款。生意做成后，罗丹不忘写信多谢里尔克：

亲爱的朋友：

青铜像《走路的人》已寄往埃伯菲尔德，您的朋友魏切豪斯买下来了。

全靠您成全这次购买，亲爱的朋友，请允许我表示感谢和友好致意。

罗丹

1910年7月19日

信封写的地址是比伦公馆，可是不知什么时候里尔克已经离开巴黎，返回德国和妻女聚首了。邮局按他留下的指示，把信转送到德国。在克拉拉那里，他只停留了一个月左右，接着去捷克看望朋友，9月中旬返回法国。9月16日，罗丹获授荣誉军团二级勋号，里尔克第二天写信道贺：

亲爱的罗丹大师：

我一定是最后一个祝贺的人，我不看报纸，今晨才偶然获悉人家颁给您的荣誉。衷心祝贺，但是，您晓得，我更愿意祝贺您给自己的荣誉。让其他人在后面拼命追赶吧，他们自世界之初便落后。

昨晚接到笔记（万分谢谢），此刻放在还没有开始工作的桌子上，这是唯一的物品，主要的物品。我将以小孩子去森林一整天寻找草莓的兴致，埋头于这个滋养的阅读，并尽快把手稿奉还。

全心属于您。

里尔克

星期六

没有住上多少天，他再次离开巴黎，前往意大利探望母亲，随后去慕尼黑，从那里给罗丹写信：

亲爱的罗丹：

眼下千思百绪涌现笔尖，想通过它跟您重聚——但是旅途匆

第十一章
永别罗丹

匆,只限于这必要的几行,为了介绍一位青年人。我不认识他,但是人家热心而友好地推荐。法兰克福的西蒙(Sigmund Simon)先生专程去了巴黎,为了深入研究您的大作。如果不打扰的话,能否让他从事这件工作,按自己的意愿发展欣赏力和判断力呢?人家说这是一位青年作者,文字认真,可以期待写出美丽而精辟的作品。

(据我所知,西蒙先生一点也不懂法语,或者说得很少。我同时写信给他,请他最近抽一天到瓦雷纳街府上拜访。)

亲爱的朋友,我最近几个月居无定所,但打算过两个星期便回巴黎,迫不及待要握您的手,要看到您身体健康,工作顺利。

全心属于您。

里尔克

1910年10月7日

(这里慕尼黑的穆斯林展览会,让我看到了真正的瑰宝。)

里尔克游荡到11月才返回巴黎,回来也不是鸟倦知还,造窝安居,而是收拾行李准备远飞。这一次的旅伴叫燕妮·奥尔特斯多芙(Jenny Oltersdorf),一位皮草商人的妻子。他们结识已有一段时日,书来信往,10月途经慕尼黑时,就在她家里居停。正是这次见面决定的计划,与其他朋友结伴去北非旅游。出发日期定在11月中旬,她来巴黎会合里尔克出发。这样的朋友,少不了想通过他见罗丹:

亲爱的大师朋友:

我得知您昨天想见我,很可惜错过了。看门人说您快要出门?而我呢,星期六去马赛,然后转赴阿尔及尔。

我设法今早10点半到府上。请告诉能否带同朋友奥尔特斯多芙夫人?她和我一起去旅行。我以前向您提及过她,她热爱您,敬慕您,可惜不说法语,但她很高兴能向您致意,我很想让她看一些画。

全心属于您。

里尔克

信写于11月17日，第二天便动身去马赛登船，说是与其他朋友同游，实际只有两人。他们先到阿尔及利亚和突尼斯，一个多月后，身上的钱全部花光，被迫放弃原定的下一站埃及，返回意大利。他在那不勒斯上岸后，惊喜地发现有一笔900马克的汇款正在等他收取，这是《时辰祈祷书》第四及第五版稿费。有了这笔为数不少的钱，他立即和旅伴掉头，重渡地中海，开始埃及之旅。像克拉拉当年那样，乘汽船沿尼罗河上溯。旅程又是一个月，2月初回到开罗，这时里尔克不堪旅途劳累，疾病缠身，身上又无分文，他的旅伴一声不响扔下他，就此失去了踪影。在他的众多朋友中，这位女士的身世最神秘，很长时间里没有再现身。直到1946年，一份日报《行动报》（*Die Tat*）找到她，作过一次访问。她毫不掩饰对里尔克的失望："他不是一个普通人，超级敏感到可笑的程度，完全脱离日常生活现实，找不到自己的道路。"

里尔克一个人留在开罗，盘缠用尽，回不了欧洲，幸好这里有克拉拉的一对朋友夫妇，让他暂时栖身。他休息了一个多月，等到出版商寄来救急汇款，才买船票回到意大利。在威尼斯和杜伊诺古堡盘桓了几个星期后，在4月中旬返回法国。

回到熟悉的巴黎，他发现比伦公馆的拆卸令暂缓执行，可以继续居住。虽然有了落脚地方，但依然无心写作，似乎完成《马尔特手记》后，再无法从巴黎得到灵感。到了7月中旬，又开始在欧洲漫游，布拉格、莱比锡、柏林、威尼斯、慕尼黑，到处都有朋友接待。

到了9月，杜伊诺古堡女主人塔克西斯夫人（Maria von Thurn und Taxis, 1855—1934）打算从伦敦来法国，约他在巴黎会合，一起坐私人汽车去意大利。他匆忙从德国赶回巴黎应约，却听到一个坏消息，政府终于和罗丹达成协议，把比伦公馆改建为罗丹美术馆，所有租客必须在年底前搬走。可以想象里尔克多么狼狈，他在这里住了四年，已经把这里当成自己的家，不再像以前那样一外出便退租房间，而是让房间空置。因此，他积聚了不少东西，除家具外，光是书籍就要四个大木箱才能装完,还未算大量书信和手稿。他很不情愿处理完毕后,在10月12日乘坐古堡主人派来的汽车,动身去杜伊诺。

杜伊诺古堡一度是欧洲相当有名的文艺沙龙,塔克西斯夫人的母亲从十九世纪中叶开始在那里接待音乐家,客人中有李斯特、施特劳斯等。她的女儿继承传统,向文人墨客敞开大门,马克·吐温、邓南遮、霍夫曼斯塔尔、瓦雷里都曾作勾留。

当里尔克到达的时候,客人不止他一个,连同主人家几位成员,每天都很热闹,闲谈,听琴,唱歌,朗诵文学作品,日子过

■杜伊诺古堡主人塔克西斯夫人
（德国文学档案馆藏品）

得很愉快。不久便到年底,主人和客人陆续离开,分头回家过节,只剩下里尔克孑然一身留在那里。除夕之夜,他没有忘记给罗丹写拜年信:

> 亲爱的罗丹:
>
> 我没有写信,不过,我浪费了所有时间,到这里后,一心要做的事全部没有动手——我的神经令我相当痛苦,忙于应付,这是生病猴子的忙碌,似模似样地模仿已知或未知的疾病,逗得所有人大乐。
>
> 我们骄傲的埃及行计划一点也不存在了。唉!全部掉进虚无中。我相信在那里,收藏完美计划的人能找到令他狂喜的精品。
>
> 我目前住在这里,独自一人,在一座古老的城堡里,像峭壁那么坚硬,古堡在峭壁终端,从那里向时间和海洋发出挑战,不知不觉被海盐侵蚀。我落在那些巨墙手中,有点像囚徒,不过,它们不时让我溜到陡直斜坡上的花园去,斜坡率领常春藤大军,直扑古老的大屋。有时出现短暂春天,几个钟头,但太阳很早下山,几乎从下午四点开始,无论如何就要点燃冬天的灯火。
>
> 亲爱的大师朋友,您到了要离开瓦雷纳街的日子了。我想念

您——找到类似的地方吗？但愿如此。我们会怀念这座古老而高贵的房子，它这么彬彬有礼地观看四季在荒废的花园里生活和玩乐。从现在开始，这些大厅无论命运如何，将与您的作品连在一起。您的作品给那里带来这种极其丰富的生命，一个人的一生，即使最强烈的，无论在什么地方都永远不能积累得到。我还看到您的《克列孟梭》在那里：多少鸟儿因为仰慕而飞来，在这些史前轨道荫庇下筑巢。

您想象一下，我正在阅读巴尔扎克的《致夷女书》，这使我更了解您那难以置信的力量，把天才的骚动收进您高傲非凡的纪念像里。我很想念您，从想念产生一个热切的需要，祝您有一个顺利和强壮的1912年。我利用这最早的空闲致以最热烈最友好的敬意。亲爱的大师朋友，请相信我属于您。

里尔克

1911年12月30日

至于罗马呢？稍后或许会走一趟。如果您去那里，给我一个信息和健康情况。代向公爵夫人敬意。请向罗丹夫人转达新年的祝愿。

克列孟梭（Georges Clémenceau，1841—1929）是法国政治家，两度出任总理，罗丹的雕像创作于1911年。《致夷女书》（*Lettres à une Étrangère*）是巴尔扎克的一本书信集。1832年，他通过书信，结识了一位神秘的女读者，俄罗斯元帅韩斯卡的夫人（Eveline Hanska），两人书信往还，苦恋了十八年，终于在1850年3月成婚，五个月后，巴尔扎克去世。

古堡很清静，正是里尔克需要的写作环境。他开始动笔《杜伊诺哀歌》，第一二首很快完成了，但灵感无以为继，整天无事可干。拖拖拉拉到了1912年5月，古堡女主人让他到威尼斯转换环境，他在那里停留了四个多月。在这段时间，他在8月中接到克拉拉的信，有两件事请他向罗丹求助。克拉拉不久前提出离婚，里尔克对此毫无芥蒂，按她要求立即写信给罗丹：

第十一章
永别罗丹

■杜伊诺古堡鸟瞰图

亲爱的大师朋友：

我不需要特别理由便想念您——但现在需要几个理由才敢写信，因为仍然处于生活了无生气的时期，信束也有点了无生气，没有理由令您感兴趣。

然而，最近几个星期，我向都丝夫人谈到您，谈得好多，她抱着对伟大事物的坚定信念热爱您，敬慕您。即使没有其他事情，我也许仍会抵挡不了冲动，寄上几句友好的话和激荡的回忆。

但是目前发生一件事：

维克特博士（Dr. Wickert）向我征求意见，他是重要的曼海姆市（Mannheim）博物馆馆长，想精心选购您的一件大作，作为他的优秀博物馆的镇馆之宝。他谈及三件大作，我觉得他的想法动机很好，所以立即转达。他提到《走路的人》和《阴影》（Ombres）组像其中之一，我却看出他的思想在《巴尔扎克》前面停留得更久。

在这点上我祝贺他，因为这是一种荣耀，成为第一个到它的自豪隐居处找寻这件大作的人，把这种自信至尊感染力的光芒，交还给迷失方向的观众。因此，首先要知道是否可以考虑购买这件作品，然后讨论条件，还有您心目中想铸造青铜像还是大理石像。

我继续下去，因为这些建议由里尔克太太居中转达，她最近在曼海姆市。下面谈另一件事情，由我个人负责。这件事对她来说是最重要的，请您裁决。

一段时间以来，维克特先生开始建立最伟大艺术家肖像的陈列室，希望给您的胸像一个尊贵的位置。在我的妻子最近一次展览中，他对她的作品产生一定兴趣，交给她做这座胸像。

您明白这张订单非比寻常，要实现的话，必须得到您这方面这般宽宏的允许，我的妻子暂时不敢作如是想。

亲爱的大师朋友，我提出来，但不坚持。另一方面，说了一大堆话，仍未能表达出我的妻子对这件崇高任务的无比快乐。这可能是唯一的任务，能够让她把艺术家的力量最终集结起来。她有多方面力量，但从来没有集中到一个如此令人敬仰的重要目标上。

无论如何，亲爱的罗丹，只要认为可能，请确定时间和其余一切——相反的，要是不喜欢，我们再也一字不提，只考虑维克特先生另一个期待，能否得到《巴尔扎克》，期待您的决定。

这封信在什么地方到您手上呢？有消息说今年夏天巴黎的天气恶劣，我差不多希望您不在那里。亲爱的朋友，无论在哪儿，请相信我永远是同一样的人，同一样的心。

里尔克
1912 年 8 月 19 日

附言：我常去看展览，反复观看您的四件作品中这座男性半胸像，令人赞叹，以前没有见过。

请在默东罗丹夫人面前提起我，另向公爵夫人转达敬意。

您没有想过来意大利吗？威尼斯今年夏天算是天气正常，不过受不了非洲热风的人有时会难受点。

我自 5 月初一直在这里，不久就要换地方。七拉八扯，附言快变成第二封信了，就此停笔。

再一次衷心属于您。

里尔克

第十一章
永别罗丹

这封信一开头先谈的都丝,是里尔克新近才结识的著名女星,但信中口气却好像是相熟已久的朋友。可能因为他仰慕已久,十年前就想请她主演自己写的话剧,可是问路无门;六年前通过朋友求见一面,得不到回音;现在她自动登门,两人打得火热,几乎每天见面,一起参加她的小圈子活动,直到 9 月她去海边度假才结束。

其实,罗丹比他更早认识都丝,1905 年 4 月 25 日在默东接待过她。据一些罗丹朋友留下的回忆文字,他曾在一些雕像中引进过都丝的形象。

克拉拉的订单并非从天上掉下来的。她有出色的艺术才能,但因为与里尔克的婚姻不如意,女儿年幼却聚少离多,加上经济窘迫,心理长期不平衡,严重妨碍了创作。1911 年,她接受了一次心理分析治疗,精神状态大为改善。她到慕尼黑工作,进入一个创作高潮,作品出现新的风

■ 罗丹与都丝在默东/[法]多尔纳克摄

格,接到不少订单,收入增加,女儿也在此时回到身边,她对生活和未来重拾信心。正是在这个时期,她向里尔克提出离婚,后来因为宗教手续繁复才不了了之。

■ 克拉拉:斯特林德贝里头像
(*Kerstin Strindberg*,青铜,1913 年)
(里尔克档案馆藏品)

里尔克意识到这张订单的重要性,可是罗丹没有回信,他等了两个月,回到杜伊诺古堡后,第二次写信催促:

亲爱的大师朋友:

8 月份从威尼斯寄上的信到达您手上了吗?我在这里复述一次内容,并非想烦扰您,而是担心信件丢失了,尽管当时为防万一,以挂号信寄出。意大利邮局最不可靠。

我在信中首先转达了曼海姆博物馆馆长维克特博士的期待，他想为这个城市的美术馆购买一件您的大作。我觉得您会喜欢这个雄心，首先曼海姆博物馆名列德国最好的艺术馆，其次我觉得馆长的愿望特别值得关注，因为他明显看中《巴尔扎克》。这件作品至今仍未公开让观众欣赏，他们现在可能比较能够承受这件元素作品的意旨和非常高的感染力。

亲爱的大师朋友，问题在于购买这件作品的想法是否符合您的意向？——是否希望看到《巴尔扎克》（大理石或青铜像？）陈列在这个地方？它谦逊地把自己奉献给雕像几乎被无视的荣耀。——大约什么条件您才同意开始和博物馆磋商？

博物馆馆长同时委托我的妻子雕刻您的胸像，也是为了同一间美术馆。上信曾试图向您描述她的艺术家期望，她是在您言传身教下训练出来的，期望容许她某一天来巴黎，完成这个任务。她必须交出一件强烈的作品，把全部努力、全部快乐、青年时代长期学习的全部成果集中到里面。

我的妻子刚回到慕尼黑，已经开始在那里工作了。不过，要是您同意造像，她会按照最适合您的条件，安排来巴黎。

亲爱的罗丹，这就是我再提一遍的两个问题，我把对您的健康和伟大完美工作的祝愿一起致送给您。

我完全属于您。

里尔克
1912年10月4日

他大概不知道，罗丹迟迟未复信，是因为人不在巴黎。为了断绝和舒瓦瑟尔夫人的关系，他先躲到布鲁塞尔，后避居法国北部里尔市，前后一个多月。10月初返抵默东才见到这两封信，他立即吩咐秘书答复：

亲爱的朋友：

您替曼海姆博物馆向我洽购《巴尔扎克》，要是我已经在巴黎出售过，我不会拒绝。您明白在这种情况下，我不能接受一件令我

第十一章
永别罗丹

们蒙羞的事情。因此,我必须先在巴黎出售《巴尔扎克》,可能有利时机很快出现。无论如何,十分感谢您的提议,一旦情况许可,我不会错过通知您。

至于另一件作品,曼海姆博物馆馆长最好容我提出建议。

说到我的胸像,这件事还要迟些再说。不过到了明年春天,我希望这件如此惬意的事情能实现。

罗丹
1912 年 10 月 12 日

里尔克的好意带给罗丹两个难题。巴尔扎克雕像曾引起激烈争论,最后罗丹退回订金,把雕像运回默东竖立在花园里。他相信终有一天,法国人会承认这件作品。在此之前,他无意挟洋自重,何况法德是世仇,罗丹亲历普法之战,记忆犹新,如果先售给德国人,甚至会引起国人的误会。他的答复很清楚,不容商量。

■ 默东花园的《巴尔扎克》 /[法]布罗兹摄
(巴黎罗丹美术馆藏品)

至于胸像,因为是美术馆订单,成像后无论好坏,都会陈列出来。罗丹生平只让几位要好的艺术家朋友为他造像,他们都是各有天地的大师,相比起来,克拉拉显得斤两不足。由于里尔克声称"个人负责"这个提议，罗丹没有立即拒绝，只是推后时间，希望里尔克明白他的用意。

里尔克没有等罗丹的信到达便已经离开古堡，去德国看望妻女。10月底，从那里直接坐火车，经法国去西班牙。当邮局千辛万苦把罗丹的信转到他手上，他在托莱多城已经住了6天。我们记得，他在巴黎看过西班牙画家格雷科的《托莱多》，未曾到过已经销魂，因此选为此次旅途首站。

罗丹的信分为两封，信函和照片，结果照片先到。信封上没有寄信人名字，里尔克根据照片内容一下子便猜出寄信人：

亲爱的罗丹：

是不是由于您，我才收到这张漂亮的青铜像照片？它转折了很多地方，昨天才到达托莱多这里。我怀着赞美心情观赏它，并且利用这个机会致以谢意和友好敬意。

我经常想念您，心中不无忧虑，因为今年夏天巴黎特别潮湿，担心留下不良后果。据我不时听到的消息，雨不停地下。我现在不看报纸，不知道您那边的秋天如何？

亲爱的大师朋友，冬天有什么计划？

至于我呢，打算在西班牙住几个月（这是老愿望，一直抑制着），从托莱多城开始。这里有最吸引我的魅力，令我惊奇，令我满足。

我那么喜欢阿维农，好像早已预感到托莱多，甚至相识了。这个城市和普罗旺斯的教皇城有很多非常奇怪的共通之处，只不过这里一切更为严峻，像戴着王冠的木乃伊，被塔霍河勒紧着。——现在还有阳光，使这一切变得柔和点，要是没有阳光——我担心很快就这样——我就要往南方逃跑了，尽管那边的城市没有这个传奇帝国的旧都那么吸引我。

我记不起您的西班牙之旅有没有深入到这里，但我在大教堂逗留时，无法不渴望您在我身边，甚至夏尔特尔圣母院对我也没有这般力量——不过，这是我最后一次不忠于巴黎，以后不会再犯。巴黎是唯一好客而成果累累的地方，我一直用来代替那陌生和永远失去踪影的故国，唉！

亲爱的罗丹，要是有一天收到您的好消息，我会很高兴，即使一句话，也能令我非常快乐。

向罗丹夫人致意。请相信我的忠诚。

里尔克

1912年11月9日

"普罗旺斯的教皇城"是法国阿维农（Avignon）的别称，里尔克三年前曾游斯处。该城于1309年一度成为天主教廷所在地，1377年教廷迁回梵蒂冈，但仍然继续管治该城。直到1790年法国大革命，阿维农才归属法国。第二封信在当天下午接踵而到，印证了第一封信的照片，两桩要办的事都有了着落，他很高兴：

亲爱的大师朋友：

我的信刚寄出，人家送来大函。对于我最近提及的两件事，您肯定地告诉了我您的可喜安排，这也解释了昨天收到的漂亮照片。

我首先想到我的妻子将如何高兴，您让她怀抱希望，明年春天抽一点时间，让她能够专心从事这件如此渴望的工作，替曼海姆博物馆塑造您的胸像。我今晚写信给她，告诉这个幸运大喜讯，这将是她整个冬天的支柱。我也请她把刚收到的铜像照片转给曼海姆博物馆馆长，她认识维克特博士，他通过她来找我的。我将通知他，您完全赞成他的购买计划，但《巴尔扎克》暂时不在此列。

我毫不怀疑维克特博士一定赶快挑选另一件，或者您提议的青铜像，或者他心目中的另一件。如果我没有记错，他也提及《走路的人》青铜像。但是我写信告诉妻子，要她请维克特先生直接提交要求，因为事情已经开了头。如果博物馆本身和您接触，将会一路顺利，更加快捷。

亲爱的罗丹，您说很忙碌，我觉得这是个很好的征兆，令我确信您的身体健康,工作像往常那样热爱您。

至于我呢——承蒙询问,至谢至感——今天早上已经谈过很多。现在赶紧寄出这封信,紧跟着第一封信,让您知道在此之后已收到信函,而我十分感激和高兴。

全属于您,亲爱的罗丹大师。

里尔克

1912年11月9日

在里尔克思想中,这两件事对罗丹、博物馆、克拉拉三方面都有好处,作为中间人觉得很光采。他无论如何也没有预见到,这件好事不久就变成坏事。问题不在于博物馆的购买计划最后落空,等到罗丹去世后才购入两件作品。而是克拉拉的胸像计划,里尔克理解罗丹的答复是没有保留的同意,这个误会种下了两人最后分手的祸根。

里尔克很喜欢西班牙,从中部游到南部,经过一些城市,最后来到龙达(Ronda)。这里离直布罗陀很近,气候和意大利相似,适合他的身体。他下榻在维多利亚女王酒店,居留了两个多月。1966年逝世40周年时,酒店在门前竖立他的雕像作为纪念。这一年新年他就在这里度过:

■ 里尔克像(1966年)
西班牙龙达维多利亚女王酒店前

第十一章
永别罗丹

亲爱的罗丹大师,

　　我从西班牙深处向您贺年,这里跟其他地方一样寒冷。这个1913年,大家都在猜度会带来什么,我祝愿它对您慷慨大方,毫不吝惜地带给您宁静,健康,快乐和工作。亲爱的大师朋友,您太知道我的心情,无须我强调祝愿,它们自然而然地送给您,而且不限于一年这个时刻。

　　西班牙令我得益良多。目前身在龙达,这是一个无可比拟的地方,一座巨大峭壁肩上支撑着一个小城市,以石灰刷白再刷白,峭壁和小城向小河跨前一步,就像圣克利斯多夫和圣子耶稣那样。怪不得这里的教堂到处都有他的画像,他是现成的保护神。

　　西班牙好像由一种没有目标、无所作为的英雄主义培养出来:站起来,绷紧身体,虚张声势,向天空挑战。天空有时讨好卖乖,风云突变,以乱云翻滚作回答,但只停留于演戏,场面壮观,却毫无用途。

　　请向罗丹夫人转达我的祝愿。亲爱的罗丹,请相信我属于您,过去如同未来。

　　握手。

里尔克
1912年12月31日

西班牙之旅并未为他带来很多灵感,尽管写了一些诗,但忧郁情绪不久便占了上风。到了2月底,他听从莎乐美的劝告,动身经马德里返回巴黎,在他住过的康帕涅—普雷米街找到落脚地方。他不时回去比伦公馆探望罗丹,不久他知道罗丹病倒了,立即写信慰问:

亲爱的大师朋友:

　　我昨天路过瓦雷纳街,得悉您没有来——于是担心可能病了,后来知道猜测没有错,心中很愁闷。我利用片刻空闲时间,来向您打探情况,并寄上法兰克的书,如果您打算读这些美丽的诗句,我相信会喜欢第二卷全卷,尤其从第51页开始。

我很高兴您的下一个展览——前几天再见到维尔哈仑，和蔼可亲，谈了好一阵，他一直热爱您。第二天，我（例外地）和他一起午餐，在座还有罗曼·罗兰，这个人真是好学不倦，读书万卷，眼睛好像读书太多用旧了，不时重新漆上全新的蓝色。

　　维尔哈仑明天离开，我不再会晤任何人。我留在自己的工作室，像一个刚出道的青年大学生。因为，人永远开始。

　　请好好调理，天气变化和冬天重临都会影响身体，我也感觉到。

　　向罗丹夫人致敬。衷心握您的手，亲爱的朋友。

里尔克
1913 年 3 月 19 日

　　我的妻子昨天写信来，要我向您致以最仰慕、最热烈的忆念。

法兰克（Henri Franck，1888—1912）是一位早夭的诗人，24 岁死于肺病。他的长诗《诺亚方舟之舞》（*La Danse devant l'Arche*）以《圣经》大卫王故事作题材，全诗 2000 多行。

　　信中提及的罗曼·罗兰（Romain Rolland，1866—1944），当时已发表完毕《约翰·克里斯朵夫》，三年后获得诺贝尔文学奖。很奇怪，里尔克没有提及同席的另一位作家，奥地利的茨威格（Stefan Zweig，1881—1942）。他在 1904 年曾与维尔哈仑到默东参观，认识罗丹。而这次午餐由他组织，目的是介绍里尔克认识罗曼·罗兰。两人后来互相往还，保持良好关系。

　　第一次世界大战爆发后，里尔克滞留在奥地利，无法处理留在巴黎的家具和私人物件。1916 年茨威格得知此事，通知身在瑞士的罗曼·罗兰，由他再转告在巴黎的里尔克朋友。最后纪德（André Gide，1869—1951，1947 年获诺贝尔文学奖）和另一位戏剧评论家一起到康帕涅—普雷米街，果然发现很多东西已经失散，被人偷去或被拿去拍卖，1909 年罗丹赠送的柬埔寨舞娘绘画可能也在此列，因为这张画现在属于私人收藏，估计从拍卖会购得。幸好书信及手稿没有人感兴趣，大战结束后原璧归还给里尔克。

■ 里尔克在巴黎的作家朋友
（左上）维尔哈仑（油画，1915年）
［比］里斯伯格（T. van Rysselberghe, 1862—1926）绘

（右上）罗曼·罗兰（1915年）
诺贝尔文学奖官方照片

（左下）茨威格（1912年）

（右下）纪德（油画，1912年）
［法］布朗谢（Jacques Blanche, 1861—1942）绘

转眼4月来临，这是春天的月份，克拉拉牢记罗丹的"明年春天"之约，准备来巴黎为罗丹造像，里尔克赶快与罗丹联络，要求落实日期：

亲爱的罗丹：

我用这堆坏钢笔其中的一支写信，这里是路上遇到的第一间开门的邮局。尽管天气坏透，我多么希望您已经完全康复好多天了。本想昨天来打听情况，最后有事没有出门。无论如何努力躲藏，总有人找到我，一找到便像看到热奶油蛋糕，一口把我吞下去，真讨厌。

我去过很多次您的精彩展览会（同时这么令人信服），展出时间太短了。我带了几个人去，担心您的朋友很多完全不知道。

我的妻子今晨来信，她最近几个星期有空，打算4月15日到巴黎，停留15天左右。但作出决定前，先要知道时机是否适合，能否给她这些宝贵的时间，她的生活已经全部上升到集中在这上面。

我明天仍很忙，但星期二或星期三傍晚（五时半左右），我会来瓦雷纳街。不必费神写信，当面再谈，我预先为此欢欣。向罗丹夫人致以热烈敬意。

完全属于您。

里尔克
1913年3月30日

然而罗丹没有回音，这不是他的习惯，里尔克开始感到不安。再次催促，使尽生花妙笔重复请求：

亲爱的大师朋友：

我出于无奈写这封信。我认为丝毫不应坚持一件令您烦恼的事情，而这件事完全由您做主。

然而，我在给我的妻子信中谈过很多，我明白对她来说，全部放弃这个美好的计划是一场灾难。您在那封亲切的信中，同意过有一天实现这件工作。自此之后，她整个生活只为这个至高无上的任务作准备。即使时机不太合适塑造一座漂亮的胸像，至少足够作一次值得钦佩的努力。在一个艺术家的生涯里，能够从事一次更高的工作具有决定作用的重要性，因为这促使他把个人所有力量集中到里面，而这些力量可能从来还没有在同一冲击中汇合过。

您可能会说这又是情感论，和纯粹的才能毫无关系，因为面对任何自然，才能都应该是一样的。然而，艺术家，尤其女艺术家，永远不会完全不受心灵约束的，或者兴奋激动，或者爱此薄彼。一件如此伟大的任务无论如何会激发人，给人在平常模特儿前面所没有的力量。最后，我殷切期望，我的妻子将有一天能够投入这件无可比拟的工作。我相信给她一点时间，例如一面阅读信件，足够让她的敏锐注意力被您的神采浸透……

亲爱的罗丹大师，这一切导致一个恳求：赶快告诉我，是否觉得有一天会记起这个恩惠，您那么乐意允诺过给这位女性，她从您那里得益殊多，一开始以您为师，引导她的坚定才能作出最好的飞跃进步。

我相信您的珍贵的老交情，所以写这几个字，请不要责备我（曼海姆美术馆那边，要他们放弃所有希望，也会很伤心的）。

衷心希望罗丹夫人逐步康复。握手，并致敬意。

里尔克
1913 年 4 月 4 日

第十一章
永别罗丹

然而，罗丹仍然默不作声，眼看克拉拉来巴黎的日子只剩下三四天，4月11日，里尔克最后一次努力，东拉西扯重提此事：

亲爱的罗丹大师：

您以前似乎同意过在斯图加特展出作品，现在一个重大的展览会即将在一幢新建筑物开幕。他们相信您很乐意参加，几次由哈比克教授（Professeur Habich）致函，告知已到寄件期限。但空等一场，甚至没有收到复信。他们甚为失望，十分明白您若不参展，展览会几乎注定失败。他们紧抱不放您的允诺，向我求助，要我帮忙。我很遗憾，要提起这些不愉快的事情，您的秘书一定知道这件事情的始末。

我的妻子这个月会来看我一下，因为慕尼黑工作室的租约即将结束，有点空闲时间。亲爱的朋友，请允许我翻译她信中几行谈到您的话。她说：

"我向来不敢指望罗丹替我摆造型，要是有朝一日需要做这件他宽宏允诺过的工作，我更有需要再见他，再看他的绘画及一些作品，可能的话在他的工人中间稍为工作，像以前那样。最后，我需要在他的气氛中再沉浸一下，这种气氛必不可少，使人有生气，曾经是我的工作和艺术思想的最健康气候，别处没有的。"

亲爱的大师朋友，有人跟我谈到另一件事情：您从来没有想过替维尔哈仑造像？

他明年就六十岁了，一些朋友商量，只有一种方式替他祝寿：请您替他造像。我相信财力有限，但维尔哈仑一直是您的老朋友，对吗？他把那本最好的作品献给您！所有人都觉得，您的同时代伟大人物的荣耀，非要等到您的至尊无上大作认可那一刻才能确定。您的力量能够把连续火热一生的散乱证明归并一起。我很希望，在伟大善良的维尔哈仑的荣耀上面，加上这个额外的荣耀……

我开始翻译《葡萄牙修女信柬》，尽管曾经熟读，那强烈的美

仍令我惊讶。

　　我只有吃饭才出门，如果没有这件工作，我早就到您家里了。

　　祝罗丹夫人康复。紧紧握手。

里尔克
星期五

我们不知道罗丹如何答复，但是信中抄录克拉拉的来信片断，把要求降低到不要求摆造型，他应该能够接受的。克拉拉按计划来到巴黎，进入罗丹工作室工作。5月11日是星期天，罗丹邀请他们两人到默东，度过愉快的一天。两天后，里尔克写信表示感谢，同时请求另一个约会，不是为了克拉拉，而是他的出版人基彭贝格专程来巴黎，为新版《罗丹论》挑选照片：

亲爱的罗丹大师：

　　我又来打扰了。您认识我在莱比锡的出版人基彭贝格先生（两年前曾到府上），他刚到巴黎，停留三天，专门来挑选图片，用于我写的关于您的大作的书中，他准备出一个特别的新版本。今天到摄影师（布罗兹等）那里去，但在决定之前，先呈上名单，征求您的同意。

　　亲爱的罗丹，如果不太烦麻，请给一个默东约会，明天或后天早晨，至多半个小时。我想最好来默东，因为可能在那里找到更多东西。

　　加之基彭贝格先生（他也是浩大而精美的巴尔扎克德文版出版人）很希望能欣赏您的《巴尔扎克》，他从来没有看过！

　　亲爱的大师朋友，前天星期日，您让我们度过一个真正崇高的上午，那里的气氛如此幸福，跟随我们整整一天，和到处可见的春天亲切地混为一体。我们似乎逗留在纯粹的宇宙里，在不可动摇的本质力量之中。您和大作之间建立的交流，就像由万有引力决定那么简单。

　　请吩咐人给我一封短柬，我们能否明天或后天（大约十时或十

> 第十一章
> 永别罗丹

时半)来默东?基彭贝格博士星期五起程回去。

全属于您,亲爱的大师朋友。
里尔克
1913 年 5 月 13 日

这是与自己有关的事情,罗丹当天便叫秘书回信,毫无困难的同意了:

亲爱的朋友:

可以在星期三 10 点至 10 点 30 分来默东,我等候您和基彭贝格博士。

此致。

罗丹
1913 年 5 月 13 日

克拉拉在巴黎停留了大约一个多月,尽管罗丹让她到工作室工作,能够见面,但没有足够条件着手塑造胸像,只能为一位捷克女朋友西多妮造像作为代替。幸好双方对作品都感满意,这次巴黎之行总算没有空手而归。

离开巴黎前夕,她写信向罗丹辞行:

亲爱的大师:

在离开巴黎的时候,请容许我致以最真诚的谢忱,感谢能够在您的工作室里工作。我在 5 月 24 日星期六离开那里,永远记得这一段美好、宁静而勤劳的时间,感激您的宽宏允许。

此致诚恳敬意。

克拉拉
1913 年 5 月 29 日

■ 克拉拉:西多妮像
(Sidonie,石膏,1913 年)
(里尔克档案馆藏品)

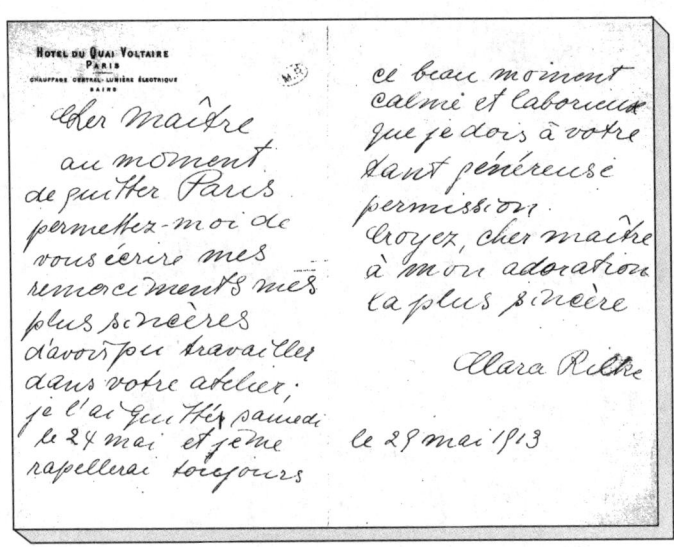

■ 克拉拉写给罗丹的道谢信，使用伏尔泰河滨路旅馆信笺
（巴黎罗丹美术馆藏品）

字面上一切风平浪静，字面下一场无形的风暴已经刮过，把里尔克和罗丹的友谊吹得无影无踪。和1905年的第一次误会相比，这次遽变的角色刚好颠倒过来，主动者是里尔克，原因是克拉拉无法完成罗丹造像。他一开头就把这个计划当成自己的事情，写信时特别声明"由我个人负责"。尽管多次请求，尽管克拉拉来到巴黎，仍然空手而还，他看成这是个人的失败，自尊心受到很大伤害。另一方面，他可能过高估计和罗丹的长久交情，在克拉拉那边许下海口。失望和难堪混在一起，化作一团怒气，把一个文弱书生烧成一个暴怒的汉子。

和当年的罗丹一样，他的反应十分激烈，没有怒吼，却付诸猛烈的行动。从这一天开始，他完全切断了和罗丹的一切联系，不仅再没有见面，再没有写信，甚至没有为新版《罗丹论》去拿选好的插图照片。出版商追问时，他只是简单回答，他们两人再一次闹翻了，"和八年前一样突如其来……可能永远闹翻，无可挽救了"。

事实上，和八年前一样，这也是一次误会。因为从罗丹角度来说，他满足了克拉拉最后改动过的请求，让她到工作室工作，邀请她到默东做客，不能说背信弃诺。此外，他另有难言的苦衷，从1911年开始，

第十一章
永别罗丹

德法关系进入一个愈来愈紧张的局面,不少人都有不祥的预感,担心两国开战。罗丹是法国艺术界的头面人物,担任艺术家协会的重要职务,又被任命为官方的艺术委员会成员,可以说是半个官方人物。在这种形势下,他不愿意让克拉拉造像,跟他拒绝把巴尔扎克雕像卖给德国博物馆几乎如出一辙,只不过无法明白说出来。他们的朋友都不知道其中底细,眼看着这一段令人羡慕的友谊就此戛然而止。

八年前的误会,只等了一年左右时间便烟消云散。这一趟,命运另有主张。里尔克继续留在巴黎,继续跟往常一样不断浪荡于法国、德国和意大利之间。一年之后,1914年8月,他到了柏林,却遇到德国对法宣战,第一次世界大战爆发,不仅永别了罗丹,也被迫告别了已成第二祖国的巴黎。

他曾一度被征入伍,被迫接受三个星期的军事训练,虽然几经努力,又得到朋友从旁干预,最后留在维也纳从事档案工作,但谁都可以想象,穿上军装的里尔克何等无奈与沮丧。他困坐愁城,无聊地打发日子,直到六个月后,在一班朋友从中斡旋下,终算获准复员,脱下军装,摆脱这一窘境。

1917年11月18日,大战仍处于胶着状态,里尔克听到罗丹逝世的消息,写信给克拉拉:

■里尔克的戎装照片(1915年12月)

> 我昨天正想给你写信贺生日,却接到罗丹死讯。你可以想象,我所有思想都转向这个方向排列。
>
> 现在,我的祝愿站立在这个背景前面,我和你一直无限分享这个背景——像我一样,你也沉浸在回忆和悲痛中。我们失去了巴黎,以及那里的一切,现在由于这最后的失去,这个背景将会消逝。

里尔克与罗丹
Rilke et Rodin

我不知道在正常情况下,罗丹之死对我意味着什么——可能某种毕竟可以和解的东西——眼下我被茫然所控制,好像有些这么接近的东西经过,却完全没有明显的形状,倚在时代混乱的身上。在战争这堵人为的可怕墙壁后面,这些明显认识的脸孔,从一个地方沉没到某一个地方——维尔哈仑、罗丹,这些睿智的伟大朋友——他们的死亡变得模糊,无法辨认……我只意识到,当可怕的雾气散去后,他们不再在那里,再也无法支持那些要重新扶起和振兴世界的人。

昨天和今天,我接到几封痛悼罗丹的信,在这惨无人道占上风的中间,要是我还能真正相信人类感情的力量就好了。

■ 罗丹默东葬礼（*L'Enterrement de Rodin à Meudon*，油画，1917年）
［法］吕西（Maximilien Luce, 1858—1941）绘
（默东市博物馆藏品）

大战结束后,里尔克两次重访巴黎。第一次在1920年10月,住了一个星期,隐姓埋名,没有公开露面,只会见过两三位朋友。第二次在1925年1月,情况刚好相反,法国文学界和传媒知道他到来,热烈欢迎,旧雨新知,纷纷登门,活动一个接一个,到八月中旬才返回瑞士穆佐古堡,逗留时间超过半年。可是无论第一次或第二次,他都避开巴黎

第十一章
永别罗丹

所有与罗丹有关的一切，无论默东或比伦公馆，都没有留下他的足迹。他这样做，似乎很决绝，否定自己和罗丹的十年友谊，否定一段已经进入历史的事实。

但事实并非如此，他这样做是因为他和罗丹的友情如此深厚，如此宝贵，决裂带来的痛苦如此惨烈尖锐，以至任何回忆都会成为一把摧心利剑，更不要说充满美好回忆的伤心地了。分手后半年，1914年初，德国的诺斯蒂茨女士风闻罗丹生病，十分担心，她不知道里尔克和罗丹再次分手，仍然像往常那样向他打探消息。他在1月27日复信，信中两次以大写字母 R 代替罗丹，不写全名，好像罗丹两个字是不可承受的重担：

> 正如昨天发上的电报，纪德看过一份报纸的报道，但消息很快便收回。另一方面，我在一位熟人那里看到一封 R 的信，21日写的，信中告诉他们"有点病"，要留在房里几天（没有说卧床）。
>
> 甚至现在，我还试过不由自主想直奔默东，不要以为有任何小气敏感令我远离他，这是很容易克服的，既然以前我对他在任何方面都能包容。
>
> 但是，去年春天那个本身完全无关紧要的小冲突，现在回头再想，觉得像一个地方，清楚地浮现出我们关系中存在的疾病，任何人都看出这种关系现在没有真正的好处。
>
> 事实上，我们的交往不快乐，没有成果，至少用那种强有力的必要性来衡量是这样的，以前似乎一直有健康的新芽生长出来的。这也是人与人之间打交道的一个奇怪限制，似乎要否定我们，或者至少超越我们的力量。我们向某一个人学习如何得到最伟大的东西，有一天却发现与这个人所作的尝试并不完整，有条件的，所得不多。
>
> 此外还加上一种懦弱，或者不过是谨慎：因为我目前维持在一条如此细小的安静边沿上，企图在上面梦游，而非步行，走向内心某个地方，在那里可以平静地安顿下来，实现有信心完成的事情。

任何对外界分心都会置我于死地：重临默东这样的地方，甚至仅仅瓦雷纳街，只要看一眼，全身一切就会因为锐利的回忆而溃散，变成另一种结构，停止运行，僵化。如果这样，恢复起来很缓慢，而且是另一种形状。

在感情决定的地方，不应激起这样的忧虑。而我过去已经失去很多岁月，或者起码大部分逃脱我，因此我现在刻苦地生活，走向一种内心自主，有足够能力把自己拖进固执的孤独中，只有这样我才能立即下定决心，转向为自己消耗和滋养。

除此之外，我希望现在毕竟没有任何理由要真正担心。您没有想过写信给R吗？或者会收到他亲笔一行字，这是最可靠的保证。

里尔克的内心充满矛盾与痛苦，他的决裂行动同样的吊诡，虽然对罗丹不完全公平，把一场持续了十年的真挚友情化作灰烟，却把他推上文学道路另一个新里程。他告别了罗丹，他的诗歌同时告别了以罗丹为师的咏物诗，不再单纯使用生理的眼睛去观察世界，雕刻诗歌，而是以心灵的眼睛穷天极地搜索，诗句里再没有轮廓清晰的动物或者明丽的玫瑰，代以深邃的心曲和飘渺的天使。

然而，罗丹不是普通人，与他近距离交往这么长时间，不可能不留下深刻烙印。1924年8月和10月，里尔克应德国历史学家蓬斯教授（Hermann Pongs，1889—1979）之请，回答了一连串有关自己生平的问题，多少等于为一生作一次小结。其中有一个问题："跟罗丹在一起多长时间？"他跳过没有回答。在问卷之末，他另外详细谈到生平一些重要事件，第一个是托尔斯泰：

> 托尔斯泰：如果认为拜访他影响了我当时的写作，那是错误的。归根结底，他只是向我证实了俄罗斯的发现，这个发现对我来说有决定性作用。在我看来，这个人物本身体现了一种宿命，一种误会。
>
> 令我震撼的是，尽管这个人极之烦躁，顽固地自我伤害，又伤害他人，仍然给人一个受人爱护的感人印象，他否定自己最重要和

最成功的作品，却没有受到影响。对一个决心把一辈子贡献给艺术的年轻人，只有这样才能了解这个矛盾的老人，他坚持不懈地去阻挠自己最神圣的使命，煞费苦心自我否定，一直到自己的血液中，但未能制服潜在的巨大力量，源源不断地在他的被窒息被拒绝的艺术中自我更新。他在何等的高度（和纯洁度！）上超越欧洲大多数人，这些人刚好相反，整天为这些力量发愁，决心以老套或伪造（通过"文学"）来掩饰才思的减退或枯竭。

托尔斯泰对道德和宗教的想法幼稚，对我毫无吸引力——第二次旅俄之前不久，我手上有他的《何谓艺术》，粗俗愚蠢，不知如何处置。因此，我和他的会面所得印象，刚好和他想给予客人的相反，我完全不赞成他的自制克己。

我在他的身上，甚至在最无意的举动中，看到一个暗中保留有利地位的艺术家。他的生活充满压抑，这加强了我的信念，艺术家的灵感及其创作，他的能力及等级，这种使命的艰难荣耀，都是公道合理的。

写完托尔斯泰后，里尔克把笔锋转到罗丹身上：

唯有两年后和罗丹的相遇，以及和他多年密切的接触，能够进一步坚定这个意义如此广阔的信念，并更加深刻确认。

这里有一个愈来愈根深蒂固的错误，顺便更正一下。确切地说，我从来没有"跟罗丹在一起"（如问卷所说），如果这是指身份的话。

我在1902年到巴黎，米特尔建议我写罗丹，写他的作品（尽管雕塑当时是小品种艺术，但根据其真正价值，我认为已很重要）。我那时似乎有这个条件，既然我的妻子有资格自认为是罗丹的学生，她当时年轻，罗丹让她每星期带作品给他看，持续了几个月（以后还一再如此）。通过她，我开始酝酿转变，变得更能从造型角度理解艺术作品。我好像一道印痕，内容关系十分单纯，能够更好对抗意外的强力。这种强力甚至通过最不合适的造型手法，影响没有受过训练的人，如果他们一旦接触到它。

我到巴黎的时期，要认识罗丹的作品，除了卢森堡美术馆拥有几件外，几乎全部在原来的地方。因此，这年秋天，我自然经常去默东，到最后几乎每天都去。我们早期的谈话很愉快，一种真正的关系迅速发展起来。究其根源，一方面我的仰慕逐步增加到相当程度，而大师在回应这种自我探索的感受时，答话不断增强。不是吹嘘，就在第一年结束时，我可以称之为一种友谊。如果旅行令我远离，试过多少次罗丹不期然寄来令人喜悦的短柬，激励了我自己的工作。

1905年（译按：应为1904年），我在瑞典伦德市郊一座小古堡居留时，收到从德国和奥地利发来一些邀请函，要我做关于罗丹的演讲。我不认为自己能够完全满足这些要求，要是事先没有再接触他的不断增加的作品。因此得到罗丹的同意后，我决定返回巴黎，比原先的打算提前。我问他是否在默东见面，罗丹回答是，而且邀请我这一次住进他的家里。我记得，我正要推辞，来了一封罗丹秘书的电报，再次邀请，那么恳切，以至我毫不迟疑接受下来。电报这样写的：罗丹先生特别想要这样，以便能够谈话。

就这样开始了这五个月真正的"跟罗丹在一起"，首先作为客人，住在他的房子里，然后我不想这种招待继续下去而不能对他有点用处（我自己的工作，《罗丹论》第二部分这时已完成）。我利用空闲时间帮助他，处理大批总是无法及时回复的信件。我不能吹嘘这个时期替他写的信，这个工作不适合我那支不懂急就篇的笔。很快地，这些书信愈来愈多的压在我头上，更糟糕的是，它威胁着迫使我们的关系脱离正常的运行，我常常不得不放下畅快的交谈，代之以讨厌的提醒，未复的信件或者其他必要的书信，这就无可避免导致我们的关系出现扭曲。对我来说，保持牢固而有用的关系至关重要，因此，次年5月我迁回巴黎，完全自己做主，我和罗丹的关系穿过一个奇怪的区域，跌回以前的河床中。在往后岁月里，潮水时涨时落。

我在这里再一次（从问卷可以看出，您很注意"影响"）重复和强调，雕塑大师这种直接而多重的影响，超过来自文学的任何东西，在某种意义上，令它们变得没有意义。我很幸运遇到罗丹，当时我到了内心选择的成熟年纪，而他呢，到了随心所欲使用艺术经验的时期。

在这里发生的事，和我在托尔斯泰那里观察到的完全相反。这个人完全积极地承担起天才创造者的使命，出神入化的手法层出不穷，他由此得到的洞察力，让他的本领超出本身艺术以外。有一段时间，以前因为双手被工作所围无法得到的某些东西，现在似乎不求自来……可能事情就是这样，不仅对于追求最高目标的艺术家，即使普通的工匠，只要一旦打开手艺的核心，从自己特定的作品中得到的强度，能够让他（可以说是自动地）把相同强度的现在和过去的东西变成自己所有。由此产生令人惊奇的艺术家智慧（正在失传中），由此产生带路人心灵阔广的天地……

这是里尔克最后谈论罗丹的文字，经过多少无眠之夜的思考，经过人生经验天平的反复衡量，经过岁月长流的锤炼，这是终极的评价，再没有轻率、浪漫或意气。他怀念与罗丹的交往，给予极高的评价，毫不犹豫置于青年时代偶像托尔斯泰之上。他没有否定罗丹，更没有否定巴黎时期的自我。

1911年12月30日，里尔克在给罗丹的信谈到比伦公馆的未来，他预言说："从现在开始，这些大厅无论命运如何，将与您的作品连在一起。"他没预见到，自己的名字也将因为和罗丹的友谊，与比伦公馆永远连在一起。当人们在罗丹美术馆后花园漫步时，在外墙上会看到一块大理石纪念牌，上面写着：

在这座他介绍罗丹认识的公馆里，里尔克从1908年居住至1911年。

■巴黎罗丹美术馆的里尔克纪念牌（2011年）

1926年，里尔克追随罗丹进入另一个世界，滔滔的长河投进文学历史的大海中，在宽阔的河面上，动荡着罗丹花岗岩般的影像，行云流水的风声似乎在朗诵里尔克的诗歌：

罗　丹

他没有童年也没有年龄，
他的童年是石头的早期，
年龄不属于他本人。
造型的人孤独伶仃，
处身自己的造像中间。
在他张开的双手里，
躺卧着原野大地。
他的作品像星辰，
围绕着他运转，
一个个星座环聚身边。
他建起邻近世界，
然后创造一个天地。

■里尔克与罗丹在默东（1905年）／［法］阿兰格摄

附录：主要参考文献

书信

Rilke，Rainer Maria

    Lettres à Rodin，Préface de Georges Grappe，Éditions Émile-Paul Frères，1931

    Lettres 1900—1911，Traduction H. Zylberberg et J. Nougayrel，Librairie Stock，1934

    Correspondance (*Œuvre de R. M. Rilke* Vol. 3)，Traduction Blaise Briod，Phillippes Jaccottet et Pierre Klossowski，Edition du Seuil，1966

    Journal de Westerwede et de Paris，1902，Traduction Pierre Deshusses，Rivages poche / Petite Bibliothèque，2002

    Lettres de Paris 1902—1910，Traduction Pierre Deshusses，Rivages poche / Petite Bibliothèque，2005

    Lettres à Lou Andreas-Salomé，Traduction Dominique Laure Miermont，Mille et Une Nuits，2005

    Letters of Rainer Maria Rilke (2 volumes)，translated by Jane Bannard Greene and M. D. Herter Norton，W W Norton & Company Inc，1945—1947

Rodin，Auguste

    Correspondance de Rodin (4 volumes)，textes classés et annotés par Alain Beausire，Hélène Pinet，Florence Cadouot et Frédérique Vincent，Édition du Musée Rodin，1985—1992

传记·年表

Schnack, Ingeborg
　　Rainer Maria Rilke. Chronik, seines Lebens und seines Werkes (2 Bände), Insel Verlag, 1975-1990

Angelloz, Joseph François
　　Rilke, Mercure de France, 1952

Leppmann, Wolfgang
　　Rilke, sa vie, son œuvre, traduction Nocole Casanova, Seghers, 1984

Freedman, Ralph
　　Rilke, la vie d'un poète, traduction Pierre Furlan, Actes Sud, 1998

Butler, Ruth
　　Rodin, la solitude du génie, Traduction Dennis Collins, Gallimard, 1998

回忆·评介

Coquiot, Gustave
　　Le Vrai Rodin, Éditions Jules Tallandier, 1913
　　Rodin à l'Hôtel de Biron et à Meudon, Librairie Ollendorff, 1917

Geffroy, Gustave
　　La Vie Artistique, deuxième série, E. Dentu, Éditeur, 1893

Collectif
　　Reconnaissance à Rilke, Éditions Émile-Paul Frères, 1926

Rothenstein, William
　　Men and Memories, A History of the Arts (2 volume set), Tudor Publishing Company, [1937]

Betz, Maurice
    Rilke à Paris, Éditions Émile-Paul Frères, 1941

Collectif
    Rilke et la France, Éditions Émile-Paul Frères, 1943

Ebneter, Curdin et collaborateurs
    Rilke & Rodin, Monographic, 1997

中译

梁宗岱
    《梁宗岱文集》第四卷（译文集），中央编译出版社，2003年
    《罗丹论》，里尔克著，中央编译出版社，2006年